Tara Bennett-Goleman

Susurrar
a la mente

Un mapa para liberarnos
de los hábitos autodestructivos

Prólogo del Dalai Lama

Traducción del inglés al castellano
de Elsa Gómez

editorial Kairós

Título original: MIND WHISPERING. A New Map to Freedom from Self-Defeating Emotional Habits, by Tara Bennett-Goleman

© 2013 by Tara Bennett-Goleman.
Publicado por acuerdo con HarperOne, sello editorial de HarperCollins Publishers.

© de la edición en castellano:
2014 by Editorial Kairós, S.A.
Numancia 117-121, 08029 Barcelona, España
www.editorialkairos.com

© de la traducción del inglés al castellano: Elsa Gómez

Revisión: Amelia Padilla
Fotocomposición: Moelmo, S.C.P. Girona 53, 08009 Barcelona
Diseño cubierta: Katrien van Steen
Foto cubierta: Kitsadadron Photography
Impresión y encuadernación: Romanyà-Valls. Verdaguer, 1. 08786 Capellades

Primera edición: Diciembre 2014
ISBN: 978-84-9988-417-2
Depósito legal: B 21.373-2014

Este libro ha sido impreso con papel certificado FSC, proviene de fuentes
respetuosas con la sociedad y el medio ambiente y cuenta con los
requisitos necesarios para ser considerado un "libro amigo de los bosques".

A la luz de la sabiduría y la compasión de corazón
que hay en todos

Sumario

El Dalai Lama
Prólogo

Todos queremos ser felices, pero en el mundo actual es posible que nos sintamos confusos acerca de cómo conseguirlo. Según mi experiencia y la de la autora de este libro, la fuente de la felicidad verdadera y perdurable está en la mente. La clave para encontrar la felicidad y superar los problemas es la paz interior, que no se deriva de los placeres sensoriales, por muy gratos que sean, ni de los ejercicios físicos, sino de la comprensión y transformación de la mente.

Quizá, de entrada no nos demos cuenta, pero la mayoría de nuestros problemas los creamos nosotros, y lo que a mi entender esto tiene de alentador es que significa que la solución a esos problemas también está a nuestro alcance. Apaciguar la mente no es fácil, conlleva tiempo y trabajo, pero eso es lo que exige cualquier empresa humana. Es necesario tener determinación desde el principio, aceptar que habrá obstáculos, y tomar la resolución de que, a pesar de todos ellos, continuaremos hasta alcanzar la meta.

Esto no quiere decir que transformar la mente deba ser una imposición, o que se deba llevar a cabo por la fuerza; es algo que se ha de hacer voluntariamente y con ganas. Tara Bennett-Goleman ha obtenido información e inspiración de diversas fuentes para la elaboración de este libro, entre ellas las enseñanzas budistas de las que tiene conocimiento y el trabajo terapéutico de nuestro amigo común el doctor Aaron Beck. Pero lo que ha aprendido trabajando con un «susurrador de caballos», y que da título a este libro, es la importancia de que nos tornemos receptivos a las necesidades y preocupaciones de la mente, de que afrontemos los problemas y busquemos su solución con sensibilidad e inteligencia.

No me cabe duda de que, tanto si los lectores desean solucionar sus problemas, como encontrar la manera de ayudar a otras personas a resolver los suyos, hallarán en este libro abundante deleite e inspiración.

Su Santidad el Dalai Lama
31 de diciembre de 2012

Parte I:

Modos de ser

1. El efecto loto

Un ancho río cruza Bangkok, dividiendo en dos la extensión dispersa de la ciudad. Desde la ventana del hotel, me quedo mirando los elegantes barcos artesanales de teca que se deslizan por las aguas ondulantes. En la orilla, distingo lo que parece ser una agrupación de hojas de loto que suben y bajan rítmicamente con el oleaje.

Al examinarlas con más atención, veo que se arremolinan en torno a ellas los desechos, el detritus diverso que flota en el río. El loto pese a todo florece, y se eleva sobre la inmundicia.

Fascinada, empiezo a reflexionar sobre cómo los seres humanos tenemos la misma facultad que esas flores de loto, que en las culturas orientales son símbolos del despertar espiritual. Nos enseñan que también nosotros podemos elevarnos por encima de nuestra forma particular de desechos y fango, de esas dolorosas maneras de ser que pueden amargar nuestras relaciones, nuestro trabajo y nuestra vida interior.

Susurrar a la mente significa tornarnos receptivos a los hábitos sutiles de nuestra mente y nuestro corazón, descubrir qué cualidades ocultas en lo más profundo de nuestro ser pueden hacer que, como una flor de loto, la sabiduría florezca, elevándose del cieno de la confusión.

Aprender a ver las maneras en que sucumbimos a la fangosidad de nuestra mente una y otra vez es el paso primero y crucial. Mi amigo Steven me habló hace poco de la angustia que le había invadido durante casi un año mientras veía a su hijo, al que quiere tanto, hacer los preparativos para irse a estudiar a otra ciudad; lo había criado solo, se había dedicado a él por entero.

Sentía de antemano el dolor que le causaría la ausencia de su hijo, pero estaba decidido a alegrarse por él, que estaba entusiasmado con la idea de abrir las alas. De modo que unos meses antes de que su hijo se fuera, adoptó la práctica diaria de sentarse en calma y conectarse con la alegría que sentía su hijo. Utilizó un método que había aprendido de un instructor budista denominado «alegría altruista», alegrarse de la felicidad de los demás.

Me contó Steven que al principio le había resultado un poco artificial, porque no era eso lo que de verdad sentía la mayor parte del tiempo. Pero luego, al reflexionar y practicar el método cada día, su egocentrismo había empezado a disminuir y esto le había hecho más capaz de empatizar con su hijo y participar de su alegría. En la época en que su hijo se fue a la universidad, mi amigo se alegró auténticamente por él en vez de estar hundido por el apego que sentía y el miedo a perderlo.

El pintor Magritte, refiriéndose a sus misteriosas imágenes surrealistas, decía que consideraba aquellas creaciones «la mejor prueba de mi ruptura con los absurdos hábitos mentales que suplantan al verdadero sentimiento de existir». Susurrar a la mente sirve para sacar a la luz esos «absurdos hábitos mentales» y ser conscientes de ellos, a fin de ayudarnos a estar en sintonía, no solo con nosotros mismos, sino también con los demás, lo cual crea una afectuosa compenetración..., como hizo mi amigo con su hijo.

Este trabajo nos ayuda a vernos cómo somos de verdad, y no a través de las lentes de nuestros hábitos emocionales y patrones mentales. Susurrar a la mente es un modelo a la vez pedagógico y terapéutico, un acercamiento a nuestra mente dirigido a transformar nuestras emociones y a conectarnos con nuestra sabiduría más íntima.

Hay un término tibetano, *sanje*, que significa «despertar y florecer», de un modo semejante a como la flor de loto nace y crece del fango. Cuando estas cualidades de la mente y el corazón despiertan, permiten a la sabiduría y la compasión florecer plenamente. Mi amigo había despertado y florecido, liberándose así de un modo de ser que solo le causaba problemas.

¿Qué permite a la flor de loto elevarse por encima del fango? ¿Qué cualidades interiores le permiten a la sabiduría florecer como un loto elevándose sobre la confusión de la mente y propician una conexión más auténtica con nosotros mismos y con los demás? ¿Y cómo podemos liberarnos de los modos de ser que nos dominan y constriñen?

El «efecto loto» se refiere en biología a la admirable impermeabilidad de esta planta que le permite abrirse paso a través del cieno y permanecer prístina en la superficie. Nada se adhiere a las hojas de loto. El secreto de su carácter autolimpiable es que la superficie de la hoja está cubierta de unas protuberancias diminutas cuyo ángulo de contacto con las gotas de lluvia permite que solo una parte mínima de agua entre en contacto con la hoja. Las gotas se adhieren con más fuerza a las partículas que cubren la hoja que a la hoja en sí, y la limpian de impurezas al deslizarse rodando sobre ella.

Al igual que hacen las propiedades antiadherentes del efecto loto, las prácticas básicas de susurrar a la mente crean en ella un campo de antiadherencia. Como veremos, aplicar la generosidad, la calma y una consciencia clara contribuyen a la ligereza del ser.

Patrones que conectan

Bob Sadowski (conocido también como «RJ» Sadowski) es un entrenador de caballos con un don innato, y llevo varios años estudiando con él. Practica lo que él denomina *horsemindship* [el arte de conocerse a sí mismo y estudiar e intentar comprender luego el estado anímico, la «equinidad», del caballo]. Como parte de un programa federal para la gestión agropecuaria sostenible, Bob domestica caballos mustang salvajes preparándolos para la adopción, pero no emplea ningún tipo de violencia para domarlos.* Básicamente, Bob se hace amigo del caballo, pasando a ser un miembro de confianza dentro de su manada –incluso su jefe–. Sabe cómo acercarse al animal: con respeto. Invita al caballo, a la vez que le da libertad.

Los caballos nos invitan constantemente al presente, siempre están dispuestos a conectar con nosotros en el momento que sintonizamos con ellos. Viven en el momento, a la espera de que también nosotros encontremos la manera de entrar en él. Un día Bob, mi yegua Sandhi y yo estábamos en lo que llamamos «el corralito», el picadero que hay en los establos donde vive Sandhi. Bob me estaba dando indicaciones sobre el uso de una energía radicada en el abdomen, que cuando se dirige hacia un caballo actúa como fuerza a la que el caballo se vuelve intensamente sensible.

Me hizo una demostración pidiéndole a Sandhi que avanzara hacia nosotros, pero no con palabras. Dirigió lo que él llama «ener-

---

* Debido al crecimiento descontrolado de la población de caballos mustang en la década de los 1970 (como resultado de una ley creada para protegerlos, tras el descenso alarmante de su población en las dos primeras décadas del siglo xx), se creó en 1973 el programa «Adopta un caballo» a fin de restaurar el equilibrio ecológico sin tener que sacrificar el excedente de animales, como disponía la ley. *(N. de la T.)*

gía esencial» hacia la yegua. Cuando se giró, ella se quedó quieta, pero en cuanto se volvió hacia ella, Sandhi empezó a aproximarse.

Luego me indicó que me relajara y me retirara –es decir, que apartara mi centro de la yegua– y dejara que la energía descendiera dentro de mí y se asentara. Retirarnos le dice que efectivamente ha respondido a la comunicación y tomado parte en la conversación, lo cual parece complacerla enormemente. Para los caballos, participar de este modo y luego retirarse es una forma de conectar en un lenguaje que ellos entienden.

Luego le pedimos que diera vueltas alrededor del picadero sin detenerse, para lo cual solo hubo que guiarla cuando fue necesario, dejando que aprendiera ella sola a responder a estas peticiones mínimas, y retirándonos de nuevo tras ellas para hacerle saber que había entendido cada petición. Corrió alrededor del picadero con naturalidad y a ritmo uniforme. Luego, situados en el centro del círculo, nos volvimos hacia ella pidiéndole en silencio que se acercara. La yegua interrumpió la marcha y trotó hacia nosotros. Al llegar, apoyó levemente la cabeza sobre mi hombro, vinculándonos en el equivalente a un efusivo abrazo espontáneo. Sentí una asombrosa conexión. Cuando empecé a caminar alrededor del picadero, se quedó pegada a mí, con la cabeza rozándome suavemente la espalda. Me sentí como una de esas criaturas míticas mitad humanas y mitad caballo, como un centauro.

En el arte de susurrar a los caballos, esta conexión íntima se denomina «unión», y la valoramos y honramos intensamente cuando y cómo ocurre. En esos momentos, se disuelve cualquier sensación de distancia y es como si fuéramos un solo ser, rebosante y satisfecho hasta la perfección dentro de una burbuja compartida. Se crea un vínculo invisible.

Las formas en que actuamos y la idea que tenemos de nosotros mismos los humanos, como si fuéramos seres aparte, con dominio sobre lo que nos rodea, deben de resultarles extrañas a un caballo, incluso propias de los depredadores. Pero al parecer, los caballos son transigentes con nuestra necedad, nos aceptan a pesar de todo, y hasta encuentran ingeniosas formas de recordarnos que somos en realidad parte de la manada..., como si lo hubiéramos olvidado solo temporalmente. Están siempre dispuestos a unirse con nosotros; es lo que les hace sentirse vivos.

La unión con ellos expresa nuestra interconexión, nos ofrece la vivencia inmediata de una afinidad natural. Como le ocurre al caballo, seamos conscientes de ella o no, está presente en todo momento, esperándonos.

Este tipo de conexiones puede surgir cuando sentimos un vínculo fuerte y sincero con otro ser. Pero también pueden darse espontáneamente de muchas maneras..., por ejemplo, por medio de la absorción creativa, al sentirnos inspirados por la belleza del mundo natural o al estar inmersos en la meditación. Cuando entramos en ese flujo de ser, encarnamos un patrón conector; un hondo sentimiento de bienestar, seguridad y receptividad inunda nuestros corazones. En esta forma de ser, cedemos a nuestras cualidades positivas, damos lo mejor de nosotros y nos abrimos a una profunda conexión con los demás.

Cuando tengo atisbos de esta fuerza conectora, y una sensación de lo que es posible, me pregunto: *¿Por qué nos conformamos con menos?* Mi intención sincera al escribir este libro es ayudar a que nos liberemos de los patrones mentales que ocultan lo interconectado que está ya todo por naturaleza, ayudar a disolver las barreras que nos impiden acceder a los patrones mentales que nos conectan.

Los patrones de desconexión interrumpen este flujo del ser. La tradición de susurrar a los caballos considera que esa desconexión es una reminiscencia de la ancestral danza depredador-presa representada durante siglos en el mundo equino. Existe de un modo más sutil en el ámbito humano. Cuando estemos a merced de estos patrones de desconexión, quizá descubramos que nos sentimos inseguros, que nos aferramos a puntos de vista distorsionados, que actuamos de modo egocéntrico o disfuncional, y que nos desconectamos. Son estados semejantes a una niebla de desconcierto que atraviesa la mente. Ahora bien, como la niebla, estos modos de ser no son partes sólidas e inmutables de quienes somos, sino condiciones pasajeras. Esta es la perspectiva en la que se basa este libro.

Cuando no somos conscientes del aturdimiento que estos hábitos emocionales disociadores crean en nuestra vida, la niebla puede asentarse sobre nosotros. Pero al igual que el sol hace que se evaporen las nubes y revela el cielo diáfano, las nieblas internas pueden disolverse cuando las reconocemos como tales, y, al ver que son transparentes, nos reconectamos con nuestra claridad natural.

Una lente nueva para la mente

El director de Broadway David Cromer sintetiza así cómo nuestras desconcertantes maneras de ser distorsionan la sensación que tenemos del mundo: «Cualquier cosa me hacía sentirme derrotado, insultado, me hacía retraerme. Si la puerta del tren se cierra delante de ti justo en el momento en que estás a punto de entrar, te dices: *¡Vaya, he perdido el tren!* Lo que yo me decía era: *El tren me odia. No merezco montarme en el tren*».[1]

Cromer describía así el mundo visto por la ventana de la depresión, que el doctor Aaron Beck, fundador de la terapia cognitiva, considera un modo extremo. Él propone que el concepto de «modo» nos ofrece una vía para reflexionar sobre aquello que daña a la mente y cómo evitarlo.

Los escritos del doctor Beck me inspiraron en parte a profundizar en los modos.[2] En el trabajo que había llevado a cabo anteriormente, me centraba en los patrones emocionales profundos, pero los modos tienen una relevancia en experiencias diversas mucho mayor; siempre estamos en un modo u otro.[3]

Los modos son orquestaciones específicas de lo que sentimos y pensamos, lo que deseamos y a qué dirigimos la atención, lo que percibimos y cómo nos comportamos.[4] Algunos modos nos abren al deleite y la sabiduría; otros nos encierran en el miedo o, como a David Cromer, en la desesperación y la lástima de nosotros mismos. Los modos son una especie de titiriteros de la mente, que manejan las cuerdas escondidos detrás del escenario. Rara vez nos damos cuenta de hasta qué punto un modo dirige y distorsiona nuestras experiencias.

Nuestro modo dicta qué advertimos y qué no, y crea por tanto un mundo subjetivo.[5] Cada modo pone su lente particular sobre nuestra vida; cuanto más distorsionada esté la lente, más negativo será el modo. ¿Se puede confiar en la gente siempre, o nunca? ¿Tenemos la seguridad de estar a la altura de los retos de la vida, o miedo a que nos superen? ¿Somos capaces de seguir adelante contra viento y marea, o nos sentimos insultados, intimidados y derrotados con facilidad..., sentimos que no merecemos subir a ese tren?

En términos generales, hay tres variedades de modos: la inadaptada, en la que rigen nuestras disfunciones; la zona adaptable, en la que a diario damos lo mejor de nosotros, y un último abanico de conductas que nos impulsa hacia la levedad del ser.

Estudiaremos varios modos en este libro, haciendo un muestreo de toda la gama de modelos desde Oriente hasta Occidente. Aunque esto no representa, desde luego, la totalidad de la experiencia humana, combinar estas representaciones nos da una perspectiva completa de nuestras posibilidades, desde el desconcierto hasta la sabiduría.

La segunda parte del libro habla con detalle de «susurrar a la mente», una serie de perspectivas y ejercicios para transformar los modos por medio de lo que denomino «cambio consciente de hábitos». Las estrategias más eficaces para tratar los modos negativos es evitarlos desviándonos hacia un ámbito más positivo, transmutarlos mediante un trabajo específico realizado con ese fin, o trascender sus aspectos negativos y reforzar sus elementos positivos. Susurrar a la mente ajusta esta tríada de tácticas.

Por último, en el nivel colectivo exploraremos cómo las parejas, la familias, los grupos, las comunidades y las naciones pueden compartir una forma de ser que oriente la percepción, el entendimiento y la acción. En el que quizá sea el modo colectivo más destructivo, un sentimiento compartido de inseguridad alimenta una restringidísima sensación de «nosotros» y es el germen de una hostilidad colectiva hacia «ellos», un grupo al que se percibe como el enemigo. Se puede sanar esta clase de divisiones invitando a todas las partes a unirse en un modo seguro compartido. Las emociones son una fuerza que puede separar o conectar.

Fuerzas invisibles

En las islas San Juan, en el Pacífico noroccidental, estaba esperando al transbordador para ir a una pequeña isla paradisíaca. Me había sentado cómodamente en el muelle y me impregnaba desde allí de la delicada belleza del mundo natural: los tonos lavanda y cobalto iluminaban el agua clara y la atmósfera prístina. Sentía una delicada apertura interior acompañada de exquisita claridad de consciencia.

Al posar suavemente la mirada sobre las aguas tranquilas, advertí que en una zona próxima al embarcadero una capa de petróleo se extendía por la superficie de la pureza natural del mar. Sentí que se me hundía el corazón, al tiempo que los pensamientos se arremolinaban en un paisaje mental súbitamente muy distinto, triste recordatorio del daño que en estos tiempos infligen al mundo natural las fuerzas de la codicia y la ignorancia. La imagen de aquella intranquilizadora marea negra me parece una metáfora muy apropiada de cómo ciertas fuerzas invisibles alimentan la raíz de nuestros modos destructivos, ya sea destruyendo la pureza medioambiental o la claridad de consciencia de nuestra mente. Necesitamos tratar seriamente esas causas primordiales si queremos restablecer el equilibrio en la relación con nuestro hogar natural y con nuestra mente.

Para mí, la capa de petróleo simboliza de forma muy gráfica la secuencia natural causa y efecto que es el fundamento de la psicología budista, y que describe cómo la consciencia pura, receptiva y clara que nos es propia queda eclipsada por efecto del aturdimiento. Ignorantes de lo que nos impulsa y de hacia dónde nos dirigimos, actuamos de modos que nos desconectan de la red de todas las cosas. La ilusión óptica de un «yo» separado se hace valer, insensible a las consecuencias de no ver las cosas como son por naturaleza, imponiendo sus preferencias arbitrarias a un orden natural armonioso. Y cuando miles de millones de seres del mundo imponen lo que a cada cual le gusta y lo que no, el resultado es el mundo en el que vivimos hoy en día.

Piense un momento en el Partenón, en cómo destaca en el horizonte de Atenas iluminado en lo alto de una colina, telón de fondo del revoltijo urbano de letreros luminosos, vallas publicitarias y rascacielos. Sin embargo, en medio de esta mezcla de lo antiguo y lo moderno, el Partenón se mantiene firme. Es la cuna de la civilización occidental y su presencia ha permanecido incólume a través de los siglos en la que hoy es una bulliciosa ciudad moderna.

Como metáfora visual de lo antiguo existente en el seno de lo contemporáneo, la ininterrumpida prominencia del Partenón –recordatorio de los diálogos filosóficos que un día sonaron en sus inmediaciones– evoca algunas verdades perennes sobre el comportamiento humano, tan primarias que deben estar inscritas en la estructura básica de nuestros cerebros. Nos sentimos atraídos por aquello que nos resulta agradable, y repelidos por aquello que nos desagrada. Somos receptivos a lo que nos inspira, y nos cerramos a lo que nos frustra. Buscamos la compañía de quienes nos confortan y nos apartamos de quienes nos provocan.

Son claramente inclinaciones naturales. Pero ¿cómo evolucionar –cómo superar las limitaciones que nos hemos impuesto– para aprender de aquello que nos desestabiliza y que nuestros deseos alienten la pasión por la cordialidad? Estas son algunas de las preguntas que orientarán el viaje que acabamos de emprender juntos.

Emociones en evolución

La técnica de susurrar a la mente es fruto y síntesis de lo más importante que he aprendido ejerciendo de psicoterapeuta y profesora, por un lado, y en los largos años de práctica de la meditación, por otro. Susurrar a la mente combina métodos antiguos y contemporáneos, tomados de Oriente y de Occidente, recogidos a partir de una amplia gama de ámbitos del saber.

A lo largo de los años he asistido a las reuniones que organiza el Instituto Mind and Life [Mente y vida] en las que el Dalai Lama ahonda en temas científicos con grupos de investigadores. He recibido enseñanzas de maestros de meditación del Tíbet, Nepal, la India y Myanmar [antes Birmania] y he entrevistado a algunos de ellos. Todo esto va acompañado de una formación como terapeuta cognitiva, de muchas horas pasadas en las praderas estudiando con un susurrador de caballos, así como de un interés y participación activa en las cuestiones medioambientales y sociales.

Dentro de esta diversidad de mundos empecé a reconocer ciertos patrones, temas esencialmente similares que se repetían en contextos distintos. Me di cuenta de que cada sistema tenía mucho que ofrecer a los demás. Cuando estaba en una determinada situación, pensaba: «Algunos principios fundamentales de susurrar a los caballos serían muy útiles para resolver esto», o «Quizá a los científicos les interesaría conocer el método investigativo budista». Empecé a enlazar ideas y métodos, sintetizándolos e intentando traducir prácticas y principios a un lenguaje accesible, entretejiendo todas las distintas hebras hasta formar el tejido estructural de susurrar a la mente.

Empecé a estudiar los principios de la meditación en la India, donde se despertó mi interés por el antiguo sistema de psicología que forma parte de la esencia del budismo y en el que la «terapia» es la meditación. Esta psicología tiene una perspectiva estimulante y positiva de la naturaleza humana, pues reconoce los estados de perturbación mental que nos afectan, pero los contempla como fases transitorias, que ocultan nuestra verdadera naturaleza igual que las nubes ocultan el sol.

Cuando regresé a Occidente y estudié consultoría psicológica, esa perspectiva oriental era mi punto de referencia, y me permitió aprender sobre los patrones disfuncionales sin considerarlos definitorios de la persona. En todo el trabajo que he realizado en el campo de la psicología, ha sido una prioridad la fusión Occidente-Oriente.

La psicología occidental se ha concentrado en la manera de sanar los patrones de inadaptación y, más recientemente, en cómo fomentar patrones de comportamiento positivos. Los enfoques orientales ofrecen un horizonte más vasto, su mapa incluye un territorio adicional en el que florece toda una gama de métodos que la psicología occidental empieza por fin a reconocer, y que trasciende el ámbito de las terapias de adaptación.

El sistema oriental utiliza métodos para cambiar a un nivel profundo los hábitos humanos; métodos cuyo propósito es liberarnos de esos patrones y enseñarnos a desarrollar claridad de mente y generosidad de corazón. Al realizar a diario las distintas prácticas para transformar mi mente, y mientras continúo estudiando, veo cada vez con más claridad que algunas partes de lo que dicen las distintas perspectivas son las mismas, aunque estén expresadas de forma distinta, y que todas las perspectivas pueden complementarse y perfeccionarse entre sí.

Algunos profesores de meditación asiáticos me han contado que les deja perplejos el torbellino emocional en el que están sumidos sus alumnos occidentales y que han visto que ciertos sistemas psicológicos contemporáneos ayudan a aliviarlo. Por su parte, las perspectivas orientales tienen mucho que ofrecer a la psicología, pues cuentan con métodos para liberar a la mente de las diversas formas de condicionamiento mental.

Además, susurrar a los caballos aporta otra serie de técnicas interiores, entre ellas el arte de establecer una colaboración entre especies, para la cual es necesaria una sintonía muy precisa con un universo de experiencia distinto. Estas artes se pueden adaptar para que nos ayuden a poner orden en nuestro tumulto interno, para sintonizar con las corrientes sutiles de la mente, y darle con gentileza unas instrucciones..., susurrarle unos principios naturales que adquieren sentido inmediato gracias a la fuerza conectora de «la unión».

Otro de los elementos en que se sustenta el susurrar a la mente se halla en los nuevos hallazgos de la neurociencia. Las investigaciones muestran que nuestros modos más negativos –que pueden llenarnos de emociones abrumadoras, como el terror o la cólera– están impulsados por la parte límbica del cerebro. En cuanto pasamos del ámbito del modo negativo al positivo, el centro ejecutivo tiene mayor capacidad de acción, pues las emociones que nos perturbaban dejan paso a la positividad y nuestra mirada se libera de las fijaciones.

Susurrar a la mente combina perspectivas y prácticas tomadas de una especie de gran caja de herramientas eficaces de Oriente y Occidente. El resultado: una mezcla de psicologías ancestrales, con sus métodos respectivos, y de técnicas terapéuticas contemporáneas fundamentadas en los hallazgos científicos del momento.

Mi sincera esperanza es que esta síntesis ofrezca una vía en la que puedan evolucionar nuestras emociones, a nivel individual y colectivo. Susurrar a la mente da claridad y libertad a la mente, hace más veraces nuestras percepciones, más artísticas nuestras respuestas, más genuinas nuestras conexiones y hace más dichoso al corazón.

El camino de la vida se bifurca en cada momento; un ramal conduce a la confusión, la separación y el enredo, y el otro, a la claridad, la conexión y la libertad mental. Susurrar a la mente nos da la posibilidad real de elegir.

Hay un cuento indígena americano en el que un abuelo le dice a su nieto:

–Siento como si hubiera dos lobos peleando en mi corazón. Uno de ellos es violento y vengativo; el otro está lleno de amor y compasión.

–¿Cuál de los dos ganará? –pregunta el nieto.

–Aquel al que yo alimente –contesta el abuelo.

2. El mundo de los modos y por qué importan

Mi hijastro Hanuman se fue de vacaciones con una amiga hace unos años. Hace mucho que se dedica a la música y la composición, y estaba acostumbrado a llevarse de viaje la guitarra para aprovechar los momentos de inspiración que pudieran surgir en el tiempo de esparcimiento.

La pequeña guitarra de viaje que llevaba consigo, un poco castigada, jamás le había ocasionado el menor problema; ha viajado en el compartimento superior para equipajes a todos los lugares del mundo a los que ha ido Hanuman. Una vez la llevó a la India. Pero esta vez, en el viaje de vuelta, un encargado de seguridad del aeropuerto se negó a dejarle pasar el control con la guitarra, e insistió en que no estaba permitido y en que tenía que facturarla, lo cual auguraba un desastre seguro, considerando que la guitarra no tenía funda.

Hanuman intentó explicarle que siempre la había llevado a bordo y la había guardado sin problemas en el compartimento superior. El encargado se mantuvo en sus trece. Le salió entonces a Hanuman la vena rebelde y se produjo un enfrentamiento abierto entre ellos. Ninguno de los dos estaba dispuesto a ceder y se fueron caldeando los ánimos. A Hanuman le enfurecía que el guarda de seguridad se ofuscara en su postura y no quisiera contemplar otras posibilidades, pero el propio Hanuman, presa de su reacción, tampoco estaba en disposición de hacerlo.

En el punto más álgido, su amiga intervino, y con mucha calma y gran despliegue de encanto le dijo educadamente al guarda:

–Me gustaría sugerir algo. ¿Qué le parece si llevamos la guitarra hasta la puerta de embarque y preguntamos allí si podemos subirla a bordo? Si nos dicen que no, venimos y la facturamos.

Completamente desarmado, el guarda respondió:

–Bueno, me parece correcto.

Subieron la guitarra a bordo y la guardaron sin el menor problema.

Le pregunté a Hanuman qué había aprendido de aquel enfrentamiento. Me dijo que le asombraba que su reacción se hubiera apoderado de él hasta el punto de no dejarle encontrar absolutamente ninguna solución, mientras que su amiga había sido capaz de ver con claridad lo que estaba pasando y de proponer una ingeniosa alternativa. La diferencia crucial entre ambos comportamientos estaba en el modo desde el que operaba cada persona en aquel momento.

Si diez personas distintas se encuentran ante el mismo problema, habrá diez respuestas diferentes. La forma en que reaccionamos ante cualquier situación dada depende de nuestra perspectiva, de nuestra actitud y nuestras suposiciones, y de nuestros hábitos emocionales..., nuestros modos.

El modo que impera en nosotros en cada momento organiza por entero nuestra forma de ser, y moldea por tanto lo que advertimos y registramos. Los modos dictan lo que sentimos e incluso lo que rescatamos de la memoria y traemos a la mente con mayor rapidez. Algunos modos son surcos letales, y otros nos permiten florecer. En ambos casos, alimentan nuestros impulsos y determinan nuestras metas, lo mismo que dictan nuestros estados de ánimo.

«No podemos resolver un problema desde el mismo estado mental que lo creó», decía Albert Einstein. Reconocer cuándo estamos bajo la influencia de un determinado modo de pensar y de sentir nos da la oportunidad de ver con más claridad y de dar los pasos necesarios para efectuar un cambio.

La mayoría de los modelos de psicología existentes tanto en Oriente como en Occidente coinciden en lo que se refiere a la apariencia externa de nuestros modos negativos, a pesar de que los calificativos que emplean sean distintos: inadaptado, inseguro, distorsionado, disfuncional, malsano o incluso delirante. Todos estos modos problemáticos contrastan con otros que nos hacen más adaptables, seguros, sanos o cuerdos, y lo importante es que cada uno de ellos puede convertir una forma de ser negativa en una positiva.

Nuestros modos de ser pueden distribuirse en dos categorías principales: sensatos o delirantes. Cuando nos dominan los modos aturdidos, lo percibimos todo de una forma distorsionada que nos desequilibra emocionalmente, y no somos capaces de ver más allá del reducido mundo en el que nos sumimos. Esta clase de modos condiciona nuestra percepción del mundo y nos limita a la hora de tomar decisiones. Por el contrario, en aquellos modos en los que impera la sensatez, vemos las cosas con claridad –sin lentes deformantes–, lo cual acrecienta espontáneamente nuestra empatía.

Así que para tener mayor claridad de pensamiento, es de vital importancia aprender a reconocer nuestros modos y a clarificar nuestras percepciones, nuestros sentimientos y la forma en que actuamos. Lo que elegimos puede conducirnos al cieno de la confusión, que enturbia nuestras percepciones, y a la oscuridad de la inconsciencia; o puede conducirnos al loto que abre sus pétalos a la luz de la sabiduría, que despierta y florece, si entramos en contacto con los nutrientes contenidos en el cieno gracias a los cuales el loto puede florecer. En vez de sucumbir a la confusión y sumirnos en una tiniebla de percepciones borrosas, tenemos siempre la oportunidad de volvernos hacia *sanje*, la cualidad del despertar que permite al loto de la sabiduría atravesar el cieno de la confusión y florecer.

La psicología budista utiliza a veces el término «aturdimiento» para referirse a la neblina de confusión que empaña la mente (otro término que se utiliza es «delirio» o «alucinación», mientras que los modelos occidentales hablan de «distorsiones cognitivas»). Una vez que corregimos la percepción errónea de base, puede empezar a revelarse poco a poco una consciencia más clara.

La neurociencia del hábito

Las psicologías de Oriente y Occidente concuerdan: no estamos condenados a vivir en un modo disfuncional; se trata de hábitos aprendidos, y eso significa que, con un aprendizaje reparador, podemos cambiarlos.

La neurociencia de la formación y el cambio de hábitos explica que los hábitos se crean porque el cerebro necesita conservar la energía.[1] En el momento de aprender cualquiera de los incontables comportamientos rutinarios que nos ayudan a hacer los días más llevaderos, el cerebro presta mucha atención e invierte mucha energía; pero cuanto más repetimos esos actos rutinarios, menos energía y atención necesitamos dedicarles.

Cuando, a base de practicar una actividad rutinaria, adquirimos pleno dominio de ella, se produce una transferencia de funciones y su ejecución ya no depende de la parte alta y consciente del cerebro, sino de los ganglios basales próximos a la parte inferior del cerebro. Esta red cerebral del tamaño de una pelota de golf dirige nuestros movimientos cuando ponemos pasta de dientes en el cepillo o cambiamos de carril en la autopista mientras pensamos en otras cosas, lo cual es señal, no solo de que el cerebro utiliza poca energía para ejecutar esos hábitos, sino también de que estos operan fuera de nuestra percepción consciente.

La ventaja de los hábitos, por supuesto, es que nos evitan tener que pensar en ellos mientras nos dirigen a lo largo del día. El inconveniente es el mismo: no nos damos cuenta de cómo esos actos rutinarios van sumiéndonos en la complacencia, en la repetición continua de los mismos movimientos sin ser conscientes de ellos. Y aunque por un lado es estupendo poder escribir a máquina sin tener que pensar en dónde estará situada la tecla Z, cuando esos hábitos son el germen de nuestras formas de ser negativas, la complacencia duele. De entrada, cada vez que actuamos impulsados por esos hábitos, les damos más poder, fortaleciendo, de hecho, los circuitos cerebrales que les dan vida.

Nuestros modos son complejas series de hábitos inconscientes, consecuencia de las innumerables elecciones que hicimos en momentos del pasado y que olvidamos hace mucho tiempo. Puede parecer que nuestros hábitos son el resultado de un razonamiento concienzudo, pero lo que en verdad los estableció son fuerzas de la mente que no llegamos a advertir, y mucho menos comprender.

La atención plena puede permitirnos tomar consciencia de funcionamientos de la mente que son por lo general inconscientes. Si queremos cambiar el aturdimiento que acompaña a la ejecución automática de los hábitos por un estado de presencia que vuelva a darnos la oportunidad de elegir, la clave es desarrollar una consciencia plenamente atenta. Para reconocer los modos que imperan en nuestra mente, en nuestras relaciones y en nuestra vida, hemos de prestar atención total; sin ella, no tenemos forma de detectar los hábitos emocionales que actúan de manera invisible para ejercer su poder sobre nosotros.

El primer paso para cambiar los hábitos de nuestros modos es, por consiguiente, tomar consciencia de ellos, lo cual nos conducirá a lo que denomino «cambio consciente de hábitos». El cambio fundamental que produce la atención plena es que nos hace despertar, en lugar de vivir adormecidos por la complacencia habitual.

La situación en que nos encontramos me recuerda un poco a esa escena de *El mago de Oz* en la que todos tiemblan al oír la atronadora voz que grita: «¡Yo soy Oz...!». El pequeño perro, Totó, descorre a continuación una cortina y tras ella aparece un hombre mayor inclinado sobre un tablero de mandos y que grita al micrófono: «No prestéis atención al hombre que hay detrás de la cortina». El poder que nuestros modos tienen sobre nosotros se asemeja al del mago de Oz: se desinfla en cuanto hacemos una introspección valiente y honesta. Ver claramente la verdad deja sin fuerza a esa mano invisible con que nos atenazan los hábitos de nuestros modos, y nos devuelve la posibilidad de elegir. La claridad de discernimiento que acompaña a la consciencia plena es... ¡como un Totó interior!

Cuanta más consciencia tenemos de nuestras respuestas condicionadas habituales y más educamos las emociones que las provocan, menos automáticas e irreflexivas, menos dirigidas por el puro hábito, y más adaptativas son las elecciones que hacemos. Además, cada elección se hace con una consciencia discernidora.

Transiciones de fase

Un amigo me contó que en una época de su vida se había vuelto muy escéptico y negativo. Estaba fuertemente deprimido, hasta el punto de plantearse la idea del suicidio –aunque nunca intentó ponerla en práctica–. Se le había desmoronado la vida: su esposa lo había dejado y se había llevado a su hija. Sentía que no tenía nada por lo que vivir.

Era un ecologista nato, y en aquella época sombría fue de acampada con unos amigos a pasar una temporada en contacto con la naturaleza en una de las zonas vírgenes del estado de Washington. En aquel viaje, la amargura que sentía se desintegró por completo y la reemplazó un modo mucho más positivo.

Un día estaba en lo alto de una cascada que caía sobre una profunda garganta contemplando la gran extensión de belleza natural que lo rodeaba. Se sentía tan exultante que decidió descender un poco por la ladera rocosa agarrándose a una larga raíz que asomaba de la tierra; pero la raíz se rompió y él cayó dando tumbos. Su cuerpo fue rodando ladera abajo hacia el borde del acantilado desde el que las aguas caían a plomo. Sus amigos lo veían rodar aterrados, conscientes de que faltaban apenas unos metros para que se precipitara en el vacío. Pero inesperadamente algo que sobresalía de la roca se enganchó a su cuerpo e impidió que saliera despedido por el precipicio.

Totalmente consciente, con solo algún rasguño, consiguió ponerse en pie y les gritó a sus amigos: «¡Estoy bien!».

«Desde aquel momento –me dijo– nunca volví a pensar en el suicidio. Todo me parecía un regalo.» Me contó que en aquellos momentos aterradores pensó sobre todo en el amor que sentía por las personas que había en su vida y en el amor que recibía de ellas..., y ese era el auténtico regalo. Al presentir la inminencia de la muerte, su mente viró, y entró en un modo positivo en el que se sintió colmado de amor.

Asombrada por aquel milagroso giro de los acontecimientos, le pregunté si había aprendido alguna otra cosa de aquella experiencia que hubiera tenido un efecto transformador en su vida. Reflexionó un momento, y luego dijo: «Veo con claridad que lo que elegimos –movidos por las circunstancias particulares de cada momento– puede dirigirnos hacia lo negativo o lo positivo».

En los años que habían transcurrido desde entonces, me dijo que rara vez había vuelto a caer en el resentimiento, la ira o la negatividad..., al menos no por mucho tiempo. Si en una época le había impulsado la ira, ahora le interesaban más las soluciones positivas. Allí donde antes había visto solo desconexión y desesperanza, ahora encontraba conexión y posibilidades.

El pensar negativo nace de una obcecación egocéntrica en lo que está mal. Cuanto más centramos la atención en ello, más sufrimos. Pero si –como mi amigo tras verse al borde de la muerte– dejamos de hacer de «mi dolor, mis deseos, mis querencias» el centro de nuestras vidas, el hábito de tomarlo todo como algo personal empieza a desaparecer.

Todos tenemos un puñado de modos predilectos en los que entramos en un momento u otro. La ventaja de los modos es que su naturaleza transitoria nos permite evolucionar y cambiar si pasamos más tiempo en los modos adaptativos y frecuentamos los problemáticos cada vez menos.

Por muy férreo que sea el control al que un modo negativo nos tenga sometidos o por muy desgraciados que nos haga, siempre tenemos el potencial de cambiar a uno mejor. Los físicos denominan este cambio de estado «transición de fase». Las transiciones de fase ocurren por todas partes dentro del mundo de la materia, y también en nuestra mente. Si calentamos lo suficiente un bloque de barro, se solidifica y tenemos un ladrillo; calentamos arena junto con una pizca de sustancias químicas a alta temperatura y, quien lo iba a decir, aparece cristal.

Así como el agua se transforma en hielo o vapor, nuestra mente puede transmutar sus modos. Una mente confusa y agitada, cuando se interviene de la manera precisa, puede metamorfosearse en una mente llena de calma discernidora y claridad. Tome a la niña que tiene una rabieta, atráigala contra su pecho mientras le canta con dulzura, y puede que al instante se le quede dormida en los brazos.

En cualquier viaje –pero sobre todo en el viaje interior– es una ayuda contar con un mapa. El nuestro empieza por los modos que la psicología budista relaciona con el deseo, la aversión y el aturdimiento, y que pueden transformarse en una serie de cualidades positivas, como la claridad y la ecuanimidad. La psicología del desarrollo estudia los comportamientos de inadaptación que surgen en nuestras relaciones, por ejemplo: el «no te acerques demasiado» propio del modo evasivo, o la preocupación constante del modo ansioso.

La psicología evolutiva estudia los modos que nos ayudaron a sobrevivir en un entorno salvaje: el del depredador y la presa; y es que, en la vida moderna, encontramos versiones sutiles de estos modos ejecutando una danza de dominación y resistencia. Una rama de la terapia cognitiva estudia cierta categoría de modos tipificados por hábitos emocionales destructivos; por ejemplo, el modo extremadamente elusivo en el que nos insensibilizamos para evitar sentir aquello que puede perturbarnos.

El modo seguro, o integrado, favorece una serie de formas de ser positivas y adaptativas en las que parece que fluyamos con la vida y florezcamos en nuestras relaciones, que prosperemos en salud, productividad y creatividad. El modo seguro es esencial para esta progresión; un refugio emocional protector que es la base del bienestar mental y que nos ayuda a elegir con más inteligencia en nuestra vida y a estrechar los lazos de amistad.

La psicología oriental habla detalladamente de una clase de modos que trascienden ese bienestar cotidiano; cuando el corazón es sabio, experimentamos una transformadora evolución interior hacia la compasión, la sabiduría y la ecuanimidad que nos permite mantenernos imperturbables ante las complicaciones de la vida. La mayoría de los caminos espirituales apuntan a alguna versión de este modo.

El espectro de los modos se asemeja a una escalera de transiciones de fase interiores, de lo pesado a lo ingrávido. En los peldaños inferiores se encuentran nuestras formas de ser más angustiosas y autodestructivas. Como los átomos del vapor, nuestros pensamientos pueden ser caóticos y nuestros sentimientos, turbulentos; pero en cuanto cambiamos a modos más saludables, nos calmamos y adquirimos claridad. El ámbito positivo de modos entra en estados mentales en los que la ingravidez del ser trasciende el peso de nuestras formas de ser ordinarias.

Dondequiera que tendamos a estar en esta escalera, nos convendría recordar lo que el maestro Zen Suzuki Roshi comentó con ironía: «Somos perfectos tal como somos..., aun así, no estaría de más que mejoráramos un poco».

Los modos se ordenan en una progresión natural, del más tormentoso al más liberador. Susurrar a la mente nos ofrece los medios necesarios para hacer una transición psicológica de fase: maneras de liberarnos del control al que nos tienen sometidos los modos inadaptados. En este viaje interior, conectamos con facultades gracias a las cuales, como la flor de loto, el discernimiento puede brotar de nuestro aturdimiento y confusión, el cieno negativo de la mente.

Percibir de forma nueva

Al mirar un cuadro de Monet, tal vez nos quedemos maravillados por cómo puede catalizarse una forma innovadora de ver gracias al talento de una sola persona que nos invita a ver las cosas de una manera nueva.

Los historiadores del arte cuentan que las excepcionales obras impresionistas de Monet fueron, en parte, expresión de las percepciones distorsionadas del pintor inducidas por las cataratas. Con los años, su visión se fue tornando cada vez más borrosa, y él siguió pintando, plasmando lo que veía.

Monet dedicó especial atención al estudio de la naturaleza de la luz y a la forma en que altera sutilmente lo que vemos. Lo que le importaba, al parecer, no era si el paisaje estaba nublado o despejado, sino las particularidades de la luz que podían captarse en el lienzo. Y la vista borrosa de Monet ha hecho que la nuestra se fije, no en los objetos concretos, sino en las cualidades de la luz que se proyectan en ellos.

¿Estamos dispuestos a permitirnos percibir de forma nueva, incluso aunque tengamos la vista borrosa? ¿Somos capaces de encontrar sabiduría –o al menos claridad– en medio de la confusión? ¿Es posible que se nos escape el significado de las cosas por ser incapaces de distinguirlo entre las aguas turbias de la mente? Y... ¿podría una re-percepción nueva ayudarnos a despejar la niebla?

Un libro infantil sobre los sentidos tiene encartes que se pueden tocar, ver, oler, palpar y degustar, cada uno de ellos dirigido a enseñar a los niños y niñas cómo percibimos. Uno de estos encartes es una tarjeta con tiras transparentes de plástico de distintos colores. El libro le indica al niño que mire un objeto a través de uno de los colores durante diez segundos, y que luego aparte la tira y mire a ver qué aspecto tiene el objeto ahora.

Durante unos segundos, hay una imagen remanente, una especie de velo del color complementario del de la tira que acabamos de usar; si hemos mirado a través de la tira verde, vemos el mundo como si lo miráramos a través de una lente rosada, con una pátina rojiza. Pero el velo de color residual acaba por desvanecerse y entonces podemos volver a ver las cosas con claridad..., siempre que no volvamos a mirar a través de la lente tintada, claro.

¿Cómo influyen en nuestras percepciones las lentes con que miramos? ¿Cuáles son las lentes que nos ponemos una y otra vez? Y... ¿cómo podemos aprender a ver nuestro mundo con claridad, sin la parcialidad que nos imponen las lentes que usamos?

Los modos tiñen nuestras percepciones. Definen cómo percibimos, y eso define nuestro mundo. No son tanto las pruebas que nos pone la vida sino nuestro punto de vista al enfrentarnos a ellas lo que nos define. «No son las cosas en sí lo que nos afecta –decía Epicteto, un filósofo griego–, sino la visión que tenemos de ellas».

Aaron Beck lo explica de forma un poco distinta. Dice: «La cuestión se reduce a en qué centramos la atención. Si nos concentramos en lo negativo, eso es lo único que vemos. Si nos concentramos en lo positivo, vemos las cosas de manera muy distinta». Quienes habitualmente ven el vaso medio vacío no solo son más pesimistas, como ha descubierto el doctor Beck, son también más susceptibles de entrar en un modo deprimido.

Nuestros modos son como velos que nos impiden ver la realidad. Vemos el velo en sí, pero además vemos el mundo a través de él. A medida que vamos asentándonos más en nosotros mismos y aumenta nuestra presencia, los velos se van haciendo cada vez más transparentes, como el barro que al asentarse en el fondo del estanque revela la claridad cristalina del agua que hay sobre él. Susurrando, cediendo, escuchando, podemos permitir que la luz de la consciencia, que está siempre presente –aunque temporalmente eclipsada–, ilumine la mente.

Reconocer nuestros modos

Para poder empezar a entender el singular universo sensorial de un caballo, colóquese las manos abiertas, una al lado de la otra, delante de la cara de forma que no pueda ver hacia delante, sino solo hacia los lados. «Así es como ve el mundo un caballo –me explica Bob Sadowski–. Cada ojo se comunica solo con una mitad de su cerebro. Observe cómo se comporta un caballo cuando intenta entender algo, y verá que vuelve la cabeza hacia un lado y hacia el otro para que ambos ojos puedan captar la imagen.»

Como los ojos están situados a uno y otro lado de la cabeza, los caballos tienen un enorme ángulo muerto justo delante de ellos. Pero los seres humanos estamos acostumbrados a que los ojos estén orientados hacia delante y actuamos como si los caballos fueran iguales que nosotros: nos acercamos a ellos de frente, o aproximamos a ellos la mano o el ronzal desde abajo, otro ángulo muerto del caballo. Al caballo, esto puede resultarle enervante o incluso amenazador; puede que incluso nos considere posibles depredadores.

Así que, en lugar de actuar de este modo, Bob se acerca al caballo por un lado, despacio, como hacen los demás caballos. Le muestra al caballo el ronzal, colocándoselo a la vista, a un lado de la cabeza, y luego lo frota contra el caballo con suavidad, para que se sienta a salvo. Compárelo con la forma típica que tiene la gente de acercarse a un caballo y ponerle el ronzal y comprenderá lo desafortunadas que han sido las relaciones entre los seres humanos y los caballos desde hace mucho tiempo.

Reconocer nuestros modos se parece un poco a intentar comprender la experiencia que otra especie, por ejemplo un caballo, tiene del mundo. Cada modo tiene su propia realidad. Podemos empezar por reconocer cuándo surgen las señales distintivas de un modo en nuestro cuerpo y en nuestra mente: un chispazo de furia, la opresión del miedo, la insensibilidad de la evasión. Tal vez ni siquiera sepamos en qué modo estamos, pero sentimos una negatividad que se cierne sobre nosotros, un nudo desagradable y sobradamente conocido o una niebla mental que nos distraen del presente.

Mientras estamos atrapados en un modo, vemos el mundo a través de su lente sin darnos cuenta de ello, pero hay algunas señales delatoras de que somos presa de un modo inadaptado. Nuestros pensamientos monocordes tienden a repetirse sin fin, y nuestros sentimientos suelen ser desproporcionadamente exagerados; o tenemos respuestas automáticas en vez de hacer elecciones meditadas.

Aquello a lo que prestamos atención define nuestra realidad subjetiva en todo momento; cuanto más adaptable es esa atención, más aspectos de la realidad podemos tener en cuenta. Y al contrario, cuanto más inmovilizados nos quedamos en una idea, menos diversidad de opciones tenemos, y nos volvemos egocéntricos.

Son tres los elementos del egocentrismo que operan mientras somos presa de un modo pernicioso.[2] Primero, la atención se centra exclusivamente en los pensamientos y sentimientos típicos del modo en sí; tenemos poca o ninguna capacidad para ver, salvo a través de la lente de ese modo, e ignoramos todo aquello que no encaje en esa visión del mundo.

Segundo, sesgamos el significado de los sucesos (incluso de los irrelevantes) interpretándolos como referencias a nosotros mismos. Estamos atrapados en una forma de pensar egocéntrica y hacemos una interpretación personal y distorsionada que exagera cuánto tiene en realidad que ver con nosotros cualquier suceso.

Por último, nos aferramos a las metas y deseos que un modo nos impone, a veces incluso a costa del bienestar y los derechos de otras personas..., y a veces, incluso a nuestra costa.

Detectar las señales de que un modo negativo ha entrado en funcionamiento es el primer paso para dar un giro a esa serie de hábitos en una dirección más favorable. Una vez que reconocemos el modo, podemos recordar que esos hábitos son como condiciones atmosféricas cambiantes, estados pasajeros de la mente.

Mientras un grupo de alumnos de mi taller estudiaban esto juntos durante un año, una alumna se dio cuenta de que su larga historia de problemas de relación reiterados era señal del patrón de un modo que no había sabido reconocer hasta entonces. Como ella misma explicó: «Ahora veo que he distorsionado la percepción de todo. Nunca pensé, ni remotamente, que pudiera tratarse de una visión deformada. ¡Di por hecho que yo era así!».

Aceptación

Un hombre de casi ochenta años me dijo que, al repasar su vida, vio que algo que siempre le había importado era que se le «tuviera en cuenta». Sintonizar con la singular realidad de otra persona es la esencia de la compasión, y el primer paso para sentir compasión es ser capaz de ver y comprender de verdad a una persona, para poder ayudarla realmente.

La vida está llena de momentos en que podemos practicar la compasión si estamos atentos a esas oportunidades. A veces es muy sutil; puede ser tan simple como sentarse en silencio al lado de alguien que está atravesando un momento difícil, o estar a su disposición cuando nos necesita. Puede ser prestarle toda nuestra atención; o conectar de tal forma con esa persona que los sentimientos angustiosos puedan aflorar, y quizá incluso deshacerse en el afecto de nuestra presencia.

El caso es el mismo cuando se trata de nuestros modos: tenemos que sintonizar con la singular realidad del modo y comprender la forma en que nos hace pensar y ver el mundo. Sintonizar con él nos permite percibir cualquier reacción que estemos teniendo en ese momento; es el fundamento del susurrar.

Escuchar y empatizar nos ayuda a sintonizar con la auténtica esencia de las personas. Sabiendo que los modos negativos forman parte del equipaje de todos los seres humanos, al captar cierto modo podemos asentir con compasión en señal de reconocimiento, pero sin dejarnos distraer ni definir por los modos de otra persona. Y lo mismo puede aplicarse a los nuestros.

Todos tendemos a gravitar hacia una serie de modos preferidos que se han vuelto habituales..., que parecen ser «yo». Esta es una dificultad que nos encontramos a la hora de cambiar nuestros modos habituales: puede que no los consideremos hábitos, que pensemos simplemente que la vida es así. Si no nos damos cuenta de que estamos atascados en una forma de ser problemática, no es muy probable que nos planteemos cambiar nada.

En todos los aspectos de susurrar a la mente, practicar el amor incondicional y la compasión hacia nosotros mismos y hacia los demás nos abre el corazón y contrarresta los juicios despiadados. A la hora de investigar nuestros modos, por ejemplo, podemos asentir levemente al comprender que nuestros modos perjudiciales se originaron por tener que adaptarnos a situaciones difíciles, y reconocer a la vez que esos mecanismos de defensa han perdurado mucho más tiempo del necesario.

Incluso en mitad de los estallidos y crisis podemos sintonizar, con empatía hacia nosotros mismos y compasión hacia la perspectiva del modo en sí. La empatía nos ayuda también a ser indul gentes con nosotros por nuestros fallos, en vez de criticarnos sin piedad o de desanimarnos y rendirnos.

La empatía y la aceptación son cruciales para esta alquimia de modos. Cuando somos presa de un modo distorsionado, es como si fuéramos el niño o la niña que se ha quedado congelado en una etapa de desarrollo temprana. Para derretir ese estado de congelación, hemos de ofrecernos un cálido entendimiento.

La compasión disuelve las barreras internas, y una visión penetrante nos muestra que han quedado obsoletas y nos libera de ellas en cuanto empezamos a integrar fragmentos de nuestro ser en una dimensión más extensa de nuestra naturaleza. «Justo cuando la oruga pensó que su vida había terminado –dice el refrán–, se convirtió en mariposa.»

3. Causas primordiales

Esto es lo que vi el otro día cuando me sorprendí haciendo un recorrido por los canales de televisión mientras hacía ejercicio sobre una cinta de caminar motorizada: en el canal de fauna había un documental sobre depredadores que mostraba escenas atroces de ballenas asesinas devorando a las focas. En el canal siguiente había un *reality show* de policías sobre la brigada antinarcóticos de Hollywood; entre sus detalles más sórdidos, había una prostituta de aspecto triste que describía los abusos sexuales que había sufrido en la adolescencia. El tercero, un canal teletienda, ofrecía una serie interminable de joyas de circonita supuestamente deslumbrantes a precio de ganga.

Gran parte de lo que suele considerarse entretenimiento puede relacionarse, cuando se contempla través de la lente de la psicología budista, con las «tres raíces»: el apego, la aversión y, su causa subyacente, el aturdimiento (a veces denominados codicia, cólera e ignorancia).

Si elegimos uno de estos modos de relacionarnos con el mundo, dicho modo puede hacerse habitual y cristalizar en un estilo personal; por ejemplo, las reacciones de codicia o de cólera pueden llegar a ser las posturas básicas que adoptemos en la vida, la forma de reaccionar predilecta ante todo lo que percibimos.

En su forma extrema, esas tres raíces actúan en la mente a modo de toxinas, cada una ellas de la manera que le es propia. El apego se extiende desde la sutil preferencia hasta el deseo imperioso, o desde el simple aferramiento hasta el ansia febril. La tacañería, la renuencia a abrir la mano, a soltar, es una forma vulgar de apego.

La aversión comienza por un sutil movimiento de alejamiento, y puede llegar a convertirse en ira o en un odio intenso.

Estos modos pueden crear también una niebla mental que distorsione la valoración que hagamos del propio objeto de nuestra codicia o nuestro temor, niebla que es señal de lo que la psicología budista denomina «delirio» o «aturdimiento», y que es la causa primordial de los modos de ser destructivos.

El término pali *dukkha*, que suele traducirse por «sufrimiento», puede contemplarse también como «reactividad». Las raíces mencionadas pueden dar lugar a toda una gama de estados reactivos, como la preocupación, la envidia, la codicia y el odio, así como a percepciones distorsionadas debido al egocentrismo, el embotamiento o la cerrazón mental.

En su expresión más extrema, estas tres raíces pueden derivar en patologías: el apego puede convertirse en adicción; la aversión puede tornarse en odio, cólera o violencia –propulsores de la explotación y el racismo–, y el aturdimiento puede degenerar en indiferencia a la justicia y en crueldad. Todos ellos son destructivos sea cual sea el nivel en que se produzcan: individual, familiar o global.

Las fuentes budistas originales dan a estas formas de ser el nombre de «temperamentos». Pero estos modos no son necesariamente permanentes; se pueden transformar. Por otra parte, cualquiera de nosotros puede adoptar estas formas de ser de vez en cuando, si las circunstancias lo propician, por mucho que prefiramos favorecer un modo más que otro.

Nuestros apegos y aversiones más simples (*Para mí, un té con leche desnatada y mucha espuma, por favor*) nos permiten deslizarnos por las continuas encrucijadas de la vida sin tener que pensarlo dos veces. Pero cuando se desbocan, pueden convertirse en lo que el budismo considera «venenos» mentales, transformándose entonces en modos de ser que se apoderan de nosotros y tergiversan nuestra percepción de la realidad; exageran desproporcionadamente las cualidades positivas o negativas de lo que percibimos —o empañan nuestra facultad de discernir con claridad— y pueden destruir nuestro equilibrio interior.

Los problemas empiezan cuando no somos conscientes de las distorsiones que oculta la forma de pensar de uno de nuestros modos o de que esas distorsiones dirigen todo lo que hacemos. Entonces vemos el mundo a través de la niebla de nuestros apegos y aversiones, y pase lo que pase en cada momento, serán los hábitos inconscientes los que determinen nuestras reacciones. Si es agradable, lo habitual es que gravitemos hacia ello; si es desagradable, lo apartamos de nosotros.

Mire lo que ocurrió cuando una pareja que conozco buscaba casa, y la reacción tan distinta que tuvo cada uno de ellos al ver la casa que finalmente acabarían comprando.

Un agente inmobiliario había llevado a la esposa a ver un sencillo chalet de estilo alpino construido en la ladera de un monte y con varias hectáreas de bosque en la parte posterior. Le encantó al instante. Había muchas cosas que le gustaban: el entorno silvestre, la vista de los bosques y prados desde lo alto, los tejados de la catedral; pero lo que más la entusiasmaba eran las posibilidades. Le desilusionaron las habitaciones, estrechas y pequeñas, y la «vulgaridad» de los materiales, pero su decorador de confianza empezó a imaginar de inmediato cómo remodelar algunas habitaciones, lo cual, sumado a un cambio de colores y azulejos y a sustituir algunos materiales por otros de más calidad, podía transformar la casa en algo que les gustara de verdad.

A su marido, en cambio, el sitio le pareció espantoso desde el primer momento. La casa la había construido, escatimando gastos al máximo posible, un profesor de formación profesional que parecía haber adquirido sus conocimientos de carpintería en un curso de manualidades de instituto. Algunas habitaciones eran diminutas, y el ángulo en que se juntaban unas paredes con otras no siempre era lo que se dice recto. Se fue fijando insistentemente en los materiales baratos que se habían usado, por ejemplo las planchas contrachapadas, como de vagón de mercancías, forradas de escay que cubrían las paredes, y le horrorizaron las vigas del techo, revestidas de plástico negro «de imitación madera». Lo único que le gustó del sitio fue un manantial de agua fresca que brotaba de la ladera del monte, al fondo del bosque que había detrás de la casa.

Cuando llevaron a una amiga de la pareja para que les diera su opinión, no fue de mucha ayuda. No pareció reparar ni en el potencial de la casa ni en sus inconvenientes; lo único que no le pasó totalmente inadvertido fue el hecho de que los dos estaban desesperados por conocer su opinión. Rehuía con un «No sé» todas sus preguntas en cuanto a qué le parecía la casa. Luego se dedicó a chismorrear sobre algunos conocidos comunes y a tratar de decidir a qué restaurante podían ir a comer.

Cada una de estas reacciones sirve de ejemplo a uno de los modos que se derivan de las tres raíces. La actitud positiva de la esposa, que se centró en lo que la casa tenía de atractivo y en cómo podía mejorarse, refleja el modo del apego. Cuanto más pensaba en la casa, más la quería. En su forma extrema, este modo propicia de hecho el aferramiento y el ansia por el objeto.

La negatividad del marido caracteriza el modo de aversión, provocado por una repugnancia maquinal. En este modo, nos fijamos en lo malo en vez de en lo bueno y despreciamos otras posibilidades; en sus formas más intensas, puede ser no ya un simple rechazo, sino hostilidad.

Y la inconsciencia de la amiga ante la situación en conjunto es típica del modo enajenado, o aturdido, en el que la confusión y la falta de atención dan lugar a una indecisión o indiferencia crónicas; los extremos en este caso pueden superar el despiste y llegar a una embotada ignorancia.

Advertir las pistas

Ya en el siglo v, un texto indio muy perspicaz hablaba de cómo algo tan simple como la forma en que una persona barre el suelo nos da una pista acerca de qué modo prefiere esa persona.[1] En el modo de apego, o «codicia», la gente barre con elegancia, y sus movimientos son serenos, dignos y animados. Cuando llegan a un sitio nuevo, se dan cuenta al instante de lo que tiene de agradable. Otro tanto les pasa cuando conocen a alguien; son sus cualidades positivas las que determinan su primera impresión, hasta el punto de pasar por alto a veces incluso sus defectos más evidentes.

El modo de apego hace del aferramiento y los placeres sensuales su energía organizadora. En este modo queremos siempre más, nos aferramos a la comodidad y evitamos el malestar y la desarmonía de todo tipo. Entre los estados mentales problemáticos y frecuentes de este modo están la avaricia, el egocentrismo a ultranza, la vanidad, el orgullo, los celos y el engaño.

Por el contrario, la gente que se encuentra en el modo de aversión barre con movimientos rígidos, casi furiosos, y suele relacionarse con el mundo mirándolo a través de una lente negativa, lo cual propicia un rechazo inmediato de lo que ve y genera una corriente constante de críticas. Se fijan en lo que está mal, no en lo que está bien. Un hombre que podría ser el caso clásico del modo de aversión me contó una vez: «La primera reacción que tengo siempre ante algo nuevo es decir "no"».

A través de la lente del modo de aversión, la gente ve defectos y problemas dondequiera que mire. Sus evaluaciones críticas de cuanto ven les hacen ser personas siempre insatisfechas, despectivas y pendencieras. Cuando este se vuelve dominante, la persona tiene propensión a ser agarrada, rígida, vengativa e incluso cruel, y a veces altiva. Quienes se encuentran en el modo de aversión actúan siempre con prisa, son iracundos e impacientes, y tienen el cuerpo tenso y rígido.

En el extremo del modo de aversión, la gente expresa hostilidad como haría un niño, de manera bruta, impulsiva y abierta, gritando por ejemplo: «¡Te odio!». En la versión más sofisticada y adulta de este modo, la aversión se expresa de forma más sutil, con críticas hirientes, sarcasmos o sagaces humillaciones.

Por último está el modo delirante, o aturdido, en el que la confusión pone su sello a las percepciones y evaluaciones que hace la persona, lo cual provoca una incertidumbre que se traduce en agitación y preocupación. Lo que podría denominarse «voluntad de saber» queda temporalmente en suspenso, y quienes se encuentran en este modo son indecisos, personas que con frecuencia no saben qué hacer, y que resuelven con facilidad dicho malestar ignorando lo que ocurre. La dispersión de pensamiento y la indiferencia propias del modo delirante crean el terreno ideal para que la persona pierda la noción de la realidad.

En la prueba de barrer, aquellos que se encuentran en modo aturdido son descuidados y poco curiosos. Organizan sus cosas de una manera caótica y chapucera. Sus movimientos son torpes y dubitativos, caminan arrastrando los pies, y es un caminar irregular.

En situaciones sociales, se limitan a seguir el ejemplo de los demás. El texto antiguo al que me refería describe incluso la forma de dormir característica de este modo: la persona se tumba boca abajo con el cuerpo desparramado y se despierta aturdida.

Jack Kornfield, un profesor de meditación que ha escrito sobre la psicología budista, impartió un seminario sobre estas tres tendencias mentales. Pidió a los asistentes que se distribuyeran en grupos de acuerdo a su afinidad para cambiar impresiones sobre el modo en el que cada cual se encontraba y presentarlo al resto de los participantes.[2]

Cuando el grupo de la codicia ejemplificó las distintas formas en que sus miembros intentaban manipular las circunstancias para conseguir lo que más les beneficiaba personalmente, actuaban con educación y armonía. Los del grupo de la aversión se quejaron de las críticas que habían recibido unos de otros y hablaron de los problemas interpersonales que habían surgido; y como era de esperar, acabaron discrepando abiertamente unos de otros, incluso de aquellos a los que presentaban. Y la presentación del grupo de la enajenación fue dispersa y confusa.

Para sintetizar cada uno de estos modos en una pregunta, el modo de la codicia diría: *¿Qué es lo mejor?*; el de la aversión: *¿Qué está mal?*, y el del delirio: *¿Qué pasa?* (o quizá sencillamente, *¿Eh?*).

¿Acercamiento o evasión?

Estando una vez en las Islas Vírgenes Británicas perdí el peine. Al cabo de unos días de pasearme con una cabellera cada vez más alborotada, entré en una droguería para ver qué peines tenían.

Los había de todos los tipos y para todos los tipos de cabello: de púas separadas, peines pequeños, y todos ellos con una gama amplia de colores. Los tenían prácticamente de todos los colores excepto de mis favoritos. Yo buscaba uno rojo o uno negro. Me hubiera conformado hasta con uno blanco. Pero verde o amarillo... ¡prefería dejarme rastas!

La tendera antillana me contemplaba aparentemente perpleja mientras repasaba el gran surtido de peines. Se me acercó con una sonrisa tolerante y me preguntó riendo entre dientes: «¿Es quisquillosa con los colores?».

Al oírla, me decidí rápidamente por un peine marrón e hice en broma como que me arreglaba los rizos desaliñados.

Si le preguntamos a un niño cuál es su color favorito, recibimos la respuesta al instante. Un rudimentario sentimiento de «yo» se establece ya en el segundo año de vida, y de él nacen todas nuestras preferencias e intereses personales. La facilidad con la que registramos un gusto o aversión tan simple refleja un diseño básico del cerebro que lleva dicha preferencia engarzada en sus dos mitades.

En todas las especies, desde los reptiles hacia arriba, el lado derecho del cerebro desempeña un papel dominante en la evasión de algo, y el lado izquierdo en la aproximación a ello. En la mayoría de las personas, es el hemisferio cerebral derecho el que se activa cuando algo nos resulta repugnante o amenazador y el izquierdo, cuando lo deseamos o nos gusta.[3] Todo aquello con lo que nos encontramos, los circuitos de la amígdala lo categorizan al instante en bueno o malo, agradable o desagradable. ¿Un gatito? ¿Un escorpión? No tenemos tiempo ni de pensar en ello; la elección nos viene dada al instante.

Tan arraigada está en el funcionamiento de la mente esta elección entre acercarnos o evadirnos que muchas teorías psicológicas –y casi todos los modelos de los modos– la reflejan de una manera u otra.[4] Aproximarse es la esencia del modo de apego; evadirse es el fundamento del modo de aversión.

Este sopesar emocional positivo o negativo de cada cosa que percibimos crea en la mente el escenario para un torrente de evaluaciones, pensamientos, sentimientos y acciones, que pueden dar lugar al deseo codicioso de poseer el objeto o de apartarnos de él con desagrado, miedo o irritación. Si una experiencia es agradable, gravitamos hacia ella..., y esta es la semilla del aferramiento y la dependencia; si es desagradable, la mente se escurre sigilosamente, tendencia que puede acabar convirtiéndose en aversión. Y si no nos damos cuenta de que la mente se aferra o siente antipatía, esta falta de consciencia puede ser una puerta abierta a la ignorancia.

El apego y su forma sobrealimentada, el ansia, son emociones de «acercamiento», que nos llevan a buscar, aprehender y poseer los objetos de nuestro agrado. Cuando estamos en este modo, nuestra parcialidad perceptiva realza lo positivo e ignora lo negativo de esos objetos de deseo. La niebla de la codicia nos ciega a cualquier aspecto poco deseable de aquellas cosas que deseamos, ya sea un nuevo artilugio electrónico o un par de zapatos.

Y cuando conseguimos lo que queremos, el deseo no termina; simplemente busca un nuevo blanco. Cuando nos sumimos en el modo de la codicia, estamos constantemente insatisfechos..., es como tener una sed terrible y beber un vaso de agua salada, que nos da todavía más sed; y cuanto más bebemos, más agua queremos. Esa clase de sed nunca se sacia salvo por unos instantes, lo mismo que esa clase de ansia nunca termina. Un amigo me contó una vez ¡que era adicto a los estados de dicha que experimentaba durante la meditación!

Al igual que las emociones de acercamiento, las emociones de evasión tienen también sus distorsiones, que ocultan las cualidades positivas y acentúan las negativas de lo quiera que percibamos. Entonces queremos distanciarnos, ya que eludir lo que nos resulta tan desagradable puede ofrecernos un alivio temporal.

Pero la aversión de fondo no desaparece. Los sentimientos de desagrado volverán a surgir tarde o temprano cuando ese objeto –ya sea una cosa o una persona– reaparezca, pues la perturbación fundamental de la mente sigue existiendo, presta a salir cuando las condiciones lo propicien nuevamente.

Ahora bien, el deseo en sí no es negativo. Podemos experimentar felicidad y placer sin apegarnos.

Estos modos, dice la psicología budista, se pueden transformar en sus aspectos positivos por medio de las prácticas adecuadas: el apego se convierte así en sensatez; la aversión se convierte en claro discernimiento, y el aturdimiento se convierte en una espaciosa ecuanimidad.

La elección primaria

Estaba de pie ante el fregadero de la cocina mirando el jardín un día de primavera, cuando vi a un conejo pequeño quieto como una roca, completamente inmóvil. El conejo también me había visto a través de la ventana y se había quedado clavado. En el momento de inclinarme hacia el grifo, el conejo se había paralizado, meneando la naricita de un lado a otro, como aguzando los sentidos. Tenía las largas orejas muy estiradas, atentas, y los ojos me miraban fijamente, sin parpadear, mientras evaluaba con cuidado la posibilidad de peligro.

Al cabo de unos instantes de examen exhaustivo, relajó su mente de conejito, distendió el cuerpo y siguió comiendo hierba.

Como presa posible que son, los conejos sobreviven gracias a una atención exquisita a los peligros potenciales. El conejo me escrutaba para saber si estaba a salvo en presencia de aquella forma desconocida que había aparecido súbitamente detrás de la ventana.

Aquel conejo no era paranoico sino listo, y empleaba el modo de mente conejil que sin duda ayudó a sus antepasados a protegerse de un peligro tras otro. Y al igual que la versión humana de la mente conejil funciona para mantenernos a salvo a nosotros, nuestros modos más primarios son legado de la inmemorial prehistoria humana, una época de dureza extrema y peligros en la que estos modos eran estrategias de supervivencia esenciales para nuestra especie.

Cuándo optar por el acercamiento o por la evasión es algo que está grabado en los genes. Si una cría de roedor recibe caricias y lametazos abundantes de su madre –señal de que hay un adulto que la protegerá, por ejemplo, de que la vea un halcón hambriento–, los genes de esa cría se activan de una manera que la hará acercarse con más facilidad a lo novedoso y desconocido.[5] Pero si, por desgracia, la cría no recibe lametazos ni caricias –señal de que su madre tal vez haya muerto y la haya dejado sin protección ante los halcones o descuidada en cualquier otro sentido–, sus genes mudan a un patrón de evasión, lo cual la hace ansiosa o timorata, temerosa de lugares y cosas nuevos, reacia al riesgo.

Los descendientes modernos de estos modos primarios operan en nuestra vida. El modo del apego tiene una cualidad exploradora que nos permite descubrir nuevos panoramas y posibilidades. El modo de la aversión, cauteloso, nos mantiene a salvo y sin problemas en una versión moderna de la jungla: la ciudad.

Cada uno de estos modos de operar encarna una destreza destinada a resolver un problema concreto de la vida, y cada uno de ellos se activa cuando encontramos en nuestro camino pistas relevantes de esa situación. No nos hace falta pensar en qué modo elegir; se eligen en nosotros automáticamente, sin ser conscientes de ello..., es de esperar que el apropiado para ese momento y situación.

Ocurre todo en un instante. Y sin embargo, ese cambio tan instantáneo al modo de huida le ofrece al pequeño conejo –o a usted o a mí– indicaciones rápidas de qué hacer para sobrevivir. En apenas una fracción de segundo, esa movilización nos dice qué hacer mucho más rápido que si tuviéramos que pararnos a calcular todas las posibilidades antes de actuar.

Los circuitos cerebrales que activan el modo negativo utilizan una ancestral táctica de supervivencia que aplicamos automáticamente en la vida cotidiana. Para garantizar que estamos a salvo, la amígdala, centro emocional radicado en las profundidades del cerebro, escanea constantemente nuestro entorno en busca de amenazas. Cuando detecta un peligro, activa la respuesta de lucha, huida o parálisis. Incluso aunque la amenaza sea meramente simbólica, esa reacción de lucha, huida o parálisis puede hacernos caer en un modo disfuncional.

La amígdala forma parte de una extensa red de circuitos cerebrales que operan en su mayor parte sin que tengamos consciencia de ellos. Los detonantes de los modos actúan entre bastidores y pueden apoderarse de nosotros con gran rapidez, en una especie de ataque sorpresa. La mente racional no tiene ni idea de que los circuitos de la amígdala están lanzando un modo nefasto hasta que nos encontramos ya sumidos en él.

Los modos operan en una escala de niveles de energía. Hay sucesos que pueden alimentar un modo, añadiéndole una gota de energía a su carga. Quizá una pista sutil solo lo alimente un poco, pero si los acontecimientos se suceden o intensifican, la carga del modo aumenta proporcionalmente. Y a medida que la carga aumenta, un modo puede hacerse más fuerte y activo –hasta el punto de poder dominar nuestros pensamientos, sentimientos e incluso nuestro cuerpo– y dar forma a nuestra realidad interior.

Lucha, huida... o parálisis

Mi predilección por los conejos se remonta a la época de cuarto de primaria, cuando mi hermano y yo teníamos dos conejitos, Snowflake y Lucky. Los tratábamos como si fueran perros; incluso en el barrio de Nueva York donde vivíamos se paseaban a sus anchas por las calles.

Todos los vecinos de nuestro edificio los conocían. Eran bastante cariñosos, igual demasiado. Una tarde llevaban ya mucho tiempo fuera de casa y mi hermano y yo salimos a buscarlos. Nadie había visto a los conejos.

Al final los encontramos saltando juntos ¡en el escaparate de la carnicería del barrio! Por suerte los rescatamos, y nos siguieron dando saltos de vuelta a casa mientras los vecinos los animaban al vernos pasar.

Como descubrieron Snowflake y Lucky, la vida encierra peligros de verdad. El modo de lucha o huida ante un peligro real nos mueve a efectuar una acción que puede salvarnos la vida. Lo mismo que en el caso del conejito del jardín, que escaneaba lo que tenía delante para ver si representaba un auténtico peligro, nuestras circunstancias determinan si un modo en particular es útil o no.

Quienes nos quedamos atrapados con demasiada frecuencia en el modo de lucha o huida inundamos innecesariamente nuestro cuerpo de hormonas del estrés, nos agobiamos con preocupaciones inútiles y, en cualquiera de los casos, desperdiciamos la energía mental y emocional. Activar el modo de lucha o huida demasiado a menudo impide que se manifieste otra forma de ser que es igual de importante: el modo que propicia el descanso y la recuperación. Nuestro cuerpo necesita pasar tiempo en este modo para mantenerse sano.

El modo de recuperación nos coloca en un estado regido por el opuesto fisiológico del que se activa para la lucha o huida: el sistema de reposo y recuperación parasimpático, que le permite al cuerpo fortalecer la capacidad de resiliencia y eficacia. La atención fluye entonces con libertad y se centra espontáneamente en lo necesario para que alcancemos los objetivos del momento.

Estos modos son reliquias de un pasado remoto, pero acuden a nosotros con tal naturalidad hoy en día porque están impresos en la estructura básica de nuestro sistema nervioso central. Además de los modos que llevamos incorporados, integrados, que han arraigado en nosotros a lo largo del proceso evolutivo, cada uno de nosotros adquiere otra serie de modos que nos ayuda a adaptarnos a los retos que nos presentan los primeros años de vida, y que retenemos, a modo de reliquia, durante la edad adulta.

Para alguien que viva su niñez en un barrio o familia conflictivos, donde los niños mayores intimidan y maltratan a los pequeños, desarrollar un modo extremadamente cauto puede ser lo apropiado... durante esa época de su vida. Pero si ese modo que en un tiempo fue apropiado persiste y dicta nuestra forma de ser años después, cuando ya no tiene ningún propósito –si, por ejemplo, allá adonde vamos tenemos una actitud resentida– la reacción exagerada puede acabar siendo más un problema que una solución.

El exceso de cautela es reflejo del modo primitivo para la supervivencia, pero hoy en día podría inducirnos a interpretar la expresión neutral de un rostro como una expresión amenazadora, y provocar un malentendido con un amante, o hacernos perder la oportunidad de conectar con un nuevo amigo.

Para reducir el poder que un modo tiene sobre nosotros, antes debemos darnos cuenta de los aspectos en que es contraproducente..., percepción que el modo en sí no nos permite tener. Cuando se apodera de nosotros un modo disfuncional, podemos incluso llegar a creer que estamos consiguiendo lo que queremos, un error de percepción derivado de la forma de pensar y reaccionar que el modo en sí nos impone. Los modos utilizan un razonamiento errado, que es más difícil de corregir si estamos bajo la influencia de un modo en particular.

El quid del dilema con respecto a los modos disfuncionales es que, mientras nos dominan, solemos ser incapaces de encontrar la solución a los problemas que nos crean. Cuando los modos tóxicos se apoderan de nuestra mente con sus lentes distorsionadas, sus convicciones erróneas, su estrechez de miras y su razonamiento falaz, es como si nos hubiéramos quedado dormidos o pasáramos partes de nuestra vida en un trance. La posibilidad de elegir se desvanece.

4. Conexiones inseguras

A una cirujana la habían demandado por negligencia médica. Había soportado diez días de juicio angustioso, durante la mayor parte del cual tuvo que escuchar cosas terribles que se dijeron sobre ella. No se le permitió responder a nada hasta el último día del juicio, en el que finalmente le llegó el turno de subir al estrado a prestar testimonio.

Cuando terminó aquel día extenuante, se fue a casa, se dio un baño y se arrebujó entre las sábanas. Su marido salió a comprar una pizza y luego se metió en la cama a su lado, donde devoraron la pizza, hablaron de lo que había sucedido y esperaron junto al teléfono la llamada del abogado que les comunicaría el veredicto. (Felizmente, el veredicto fue favorable).

«Bajo las sábanas –diría después– era el único sitio del mundo donde quería estar.»

La fuerza emocional que entraña esa especie de nido, de capullo protector, y el porqué nos resulta tan calmante tienen su explicación en la innovadora obra del psicoanalista británico John Bowlby. Reside en la eterna necesidad que tenemos de sentirnos seguros, y de personas que nos hagan sentirnos así, lo mismo que el acogedor abrazo de una madre calma al bebé.

De adultos, buscamos en esposos y parejas, amigos o terapeutas la seguridad que un día recibimos (o anhelamos) de niños.[1] Estas son las personas de nuestra vida en las que nos apoyamos en momentos de angustia para que nos ayuden a sobrellevar el malestar, como hizo la cirujana con su marido en su nido envolvente y acogedor.

Como descubrió Bowlby, las expectativas y hábitos que desarrollamos en la infancia son también los que trasladamos luego a las relaciones íntimas de etapas posteriores de la vida, y lo que más contribuye a su formación es la interacción con las personas más importantes de nuestro pequeño universo: nuestros padres y familiares, nuestros amigos y nuestros profesores –toda la gente con la que interactuamos repetidamente–. Cómo los cuidadores responden (o no responden) a las necesidades que el niño tiene de afecto, seguridad y protección tiene consecuencias para toda la vida.

Hay dos vías principales de inseguridad en la vida. Los niños con cuidadores fríos y distantes, o cambiantes –a veces afectuosos y a veces como ausentes, por ejemplo–, desarrollan convicciones básicas, o modelos de comportamiento, que les hacen ser inseguros en las relaciones que viven de adultos.

Transferimos esas creencias y convicciones profundamente arraigadas a las relaciones que vivimos en épocas posteriores. Nuestro pasado se convierte así en el mapa que determina nuestras conexiones futuras. Y cuanto más intensas y prolongadas sean las experiencias que moldean nuestra perspectiva, más fuertes serán los patrones de reacción aprendidos.

Estos estilos inseguros se manifiestan de dos formas principales: el modo de evasión, y el modo de ansiedad. Ambos empiezan siendo adaptaciones temporales útiles para sobrellevar las dificultades de la vida en la infancia cuando los cuidadores no proporcionan una base segura.

El estudio más importante que se ha realizado hasta la fecha sobre estos modos de relación en la vida adulta lo ha dirigido Phillip Shaver, psicólogo de la Universidad de California en Davis.[2] Conocí a Shaver cuando acudió a Dharamsala, la India, para participar en unas jornadas de cinco días con el Dalai Lama y un comité de otros científicos y tratar el tema de la neuroplasticidad, o sea, cómo las experiencias que se repiten moldean el cerebro.

Mientras le oía explicar estos modos inseguros (que él denomina «estilos de apego») durante su presentación, tuve una epifanía: reconocí patrones que eran comunes a nuestras pautas de supervivencia más primitivas –abordar algo o evitarlo–, así como al modelo budista de los modos.

Pero en vez de actuar frente a aquello que hace peligrar nuestra supervivencia, los modos inseguros se convierten cada uno en una estrategia para gestionar nuestras inseguridades y angustias de relación. Estos modos se activan principalmente en las relaciones que más nos importan, donde crean desconcertantes remolinos y alarmantes tormentas.

En el modo ansioso, intentamos dominar la angustia y el nerviosismo que nos provoca una conexión personal pensando en ella sin cesar, rumiándola sin fin. En el modo de evasión, intentamos esquivar esa angustia y nerviosismo por medio de la represión, reduciendo las pasiones, desvinculándonos para ello de la emoción. Cada patrón, dice Bowlby, tiende a autoperpetuarse.[3]

Para reconocer los modos inseguros, podemos empezar por contrastarlos con unas nociones rápidas del modo seguro. Mire a ver si estas frases le describen a usted:[4]

- «Me siento a gusto en las relaciones íntimas.»
- «No me angustio cuando alguien a quien quiero se marcha.»
- «Siento seguridad en mis relaciones.»

Si está de acuerdo con estas afirmaciones, probablemente es usted alguien que ya se encuentra en el modo seguro, caracterizado por un sentimiento de bienestar satisfecho en sus relaciones. En el capítulo 7 examinaremos el modo seguro como fundamento emocional de un abanico de formas de ser adaptables y positivas.

Y después estamos todos aquellos que no tuvimos una infancia tan segura. Puede que uno de los modos inseguros nos ayudara en la infancia; el problema llega cuando esos modos persisten en la edad adulta.

El modo de evasión

Al final de un largo vuelto de San Francisco a Boston, un pasajero de edad avanzada sufrió un infarto leve. Estaba desplomado en el asiento, con el rostro ceniciento, mientras la azafata anunciaba frenética: «Tenemos una emergencia médica. ¿Hay algún médico a bordo? Por favor, persónese de inmediato».

Dos médicos recorrieron el pasillo a toda prisa hasta llegar a él y lo atendieron mientras su hija lloraba en el asiento de al lado. Afortunadamente, pudieron reanimarlo, y el hombre terminó el viaje con una máscara de oxígeno puesta. Cuando el personal de la ambulancia se hizo cargo de él después de que el avión aterrizara, estaba bastante animado.

Como el rescate había sucedido en el aire, los demás pasajeros habían estado totalmente atentos al drama de vida y muerte que ocurría a unos metros de ellos..., es decir, casi todos los demás pasajeros. Varios ni siquiera miraron; continuaron viendo la película o leyendo, como si no estuviera pasando absolutamente nada por lo que preocuparse.

Apartar la mirada en vez de prestar atención a un acontecimiento perturbador caracteriza al modo de evasión. Quienes son proclives a adoptar esta actitud han aprendido a evitar enfrentarse a situaciones angustiosas para poder reprimir así sentimientos de temor o ansiedad. Lo típico es que estas personas coincidan con afirmaciones como:[5]

- «Me siento incómodo en las relaciones íntimas y me cuesta mucho confiar totalmente en otras personas o permitirme depender de ellas.»
- «Me pongo nervioso cuando alguien se muestra demasiado afectuoso o abierto conmigo.»
- «No me gusta plantearme si mi pareja de verdad me ama o quiere seguir a mi lado.»

En el modo de evasión, la gente sobrelleva los sentimientos angustiosos apartándolos de sí con cualquier maniobra que consiga mantenerlos a distancia –distracción, negación, represión, insensibilidad–. Cabe la posibilidad incluso de salir literalmente corriendo: de dejar una relación que se ha vuelto problemática o que amenaza con hacerlo, aunque esa amenaza esté basada en puras imaginaciones. Y dentro de la mente, esta maniobra puede significar no mirar de frente una verdad dolorosa.

Un grado sumo de este modo consiste en desvincularnos de nuestras emociones por completo. Mientras la persona está atrapada en esta clase de separación, siente que tiene una vida vacía y aburrida y se encierra en una actitud distante, desconfiada y pesimista o en una realidad privada y «ausente», sumiéndose compulsivamente en distracciones que la calmen o estimulen. (Sentarse frente al televisor con el mando en la mano e ir pasando de un canal a otro con absorto automatismo o navegar por la web durante horas pueden ser señales de esto.)[6]

Aunque las personas con tendencia a adoptar el modo de evasión puedan parecernos muy seguras, se debe normalmente a que son reacias a revelar sus miedos. O quizá su represión sea tan fuerte que ni siquiera tengan consciencia de sus angustias y temores. El rechazo continuo a experimentar ciertos sentimientos que caracteriza al modo de evasión puede significar que quienes son propensos a él pierdan contacto con sus emociones y no sepan cómo conectar con ellas, aunque no sea más que por falta de práctica.

Sumida en este modo, la persona tiende a ser desapegada, distante y fría, o a quedarse en la superficie de su interrelación con los demás. En sus relaciones más íntimas, puede volverse insensible, como si hubiera abandonado toda esperanza de recibir atención y afecto. Puede que esto sea debido a que este modo se establece en general cuando los cuidadores del niño o la niña responden a su malestar mostrándose emocionalmente fríos o distantes, o manifestando abiertamente su desaprobación, rechazo o ira. El niño o la niña aprende a reprimir el impulso de comunicar lo que siente y se vuelve excesivamente autosuficiente. Son niños que salen adelante solos y, para ello, aprenden a evitar los sentimientos angustiosos.

«La primera reacción que tengo ante algo nuevo o emotivo –como me contó un amigo propenso a este modo de comportamiento– es escapar de ello.» (¿Le suena? La postura dc cvasión tiene similitudes con la negatividad automática del modo de aversión.)

El modo de evasión suele surgir como respuesta a pensamientos que activan necesidades de conexión, recuerdos o interacciones dolorosos, como las ocasiones en que alguien nos defraudó o nos traicionó. Esto incluye cualquier cosa que pueda hacer peligrar la conexión que sentimos, es decir, un rechazo, pérdida o desdén manifiestos.

Incluso el afecto puede provocar a nivel inconsciente una expectativa de rechazo. Una vez vi una película de dibujos animados que refleja la postura de evasión: un hombre y una mujer están hablando sentados a la mesa. Ella dice:

–Te amo.

Él contesta:

–No me amenaces.

El modo de evasión aparta nuestra atención de las señales positivas procedentes de quienes tenemos delante; incluso los gestos cariñosos de nuestra pareja los podemos pasar por alto o desdeñar. O bien esas señales de afecto se registran en la mente con demasiada ligereza, así que luego nos cuesta recordar los detalles positivos. Lo trágico del modo de evasión es lo siguiente: quizá el amor que tanto anhelamos se nos brinde, pero no vamos a permitirnos recibirlo.

La convicción de que no podemos obtener el apoyo emocional de nadie nos lleva a esforzarnos por ser autosuficientes, o sea, por no necesitar a nadie, y hasta por rechazar la ayuda de alguien cuando se nos ofrece. Intentamos reprimir o desactivar la necesidad de conexión que sentimos, por mucho que esto pueda perjudicar a las relaciones que tenemos. Como no pedimos ayuda a los seres queridos en los momentos de mayor necesidad, se quedan con la sensación de que no los necesitamos.

Recuerdo a un cliente que logró encontrar el origen de su patrón de evasión en la relación que tuvo con su madre, emocionalmente distante y siempre ocupada. De niño, solía sentir que uno u otro proyecto eran más importantes para su madre que pasar tiempo con él. Años más tarde se dio cuenta de que había hecho una especie de adaptación inconsciente, resignándose a no tener nunca una relación plena con su madre..., postura emocional que trasladó luego a sus relaciones amorosas. Quienes tenían una relación estrecha con él se quejaban a veces de que –como su madre había hecho– se mostrara distante y emocionalmente inaccesible.

Las palabras de mi cliente eran: «Es como si no pudiera permitirme disfrutar de las personas a las que quiero. Hago lo que sea para sabotear la proximidad, la intimidad, o me encierro en mí mismo».

Cuando su actitud evasiva le provocaba dolor o enfado a la persona rechazada, se quedaba desconcertado: no entendía por qué reaccionaban de esa manera, ni sabía qué decir o hacer para reparar la ofensa, ni cómo cambiar sus reacciones automáticas a mejor.

Pese a que el modo de evasión nos da una fachada de independencia y serenidad, obstaculiza nuestra capacidad para afrontar las dificultades de la vida.[7] Y, tristemente, la propia estrategia que el modo de evasión emplea a la hora de gestionar las emociones en nuestras relaciones suele conducir a la desconexión. Cuando nos cerramos para evitar tener que afrontar lo negativo, nos cerramos también a lo positivo. Podemos no advertir entonces lo que *sí* funciona, y por consiguiente somos incapaces de recibir el amor de nuestra pareja.

El modo ansioso

Mamá, ha pasado algo malo, llámame.

Este aciago mensaje de texto le llegó a una ejecutiva mientras se dirigía a una reunión en un viaje de negocios. El mensaje era de su hija de veinte años, que había tenido un fallo renal hacía unos años y estaba teniendo problemas para aceptar el trasplante de riñón que le habían practicado.

A la ejecutiva, el corazón empezó a latirle con fuerza, se excusó, fue al cuarto de baño e intentó contactar con su hija, pero fue en vano. Entonces rompió a llorar. Le temblaba el cuerpo. Al cabo de varios minutos, consiguió serenarse un poco y volver a la reunión, pero, como diría luego: «No podía pensar en otra cosa. Sufrí una especie de muerte cerebral».

Hasta última hora del día no consiguió hablar con su marido, que le contó que se trataba solo de un problema que había tenido su hija con la secretaría de la facultad, pero que ya se había encargado él de darle los datos que necesitaba. Ya estaba todo arreglado.

Está claro que cualquiera se hubiera preocupado. Pero cuando la mujer me lo contó en un seminario, me dijo que había estado obsesionada con el texto de su hija durante varios días. Además, dijo, veía que se inquietaba por cosas de su vida que eran insignificantes..., no solo por las crisis potenciales. Se preocupaba exageradamente por cualquier cosa, sobre todo si tenía que ver con su conexión con las personas importantes de su vida. Y me dijo: «No puedo seguir así».

Rumiar las cosas continuamente caracteriza al modo ansioso. Estas son algunas actitudes que reflejan el mundo emocional del modo ansioso:[8]

- «Quiero estar muy unido a mi pareja, y esto a veces las espanta.»
- «Me preocupa que me abandonen.»
- «Me molesta que mi pareja no esté, y me siento frustrado cuando no tengo su apoyo.»

Una de las raíces infantiles comunes del modo ansioso está en que el cuidador o cuidadora principal sea egocéntrico (como en este caso, unos padres narcisistas, alcohólicos y adictos al trabajo) o sea, a su vez, una persona ansiosa, hasta el grado de que el niño o la niña reciben poca atención.

Como respuesta, algunos niños aprenden que, para obtener la atención y el cariño que tan desesperadamente necesitan, tienen que «protestar». Se vuelven exigentes y utilizan el llanto, las rabietas o un aferramiento obsesivo. A veces funciona, y consiguen así el vínculo que necesitan para calmarse, y a veces no. Pero el magnificar cualquier necesidad se convierte en un hábito emocional.

Es cierto que la ansiedad tiene su sitio en nuestro repertorio emocional; la dosis apropiada de preocupación puede movilizarnos y hacer que resolvamos una situación como corresponde. Pero el punto decisivo en el que una preocupación apropiada a la situación se convierte en un modo ansioso se alcanza cuando la ansiedad añadida no conduce a una acción constructiva. A partir de ese punto, lo único que hacemos es rumiar obsesiva e inútilmente acerca de nuestras preocupaciones. Quienes están sumidos en el modo ansioso pueden sentirse abrumados, necesitados de atención y afecto, frágiles y emocionalmente desvalidos, o dudar seriamente de sí mismos.[9]

En el modo ansioso, estamos alerta ante posibles peligros, hablamos sin cesar sobre nuestras dudas, miedos y necesidades y nos preocupa, por ejemplo, si las personas importantes de nuestra vida nos quieren lo bastante como para responder a nuestras necesidades. Esta clase de pensamientos nos lleva a un aferramiento y dependencia ansiosos, y a ansiar mantener el contacto.

Cuando una relación empieza a tambalearse, este modo nos hace aferrarnos a ella con todas nuestras fuerzas, sea como sea. Las personas propensas al modo ansioso tienen más probabilidades de permanecer en una relación que se va a pique hasta mucho después de haberse desvanecido lo que tenía de gratificante.

Sin embargo, las preocupaciones, las emociones negativas y la inquietud ansiosa son, por extraño que parezca, parte esencial de la desesperada estrategia de conexión que este modo adopta. Mark Twain supo reflejar esta tendencia a exagerar los problemas. Dijo: «Soy un hombre viejo y he conocido muchas adversidades, pero la mayoría de ellas nunca sucedieron».

Los sentimientos turbulentos del modo ansioso responden al deseo insatisfecho de que la gente nos preste más atención y sea más afectuosa y accesible a nivel emocional. Y lo que hace este modo es mantener vivas esas emociones, intensificándolas incluso, en un intento por lograr la conexión que ansía.

Esta parece ser la razón de que quienes se encuentran en este modo exageren a veces su propio desvalimiento y amplifiquen la gravedad de sus problemas. Tiene un inconveniente obvio: que esta búsqueda apremiante de rescate emocional puede, paradójicamente, interferir con la resolución real del problema en cuestión, ya que solucionarlo echaría por tierra el que alguien acudiera a rescatarnos.

El modo ansioso puede albergar, por tanto, un deseo inconsciente de vivir eternamente acosado por los problemas a fin de justificar su continuo grito de socorro. Solucionar de verdad el problema se vuelve irrelevante; lo que en realidad se quiere es que alguien venga a rescatarnos, emocionalmente.

Hay diversas maneras con las que el modo ansioso mantiene su estado de alarma extrema. Una es exagerar el grado de la amenaza que se cierne sobre nosotros mediante un cambio de percepción que dilate los aspectos peligrosos, incluso de los sucesos benignos, enfatizando las posibilidades de que ocurra algo malo, contemplando en todo momento cualquier hecho como si por su magnitud escapara a nuestra capacidad de maniobra.

Cuando las demandas de atención y amor fracasan, quien se encuentra en este modo intenta descubrir qué comportamientos suyos han podido arrebatarle la atención de su pareja, a la vez que está enfadado con su pareja porque no lo ama lo suficiente.

Lo trágico del modo ansioso es lo siguiente: que a pesar de la larga historia de frustración vivida en sus relaciones, estas personas albergan todavía la esperanza de poder conseguir el amor que ansían si engrandecen su desasosiego, lo cual las lleva a reaccionar de forma desproporcionada con quejas por la desconexión que sienten y exigencias de atención y afecto.

Los modos en el cerebro

Imagine vívidamente que su pareja y usted están a punto de separarse, o que está a punto de perder a un amigo o una amiga íntimos. Esta clase de situaciones pueden activar en nosotros el modo inseguro si somos propensos a él.

Esta es la razón por la que el grupo de investigación de Phillip Shaver pidió a una serie de mujeres que se habían ofrecido voluntarias para un estudio de imágenes cerebrales que visualizaran una ruptura así de sus relaciones románticas respectivas.[10] En cuanto las mujeres dejaron que el miedo a perder a sus parejas se apoderara de ellas, un circuito cerebral se iluminó, el que se activa expresamente cuando nos preocupamos por nuestras relaciones pero no por asuntos de otra índole. Mientras las mujeres imaginaban esta situación angustiosa, las imágenes revelaron claras diferencias de actividad cerebral entre el modo evasivo y el ansioso.

Las exponentes del modo ansioso mostraron una activación intensificada de lo que podríamos llamar corteza «y si...», una zona neuronal que enlaza los centros emocionales con los circuitos destinados al pensamiento y que se dispara cuando nos preocupamos. Esta área cerebral alimenta un angustioso ciclo autoamplificador de pensamiento obsesivo que continúa girando sobre sí mismo hasta mucho después de que la situación de peligro haya terminado, imaginando si la situación hubiera podido tratarse de forma distinta, o planteando preguntas imposibles de responder, como qué estaría pensando esta persona o aquella.

Las mujeres propensas al modo ansioso fueron incapaces de apagar los circuitos de la preocupación, sobre todo si estaban preocupadas por que sus relaciones de pareja pudieran terminarse, pero pudieron apagar con facilidad estos circuitos cuando intentaron acallar temores relacionados con otras partes de sus vidas.

Por el contrario, las mujeres propensas al modo evasivo mostraron un patrón neuronal muy diferente. Cuando a estas mujeres se les pidió que silenciaran los pensamientos de preocupación por que su relación sentimental se terminara, el área del cerebro que reprime los pensamientos inquietantes se activó.[11]

Fue excepcional la manera en que las mujeres del modo evasivo utilizaron estos circuitos para acallar sus preocupaciones. Mostraron asimismo una actividad uniforme en el área que incita a la desconexión, la tristeza y la pasividad. Y cuando a estas mujeres se les pidió que imaginaran una ruptura muy triste y luego desactivaran esos pensamientos, les costó más sentir tristeza de lo que les había costado reprimir su preocupación. En definitiva, así como la actividad cerebral del modo ansioso es incapaz de detener los circuitos generadores de preocupación, quienes son propensos al modo evasivo parecen ser incapaces de detener su *represión* de la angustia.

Una vez más, como ocurría en los modos de apego y aversión, vemos aquí el eco de nuestro legado evolutivo y sus estrategias de acercamiento y evasión: el modo ansioso no puede evitar involucrarse en los sentimientos turbulentos, y el modo evasivo ni se acerca a ellos.[12]

Este estudio da a entender que los modos tienen un patrón de actividad cerebral característico (aunque queda mucho todavía por descubrir sobre esto). Si es así, al cambiar de modo, abandonamos un patrón de actividad cerebral y pasamos a otro.

5. La carrera armamentista evolutiva

¿Comer o dejarse comer? Esta es la decisión por antonomasia, la más crucial que toma cualquier animal, lo mismo nosotros que incluso los gusanos y las amebas.[1] Durante los millones de años en los que el cerebro de nuestros antepasados se fue moldeando, fuimos tanto depredadores de aquellas especies que podíamos comer como presas de aquellas que nos comían a nosotros.

La carrera armamentista evolutiva entre depredadores y presas ha hecho que estos modos estén entre los más primarios del repertorio humano. «Para conocernos a nosotros mismos, tenemos que conocer primero nuestra naturaleza animal –dice Ian McCollum, psicoanalista junguiano–. El juego al que jugamos es común a todos. Se llama supervivencia. Los instintos psicológicos del depredador están en nuestra historia y en nuestra sangre.»[2]

Para considerar cómo manifestamos los seres humanos nuestros modos de estilo depredador y presa, tenemos que separarlos de su función original durante los tiempos de caza y recolección que vivió nuestra especie. Hoy en día afloran de maneras mucho más sutiles: como derecho irreflexivo, por un lado, o como abnegación, por otro.

El modo de estilo depredador, en el sentido en que hago referencia a él, puede manifestarse como una actitud controladora, de superioridad, carente de empatía en diverso grado e incluso manipuladora (y, por tanto, el modo puede entenderse como el dominio del depredador, el derecho a actuar como depredador, etcétera). Todas estas son cualidades destructivas en cualquier relación, ya se trate de asociaciones entre personas o entre naciones.

¿Cuántas veces se acerca una persona a otra con motivos ocultos, preferencias o expectativas, sin ningún interés por saber lo que piensa o siente el otro? El modo de este aspecto controlador es un ángulo muerto con respecto a las necesidades de la otra persona en ese momento. Como dice Bob: «No antepongas tu propósito a la conexión».

Una vez que se conocen las sutilezas del comportamiento de estilo depredador, es posible reconocerlas en toda clase de interacciones. Por ejemplo, algunos vendedores tratan a los clientes de esta manera, lanzándose sobre ellos en cuanto entran en la tienda e intentando forzarlos a comprar algo. Esto aleja a los clientes, que es muy probable entonces que no vuelvan.

Los estudios sobre los vendedores estrella muestran que estas personas empiezan haciendo uso de la empatía –el ingrediente que le falta al modo que acabamos de describir–. Primero tratan de entender qué quiere el cliente, y luego actúan en su nombre. Le desaconsejan que compre algo inapropiado, incluso aunque eso signifique perder una venta, y de ese modo se ganan su confianza, su lealtad y ventas futuras.

Hay quienes actúan de ese modo levemente depredador con demasiada frecuencia. Intentan salirse con la suya, dominar. En este modo, la gente es agresiva, egoísta y está lista para asumir el mando. Pueden ser eficaces en algunos sentidos –actuando con audacia, llevando cosas a término–, pero a expensas del bienestar emocional de aquellos a quienes dominan o manejan.

Los líderes que se encuentran en este modo suelen saber con claridad lo que quieren y actúan con confianza y seguridad para alcanzar sus objetivos; pueden tener cualidades carismáticas. Pero cuando estos líderes narcisistas carecen de auténtica empatía con aquellos a quienes dirigen –y con todos los demás–, pueden acabar torpedeando sus brillantes carreras. El aspecto potencialmente positivo de este modo se manifiesta cuando se le añade la empatía; entonces el líder puede tener claridad y confianza sin recurrir al estilo autoritario.

El sentimiento de superioridad puede ser otro aspecto de este modo; hablo de proyectar la imagen de estar por encima de los demás, cuando en realidad esa persona, en el fondo, se siente fracasada. Los narcisistas suelen presentar esta dinámica y viven ajenos a las necesidades de quienes los rodean.

Por otro lado, la expresión humana del modo de estilo presa nos deja pasivos, obedeciendo de acuerdo con lo que otros quieren que hagamos, como si fuéramos inútiles. Este modo significa a menudo someternos al modo de estilo depredador de otra persona a fin de conservar la conexión, o por un hábito de abnegación que nos hace vivir desconectados de nuestras propias necesidades.

La conexión a la que me refiero no tiene nada que ver con la unión. Podemos pagar por ella el precio de dejar que otra persona nos controle o nos trate con indiferencia. Pero cuando alguien que está en este modo se relaciona con personas que no son controladoras, el modo puede mostrar su aspecto ventajoso: una colaboración y cooperación compenetradas, la versión humana de la dinámica de la manada.

Según los psicólogos evolutivos, buena parte de lo que entendemos por naturaleza humana puede reducirse a modos, o programas, que todos llevamos instalados en el cerebro. Nuestra mente lleva incorporados desde el primer momento unos modos de operar que representan hábitos profundamente arraigados cuyo propósito era resolver los problemas a los que se enfrentaban los primeros seres humanos. Todos y cada uno de ellos eran esenciales en el pasado remoto, en las épocas en que nuestros primeros ancestros sobrevivían de la caza y la recolección, pero quizá sean irrelevantes o inapropiados en la vida actual.

Estos modos primarios no tenían el solo propósito de afrontar las dificultades, como escapar de los depredadores o cazar o recolectar alimentos, sino también el de satisfacer necesidades como luchar o crear armonía, enamorarse, criar a los hijos y proteger a los seres queridos y protegernos nosotros. Los modos de operar que resultaron eficaces entonces siguen viviendo en nosotros actualmente en forma de programas automáticos fundamentales para afrontar la vida.

Este legado hace de nuestra mente una especie de zoológico atestado en el que conviven fieros cazadores, presas asustadas, jefes astutos, líderes valientes, amantes apasionados, padres protectores, y muchos más, rivalizando por tomar el timón y conducirnos a través de una u otra situación comprometida.

La jerarquía de la manada

El arte de susurrar ha revolucionado la forma de relacionarse con los caballos (al menos en el mundo occidental). Durante siglos, la gente ha empleado solo la fuerza para domar a un caballo. En las últimas décadas, sin embargo, el arte de susurrar ha empezado a cambiar esto radicalmente al tratar al caballo como a un socio de pleno derecho con el que se entabla una relación de cooperación.

Estaba trabajando con mi yegua Sandhi y Bob y decidí llevar a Sandhi a otro campo, un prado de hierba alta que le encanta, pero al que rara vez se le dejaba entrar por temor a que comiera demasiado y reventara.

Así que empecé a caminar hacia allí tirando con suavidad de la cuerda para que me siguiera. Pero Bob me detuvo diciendo: «No puedes irte así, sin más. ¡Acabas de abandonarla!».

Sandhi había estado completamente presente conmigo y yo de repente había apartado la atención de ella. Bob añadió: «¡Tienes que contarle lo que estás haciendo! Conecta con ella primero, pon fin a lo que acabas de hacer, y luego cuéntale tus intenciones».

Me sugirió que me reconectara con ella dándole unas palmadas y la felicitara por todo lo que había hecho auténticamente bien aquel día, y le dijera que ahora íbamos a otro campo a probar algo nuevo. Cuando volví a su lado y le acaricié la crin y le conté lo que íbamos a hacer a continuación, sentí que el corazón se le derretía. Me acarició con el hocico celebrando mi vuelta a nuestra conexión.

Cuando en un principio empecé a alejarme de Sandhi sin más, había empezado a entrar en el modo depredador-presa típico de cómo se ha relacionado el ser humano con los caballos y otros animales domésticos –por no hablar ya de otros seres humanos– durante milenios. En ese modo, entramos en la danza ancestral en la que una especie domina a otra imponiéndole sus prioridades y deseos.

Con los animales que tienen instintos de presa no es necesario emplear la fuerza para que aprendan; están más que dispuestos a colaborar. Cuando se les intenta dominar por la fuerza, reaccionan como lo harían ante un depredador, y eso es lo que puede hacer que se resistan o quieran escapar. Los seres humanos solemos dar por hecho que son como nosotros, que perciben como depredadores y es necesario, por tanto, dominarlos o castigarlos cuando no cumplen las reglas. Pero si entendemos cómo perciben, están encantados de cumplirlas, sin que haya necesidad de recurrir a la fuerza.

«Intentar dominar a un caballo contra su voluntad es un acto depredador –dice Bob–. Pero si el caballo confía en ti, te aceptará como su jefe. Los animales con instinto de presa sienten alivio cuando saben que tienen un jefe en el que pueden confiar.»

Cuando hay unión, el caballo colabora con nosotros y accede a aprender lo que se le intenta enseñar. No hace falta obligarlo. No se trata de actuar como depredadores, no se trata de tener dominio sobre los caballos, sino de aprender juntos y permitirle al caballo que confíe en nosotros como jefes suyos.

Cuando los caballos han aprendido algo, dice Bob, necesitan un poco de tiempo para absorberlo y asimilarlo por completo. Cuando se retiran, debemos respetar su «tiempo de soledad». Como Bob aconseja: «Hay que reconocer cuándo retirarse; eso establece una conexión».

Y siempre hay que sintonizar con el ritmo del caballo y unirse a él. «Muévete despacio, como un animal con instinto de presa –aconseja Bob–. Los depredadores hacen movimientos rápidos. Los caballos no tienen miedo de los depredadores, sino del comportamiento depredador.»

Los caballos, como muchas otras especies con instinto de presa, han sobrevivido gracias a haber aprendido a estar siempre alerta ante posibles depredadores y a ser diestros en escapar. Los caballos conocen el sentimiento de relación. Como animales con instinto de presa que son, cuentan unos con otros y están muy compenetrados entre sí, unidos por la dinámica de la manada. Mientras pastan suele haber algunos que se sitúan allí donde pueden vigilar el horizonte que los demás no ven. Como grupo crean lo que constituye un círculo de vigilancia.

Los seres humanos, a los ojos de un caballo, son tradicionalmente una forma de depredador. Y cuando tratamos a un caballo
–o a una persona– como si fuera un simple objeto que podemos
manipular, confirmamos esa visión.

La naturaleza ha hecho que los seres humanos sean capaces de
actuar como depredadores o como presas (tal vez esto explique
por qué estamos un poco confundidos). Hoy en día, esto significa
que somos potencialmente capaces de desempeñar cualquiera de
los papeles en nuestra predisposición hacia los demás.

Bob destacó que la dimensión depredador-presa interactúa con
otra: la de dominación y sumisión. Los animales que viven en
grupo establecen una jerarquía. Algunos están al mando y otros
se someten a ese mando. Esto puede ser bastante benigno, como
en el caso de una madre que solo trata de proteger a su criatura; o
malévolo, como cuando un dictador de espíritu mezquino mani-
pula a la población de todo un país a su antojo.

–Hay una jerarquía de la manada que es natural entre los animales con instinto de presa y que puede apreciarse en su manera
de ocupar el espacio –dijo Bob–. Es posible que un caballo dominante quiera la hierba que crece donde tú estás o quiera que te va-
yas a otro prado.

–A mí eso me parece depredador –le contesté desafiante.

–Los depredadores acechan a su presa y planean meticulosamente cómo atacar –respondió él–. Los caballos no hacen eso. Para
el caballo se trata más bien de tener una jerarquía clara y un líder
que dé seguridad a la manada... Es una asociación de manada.

»En cambio, en la dominación depredadora –añadió– se ve que
hay un control total. Los depredadores tienen un plan de ataque premeditado, organizado basándose en lo que quieren.

A continuación planteé la cuestión de «autorizar» el comportamiento depredador en las relaciones humanas. Pensaba, por ejem-

plo, en la dinámica entre un narcisista con aires de superioridad y alguien que se ha resignado a acceder a sus exigencias.

—¿Dirías que el comportamiento de presa llevado al extremo es demasiado pasivo?

Bob reflexionó un momento y luego dijo:

—Si al animal que está a punto de convertirse en presa se le quita la posibilidad de «huir»..., si se le cortan todas las vías de escape posibles, claro que lucha, si necesita protegerse; aunque preferiría salir corriendo.

La distinción entre presa y depredador da una nueva perspectiva al tema del dominio y la pasividad en las relaciones humanas. La dominación de la presa actúa como correctivo de la dominación del depredador, exactamente igual que mostrarse firme y enérgico corrige la pasividad, por un lado, y la agresividad, por otro.

En el caso de los humanos, creo que la dominación al estilo de la presa se traduce en firmeza, que puede incluir actuar con mano firme. Si el binomio depredador-presa es nuestro único modelo de relaciones intergrupales, el resultado es una carrera armamentista evolutiva en la que dos grupos deben luchar sin descanso por superarse uno a otro. Las gacelas corren muy rápido, así que los guepardos corren más rápido todavía; y lo mismo puede aplicarse a la carrera armamentista de la Guerra Fría que hubiese conducido a «la destrucción mutua asegurada», pues si un bando empezaba la guerra, ambos bandos hubiesen quedado destruidos.

Esto suscita otra pregunta: ¿cuándo sobrepasan los modos su función original y se convierten en reliquias obsoletas de nuestro pasado? ¿Cuál es el momento de pasar del modo de la supervivencia del más fuerte a uno que permita la cooperación, la tolerancia y el respeto mutuos?

La evolución ofrece una alternativa apacible: la coevolución, en la que dos especies influyen mutuamente en el desarrollo y supervivencia de la otra. Las flores, por ejemplo, les deben su belleza a los insectos que las polinizan. Una variedad llamada orquídea de Darwin, endémica de Madagascar, tiene un espolón estrecho de cuarenta y cinco centímetros de largo que en su fondo contiene el néctar. Cuando Charles Darwin supo de su existencia, dedujo que debía haber un insecto volador con una trompa igual de larga para polinizar la orquídea. Y varias décadas después de que Darwin muriera, se descubrió una polilla en Madagascar especializada en polinizar solamente aquella orquídea..., y tenía efectivamente una probóscide de cuarenta y cinco centímetros.

Una pausa para la empatía

El modo de estilo depredador puede manifestarse de cualquier manera comprendida entre la intimidación descarada o la insistencia agresiva y la simple imposición de nuestras preferencias o deseos sin la menor consideración para con lo que a la otra persona le interesa.

Las manifestaciones son a veces tan sutiles que pasan inadvertidas. Iba una vez paseando por una playa contemplando la puesta de sol con un grupo en el que había una amiga que acababa de ver cómo el último de sus muchos hijos se iba a la universidad. Por primera vez desde que tenía memoria estaba sola, disfrutando de haberse liberado de la preocupación constante por las necesidades de los demás. Podía, por ejemplo, leer un libro entero de un tirón si le apetecía, o viajar a sitios a los que nunca había tenido la libertad de ir.

Me estaba contando esto justo en el momento en que el sol estaba a punto de ponerse en el mar. La luz resplandecía con los tonos dorados del atardecer y se me ocurrió que era la luz perfecta para una fotografía. Así que impulsada por captar el momento, dije con euforia: «¡Vamos a hacer una foto!», mientras pulsaba el botón y encendía la cámara digital.

Un instante después me di cuenta de que en ese momento ella estaba contemplando la puesta de sol con mirada absorta, reflexiva. A pesar de ello, cedió a mi sugerencia y posó obediente con el grupo, que ya había empezado a alinearse para la foto.

Ahora tenemos aquel momento congelado en el tiempo. Pero cuando lo miro, no puedo evitar percibirlo como una manifestación de la dinámica depredador-presa. Reproduzco mentalmente la fugaz mirada de éxtasis de mi amiga interrumpida de pronto; la clase de momento que se pierde en el tumulto de las interacciones sociales. Y me pregunto si el entusiasmo que me impulsó a hacer la foto –lo cierto es que la luz era perfecta– fue sutilmente de estilo depredador, aunque no sea más que por no haber sintonizado con ella antes que nada para saber lo que también ella habría querido. Quizá habría preferido seguir disfrutando de la silenciosa belleza del sol poniente.

En el contexto de susurrar a los caballos, el principio de depredación hace referencia, no al significado que tiene en la jungla, sino a la distinción entre utilizar la fuerza y la dominación bruta para domarlos y establecer con ellos una conexión cooperativa. A eso es a lo que Bob se refería al hablar de anteponer el propósito a la conexión: a dar prioridad a nuestros objetivos a expensas de la sintonía.

No es que la espontaneidad, el entusiasmo o el espíritu lúdico deban evitarse. El impulso que sentí de captar el momento cuando estaba con mi amiga no fue un error, sino que no estaba sintonizada con ella. Quizá no nos demos cuenta de los sutiles mensajes emocionales que enviamos. Hacer una pausa para la empatía nos permite comprobar si nuestro entusiasmo o los objetivos que nos hemos propuesto alcanzar están a punto de eclipsar lo que estamos viviendo con otra persona, o lo que ella está viviendo en ese momento. ¿Son compartidas, nuestras motivaciones, o damos algo por hecho y forzamos así la elección del otro?

Todos podemos mostrar ligeras tendencias de tipo depredador; basta con que no tengamos en cuenta el impacto que nuestras acciones ejercen sobre los demás. Por ejemplo, puede que estemos sumidos en el ajetreo que conlleva nuestra dinámica diaria y no advirtamos lo displicentes que somos quizá con quienes nos rodean, ya sean nuestros hijos o la persona que se halla a nuestro lado en el trabajo. Estas sutiles interacciones dominantes se producen de continuo. Una vez que empezamos a detectarlas, es desconcertante ver lo comunes que son en nuestras vidas.

Trascender la catástrofe

Mi marido y yo estábamos haciendo los preparativos para un taller que íbamos a impartir juntos. Entró en mi despacho y anunció entusiasmado: «Ya sé lo que deberíamos hacer», y empezó a contarme lo que había ideado.

En voz baja le respondí: «Estoy intentando ordenar las ideas que se me han ido ocurriendo a mí. Todavía no he terminado».

En ese momento, lo que experimenté fue un intento de control exhaustivo. Esto podía haber desatado en mí el modo rebelde, pero decidí quedarme sentada tranquilamente y reflexionar, elegí concederme una tregua.

Tras un poco de reflexión recordé que esta era una danza de modos que se repetía entre nosotros: por su parte, querer estar al mando y, por la mía, ser sumisa en extremo o rebelarme. Como no era la primera vez, conocía algunos aspectos de fondo de esta dinámica.

También sé que mi marido y yo nos entusiasmamos con las ideas, podemos ser como niños pequeños arrebatados por el entusiasmo. Pero es diferente que un niño le diga a otro: «Tienes que jugar a esto a mi manera», y que los dos inventen las reglas juntos sobre la marcha. Puede verse la influencia del modo de pensar de tipo depredador en las palabras que un adolescente le dijo a su padre, que intentaba poner fin a una pelea entre el adolescente y su hermano: «¡Todo ha empezado cuando él me ha devuelto la patada!».

Vi que podía elegir: reaccionar a los detonantes habituales de nuestros modos más característicos, o recordar que podía elegir no ejecutar la misma danza reactiva de modos.

Así que cuando nos reunimos para planificar el taller, empecé diciendo: «Funciona mejor cuando tomamos las decisiones juntos, en colaboración», y le conté algunas de las reflexiones que acabo de mencionar, a las que añadí cosas importantes de las que había empezado a darme cuenta y que podían ayudarnos a entender la espiral de provocaciones y reacciones que se daba entre nosotros. Con espíritu de investigación (y no de indignación), le describí todo esto.

Pareció quedar fascinado y me contó lo que él había pensado, a su vez, sobre las conexiones que iba estableciendo. Los dos teníamos auténtico interés en desentrañar el misterio desconcertante que existía de continuo entre nosotros y que cada uno por su lado había empezado a examinar con mucha atención; así que exploramos juntos con entusiasmo este rompecabezas en vez de dejarnos arrastrar por las reacciones automáticas de nuestros modos respectivos.

Parecía una de esas películas de Indiana Jones en la que el chico y la chica tienen la valentía de entrar en una zona «prohibida», por ejemplo una oscura caverna, con la idea de hacer algún descubrimiento, y entonces milagrosamente descubren un tesoro desaparecido en tiempos remotos y salen del peligro vivos y radiantes. En vez de provocar una catástrofe, ¡nos estábamos uniendo!

Este es uno de los patrones sutiles que suele pasar desapercibido. Pero si podemos darnos cuenta de las desconexiones, que de ordinario ocurren sin que las advirtamos, podemos cambiar el curso de nuestras comunicaciones y mejorar notablemente su calidad.

Actualización evolutiva

Cuando trabajo con Bob y los caballos, a veces mantenemos conversaciones un tanto filosóficas. Una vez me dijo: «Quiero que esta yegua sepa que puede estar tranquila y confiar en mí mientras trabajo con ella, así que trato de estar compenetrado con lo que puede estar sintiendo en cada momento. Si sé que algo la inquieta, quiero hacer cuanto esté en mi mano para tranquilizarla y que se sienta completamente a gusto con el aprendizaje. No estoy obligándola con actitud depredadora a que haga algo; estamos aprendiendo juntos. Ese es el arte de este trabajo, responder a las necesidades y cambios del momento y estar sintonizado con ellos. La parte comportamental del adiestramiento es la ciencia –siguió diciendo Bob–. La gente se centra demasiado en la ciencia o la técnica precisas para que el animal aprenda algo pero sin responder a las necesidades del momento, que es el arte. Nunca deberíamos sacrificar nuestros principios para conseguir que otro haga lo que queremos... Eso es depredador».

Dejar que los medios justifiquen el fin, en vez de atenernos a principios más humanos, ha dado lugar a una larga letanía de crueldades en el curso de la historia humana por parte de individuos dispuestos a hacer cualquier cosa para tener dominio, sin importar cuánto ni cómo pudiera perjudicar eso a la interconexión.

La versión humana del depredador-presa es una relación «yo-ello», en la que a la otra persona se la considera un objeto, no una persona.[3]

Esta especie de «objetivación» del otro es una de las raíces de la crueldad; en ella se basan los torturadores del adiestramiento, así como en la expansión del odio entre grupos. El primer paso conlleva siempre re-percibir al otro como si fuera un objeto, y no un ser humano.

Por el contrario, en una relación «yo-tú» nos compenetramos plenamente con la otra persona y respondemos a cómo le hace sentir lo que decimos y hacemos. El «yo-tú» se fundamenta en la empatía.

–La empatía es lo opuesto del comportamiento depredador –dijo Bob–. Si te mantienes en sintonía con tus principios, con las leyes naturales o un código ético, no sacrificas tus principios para ser empático.

–Probablemente, sin querer, actúo a veces de un modo depredador cuando intento que mis caballos hagan algo que quiero –dije–. Pero no tengo la impresión de que desconfíen de mí por ello.

–Eso es porque saben que tienes buenas intenciones y quieres lo mejor para ellos –contestó Bob–. Pero los caballos se quedan a menudo perplejos de cómo actuamos los humanos. Se pasan la vida intentando leer cuáles son nuestras intenciones.

–¿Lo importante no es que, aunque la especie humana pueda ser parcialmente depredadora por naturaleza, podemos evolucionar y adoptar un modo de ser más compasivo?

–Es de esperar que así sea.

Swimmy, dice el cuento, era un pececillo diminuto en un banco de pececillos iguales a él. Vivían aterrorizados por los peces más grandes, que los perseguían para devorarlos. Pero un día Swimmy tuvo una idea genial: organizó a todos sus amigos del banco para que nadaran juntos en una formación que, vista desde la distancia, parecería un pez gigante. La seguridad física es también fundamental. A veces, solos no nos sentimos seguros, pero podemos encontrar esa seguridad en un grupo o comunidad unificados.

A los seis años vivía en un piso de Manhattan cerca de Central Park, que era mi patio de recreo. Un día cuando mi madre, mi hermano y yo montamos en el ascensor para subir a casa después de pasar el día en el parque, compartimos el ascensor con un vecino, su perro... y una preciosa cría de ardilla. El perro era un fiero pastor alemán con mala reputación por gruñir enseñando los colmillos y, a veces, haber intentando morder a alguien. Todos los vecinos se mantenían a distancia. Pero allí estábamos en el ascensor con aquel perro agresivo y una ardilla diminuta.

El dueño nos explicó que estaba paseando con su perro pastor por el parque y que el perro había salido corriendo de repente hacia un árbol y luego había empezado a olfatear e inspeccionar a conciencia algo que había debajo. En contra de su depredadora naturaleza canina y con la mayor delicadeza, había levantado del suelo a una ardillita indefensa y se la llevaba en la boca con sumo cuidado a nuestro vecino.

Entonces, el vecino le preguntó a mi madre si queríamos cuidar de ella, y decidimos al instante que sí.

Mi hermano y yo jugábamos con ella durante horas todos los días, y le dimos la casita de juguete hecha de madera de mi hermano para que viviese allí. Entró a formar parte de la familia y pronto pareció olvidarse de que era una ardilla salvaje. Nos divertía con sus monerías, y luego se acurrucaba en el regazo de uno de los dos cuando le llegaba la hora de la siesta. Le puse de nombre Perry.

Un día Perry encontró unas nueces en la cocina y afloró su espíritu recolector. Llevó unas pocas hasta donde yo estaba sentada, con una mano puesta sobre el brazo de la butaca, y me levantó los dedos y metió las nueces de una en una en el hueco que quedaba bajo la mano.

Podría contar un sinfín de historias conmovedoras de nuestra vida con Perry mientras fuimos su manada humana. Pero al reflexionar sobre ello ahora, me deja impresionada la forma en que aquel «feroz» pastor alemán pareció ceder a una compasión misericordiosa y proteger a la pequeña ardilla indefensa. Me conmovía en aquel tiempo que Perry, un animal indefenso con instinto de presa, pareciera sentirse tan confiado y a salvo estando con nosotros. Creo que es un esperanzador caso práctico que demuestra que los modos pueden cambiar: incluso los depredadores pueden ser amables y las presas, aprender a confiar.

Nacemos altruistas, con un instinto de justicia innato, dice el Dalai Lama, pero se nos puede condicionar para que lo perdamos. ¿Podría lo contrario ocurrir también? ¿Puede vencerse en nosotros la tendencia a adoptar el modo del depredador con otras clases de aprendizaje?

Actualizamos nuestros ordenadores y teléfonos móviles continuamente. Pero ¿con qué frecuencia pensamos en actualizar nuestra naturaleza humana? ¿Es posible que tengamos necesidad de una actualización evolutiva?

6. Trampas, detonantes y creencias fundamentales

Un día en una playa: contemplaba el horizonte justo después del amanecer y los tonos cobalto y turquesa de las olas que iban acercándose y rompiendo una tras otra; me quedé como hechizada mirando a una avispa chaqueta amarilla que se afanaba en la arena de la orilla a unos pasos de mí. Este impetuoso insecto dedica cantidades ingentes de energía y de tiempo a abrirse camino excavando en los surcos de arena para abrir túneles profundos que no parecen tener otro propósito que el de atestiguar que la avispa los ha excavado.

No puedo evitar preguntarme: ¿qué busca? Está claro que no tengo forma de saber lo que esta actividad aparentemente inútil significa en la vida de este insecto, ni qué lo impulsa a cavar y cavar con tan intenso fervor. Tal vez tenga un misterioso valor para la supervivencia, que resulte más que obvio si se contempla desde dentro del nicho ecológico de las chaqueta amarilla, abrirse camino entre la arena a base de excavar.

Las chaqueta amarilla son un tipo de avispa, y he oído decir que las hembras de algunas variedades de avispa excavan túneles en la arena para poner los huevos, a fin de que sus crías lleguen a la madurez en una caverna a salvo de peligros. Pero las madrigueras que excavan estas avispas chaqueta amarilla se derrumban y desaparecen cuando llega una ola.

Siento cierta preocupación por ellas cuando mi mente pasa de la perplejidad ante este misterio a lo que la aventura aparentemente penosa de este insecto dice sobre las formas en que los seres humanos nos quedamos atrapados en los modos de ser. Nosotros, también, derrochamos con frecuencia cantidades ingentes de tiempo y energía en modos que nos hacen dar vueltas y vueltas sin ir a ninguna parte y que son igual de fútiles que el viaje de aquella avispa chaqueta amarilla horadando la arena.

¿Qué alimenta nuestros impulsos contraproducentes? ¿Qué buscamos? Estas preguntas pueden ser muy estimulantes si las aplicamos a nuestra vida emocional..., sobre todo a la forma en que repetidamente perdemos el norte.

Cuando empezamos a ver con más claridad estos patrones incansables y fútiles en acción, podemos sentir una mezcla de desencanto, anhelo de dedicaciones más significativas y compasión por el patetismo de la condición humana. Esa puede ser una buena motivación para despertar, viendo hasta qué punto hemos estado dormidos.

Obligados por el sentido del deber

Clara se lamentaba por que aunque Isabella –una amiga íntima que vivía lejos– había venido a la ciudad, no habían podido verse. Clara sabía por qué: sintiendo que se debía a sus obligaciones, una vez más fue incapaz de aprovechar la oportunidad de divertirse.

La historia es la siguiente: Isabella había venido a la ciudad en un viaje de negocios y tenía una agenda apretada. Llamó a Clara a fin de ver si era posible que comieran juntas en el hotel en que se celebraban las reuniones de trabajo, pues no tenía tiempo para ir a visitar a Clara, que vivía a casi una hora del hotel.

Clara se había puesto muy contenta al saber de ella, y le encantaba la idea de que comieran juntas. Sin embargo, se sorprendió diciendo que no.

Clara era un animal de costumbres, y su vida giraba en torno al cuidado de sus tres hijos y su marido, Tim, un director ejecutivo hiperocupado. Detrás de esta historia, no obstante, hay otra. Clara era la hija mayor de un padre muy crítico y una madre enferma, y había aprendido desde pequeña a desechar sus deseos cuando se contraponían a las necesidades de sus seres queridos.

Clara era la quintaesencia del perfeccionismo, cualidad que en épocas anteriores de su vida había hecho de ella una estudiante excepcional y una ejecutiva magnífica. Pero al ir aumentando las necesidades de la familia, se encontró sumida en cuidar de ella con la misma vena perfeccionista. Su marido, que alimentaba esta inclinación, esperaba que Clara tuviera la casa impecable y bien organizada, y, curiosamente, a ella este plan de vida le resultaba reconfortante..., era como volver a vivir en la casa en la que había crecido.

Pero cada vez que a Clara se le presentaba la ocasión de abrir las alas y hacer algo fuera de casa y de la dinámica cotidiana –como la invitación de Isabella a comer con ella–, algo en su interior decía que no. Y esa imposibilidad de permitirse cualquier diversión espontánea empezó a ser el eje de su frustración: dejó de aceptar que tuviera que ser así.

La negadora interior de Clara caracteriza a una variedad extrema del modo de estilo presa a la que ha dado el nombre de «padre/madre exigente» el terapeuta cognitivo Jeffrey Young, mi perspicaz maestro y fundador de la terapia de esquemas, innovador método psicoterapéutico basado en los modos.[1] (En mi trabajo de terapeuta he integrado la terapia de esquemas con el *mindfulness* o atención plena.) Su mismo nombre, «padre/madre exigente», apunta a que sus orígenes fueron unas reglas estrictas y una rectitud de comportamiento extrema durante la infancia. El modo resultante gira en torna a un sentido del deber y a verse dominado compulsivamente por el afán de perfeccionismo..., aun a costa de los placeres o la salud personales.

Los modos tóxicos, situados en el extremo del espectro negativo, nos atrapan en hábitos emocionales autodestructivos. Por ejemplo, cuando estamos inmersos en este modo de obligación y perfeccionismo, podemos ser obsesivamente críticos e hipercastigadores con nosotros mismos; y dudamos de si tenemos derecho a expresar lo que sentimos o a actuar espontáneamente, como Clara que se permitió perder la oportunidad de ver a su amiga de toda la vida, Isabella.

Por otra parte, los modos negativos pueden albergar también aspectos positivos ocultos. En el caso del modo de obligación, ese sentido del deber inspira un fuerte espíritu de excelencia: tener la casa más ordenada, por ejemplo, o ser ultraeficiente y no perder ni un segundo. Si podemos impedir que esta clase de impulsos perfeccionistas dominen nuestra vida –impidiéndonos disfrutar de aquello que nos resulta placentero o incluso arrastrándonos al agotamiento–, pueden ayudarnos a destacar en cualquier cosa que elijamos hacer.

Pero si, como Clara, nos quedamos atascados en un modo negativo –y lo activamos cuando ya no tiene un propósito claro o nos quedamos en él demasiado tiempo–, entonces es como un veneno.[2]

En un modo tóxico nos encontramos con la difícil situación que describe el poeta David Whyte. Sin darnos cuenta, caemos en el hábito de contarnos y recontarnos «las mismas historias fallidas de siempre» una y otra vez.[3]

Los extremos de un modo

Estas formas de ser inadaptadas, lo mismo que los modos de relación, tienen su origen en respuestas de adaptación aprendidas en los primeros años de nuestra vida, pero a menudo siguen siendo hábitos muy fuertes en la edad adulta, mucho después de que tuvieran un propósito claro. Dependiendo del grado en que nos dejemos apresar por estos modos disfuncionales, lo que en un tiempo pareció un lugar seguro puede parecernos a la larga una cárcel.

En un estado saludable, nuestros modos están integrados: podemos pasar con fluidez de lo positivo de un modo a otro (como veremos en el capítulo 7). Pero cuando entramos en esta clase de modos negativos, hay facetas persistentes de nosotros que se desvinculan del resto; es casi como si fuéramos otra persona distinta cuando estamos sumidos en su niebla.

El patrón fundamental de acercamiento o evasión puede manifestarse en respuestas de lucha-huida o parálisis, que en la mente surgen como estrategias que adoptan la forma de cada modo diferenciado.[4]

Por ejemplo, podemos quedarnos paralizados en una «dócil sumisión» cuando nos sentimos abrumados. Quienes están en este modo muestran un comportamiento extremo de presa, una postura excesivamente cooperativa (como veíamos en el capítulo 5); se rinden y dejan que otra persona tome el mando, muchas veces como intercambio emocional para conservar la relación.

La respuesta de lucha puede adoptar la forma de una batalla contra aquello que nos hace daño o nos da miedo compensándolo con el extremo opuesto, intimidando o intentando proyectar la imagen de ser especiales, cuando en realidad en el fondo nos sentimos fracasados. Esta forma de ser narcisista y controladora es propia del modo de estilo depredador (de nuevo, como veíamos en el capítulo 5).

Otra forma que adopta la respuesta de lucha es la del «niño enfadado», en la que la persona expresa su hostilidad como lo haría un niño, de manera bruta, impulsiva y manifiesta (un extremo del modo de aversión, como veíamos en el capítulo 3).

No es una casualidad que el marido de Clara, Tim, fuera el ejemplo clásico de uno de los extremos del modo de estilo depredador, en el que la persona compensa sus necesidades emocionales insatisfechas tomando del mundo lo que se le antoja.[5] Quienes están en este modo pueden ser ambiciosos, arrogantes, despreciables y condescendientes; son narcisistas que se creen con derecho a infravalorar y dominar a los demás.

Tim representaba este papel en el trabajo reprendiendo con severidad a sus subordinados cuando el rendimiento de estos defraudaba sus expectativas. Y en casa era crítico en extremo con Clara, lo cual no hacía sino reafirmar en ella el sentido del deber. En vez de contraatacar, Clara se quedaba de hecho paralizada y decidía esmerarse más.

Quienes representan esta variante narcisista del modo de estilo depredador culpan a los demás y se consideran a sí mismos intachables. Tim, por ejemplo, vivía ajeno al dolor emocional que sus rabietas causaban a sus empleados (igual que ignoraba el sufrimiento de Clara), y nunca había pensado que pudiera tener relación con el elevado índice de cambio de personal que había en su empresa. En el ámbito político y empresarial, esta clase de personas tienen a veces adeptos –siempre personas obedientes y sumisas– y, en ocasiones, pueden llegar a ocupar puestos de mando; recordemos que Tim era director ejecutivo.

Creencias fundamentales

Cuando Clara le habló a su terapeuta de su patrón de obligación tuvo una revelación súbita. Había empezado a estar muy atenta a sus modos, intentando advertir el momento en que comenzaban, descubrir qué los desencadenaba.

Un día Clara le comentó a Tim que estaba pensando en ir a pasar el día con una amiga a un balneario cercano para que les dieran masajes y dejarse cuidar. Tim no quiso saber nada del tema, y la acusó de «holgazanear» justo antes de las vacaciones, cuando había tanto que hacer (al menos desde su punto de vista). Al decirlo, Clara vio cómo el labio se le curvaba en una fugaz expresión de aborrecimiento.

Le contó a su terapeuta: «Sentí una punzada de miedo y desprecio hacia mí misma cuando vi que curvaba el labio. Reconocí aquella mirada: era exactamente la forma en que mi padre solía mirarme cuando me criticaba». Lo mismo que su marido, su padre solía criticar con dureza prácticamente todo lo que Clara hacía de niña. Nunca la elogiaba, pero se lanzaba sobre cualquier imperfección con una avalancha de desprecio y sarcasmo.

Fue desarrollándose en Clara el sentimiento de tener algún defecto en lo más hondo que la hacía indigna de recibir amor. Este patrón es uno de los aproximadamente doce esquemas fundamentales de inadaptación.[6] Son patrones emocionales que actúan como convicciones fundamentales y determinan los desencadenantes de los modos disfuncionales. El sentimiento de deficiencia que tenía Clara era el detonante de su modo de obligación.

Las convicciones fundamentales de un modo determinan a qué seremos más vulnerables, qué no nos importará y cuáles serán los detonantes más fuertes. Los detonantes –como el labio curvado expresando desprecio– están cargados de significados simbólicos que activan un modo u otro. Lo que nos «dispara» es el significado que nuestra mente asigna a un hecho. Así, algo que a la mayoría de la gente le pasaría desapercibido puede lanzar a alguien a un modo nefasto. Podría ser algo tan sutil como cierta palabra, frase o tono de voz, o cierta serie de señales físicas o sensoriales.

Vea lo que le pasó a un joven que estaba sentado con sus amigos en una cafetería. Había estado de un humor excelente; tenía un día efusivo y alegre. Estaban haciendo bromas, riéndose a carcajadas; se sentía en la gloria, participando del espíritu festivo con sus comentarios hilarantes. Pero cuando la camarera se acercó a la mesa a rellenarle la taza, la llenó de café solamente hasta la mitad y se marchó..., y él de repente se hundió, se quedó abatido y triste. Se encerró en un sombrío mutismo.

Al cabo de un tiempo le contó el incidente a su psicoterapeuta, que interpretó que aquel cambio súbito se debía a haber sentido que la camarera actuaba con descuido. El sentimiento de haber sido tratado con indiferencia reprodujo la angustiosa historia con su madre alcohólica y egocéntrica; de niño, sentía que su madre apenas si se daba cuenta de que existía, y no hablemos ya de importarle lo que necesitaba.

Alguien que cree firmemente que es un inepto o indigno de amor es posible que espere inconscientemente que los demás lo critiquen o rechacen. Entonces, hasta la más mínima señal capaz de confirmar tales ideas puede activar el modo relacionado con ellas.

Vista a través de la lente de la privación emocional de este joven –de la que se deriva la convicción fundamental de que *a nadie le importo*–, la taza medio vacía provocó una caída súbita, de un modo de soltura y conexión a un ambito letal del modo ansioso de constricción, en el que el miedo y la tristeza alimentaron pensamientos de resentimiento y lástima de sí mismo.

Los detalles concretos de las apreciaciones que hacemos dependen de nuestras historias y actitudes personales; cada uno tenemos los nuestros. Pensemos, por ejemplo, en esa taza a medio llenar, cargada de significado. A otra persona, ese momento podría haberla impulsado a hacer un chiste o a encogerse de hombros. Y alguien que hubiera decidido desengancharse de la cafeína, reduciendo poco a poco la dosis de café –un modelo mental muy diferente–, quizá hasta habría pensado que la camarera acababa de hacerle un favor.

«La única diferencia entre un buen día y un mal día es tu actitud», dice un refrán.[7]

Las creencias fundamentales de un modo –sus actitudes, perspectivas y percepciones de fondo– actúan a modo de algoritmos mentales, reglas inconscientes que dirigen las decisiones emocionales que tomamos.[8] Su estilo de funcionamiento es del tipo «si esto..., significa que aquello». Cuando, por ejemplo, alguien siente que su pareja parece estar distanciándose, quizá si está en modo evasivo se marche súbitamente en prevención de lo que pueda pasar; pero si estuviera en el modo ansioso, quizá se volvería exigente y dependiente. La regla para la decisión es: *Si* él está distante, *significa que* me abandonará y debo protegerme; y el modo determina qué estrategia tendemos a usar.

Por poner otro ejemplo, una forma extrema del modo de aversión (del estilo de lo que Jeffrey Young denomina «padre/madre punitivo») hace girar a la persona en torno a la convicción de que cualquiera –incluida ella misma– merece un castigo severo cuando comete un error. El punto de vista moralista e intolerante de este modo hace a la gente extremadamente dura. Ninguna excusa, circunstancia atenuante ni imperfección común importan; el modo carece de empatía con el condenado. Ni hablar de misericordia, y mucho menos de perdón.

He aquí un detalle muy curioso que delata a la persona que está atrapada en la zona punitiva del modo de aversión: su tono de voz suele imitar al que utilizaban su padre o su madre en las reprimendas –por ejemplo, frío y cargado de desprecio–. Cada modo habla con su voz singular, y con más frecuencia en el diálogo interno que en la práctica.

La voz interna expresa el algoritmo del modo en nuestro mundo particular, una serie de suposiciones consolidadas que se convierten para nosotros en plantillas determinantes de toda nuestra percepción. En general, el cerebro actúa como un motor de hipótesis que actualiza nuestras creencias sobre el mundo que nos rodea. Pero un modo se atiene eternamente a las mismas creencias, sin actualizaciones.

Estas teorías o creencias personales dirigen nuestro sentido de lo que importa y lo que no, y de lo que significa –y por tanto cómo interpretamos un abanico de experiencias–. Se construyen en torno a una visión miope y autorreferencial que nos hace ver cualquier relación como si el eje siempre fuera «yo». Tenemos tendencia a vernos en el centro del escenario, y a dar por hecho que todo lo que sucede se refiere a nosotros. Como me contaba un amigo, «Creamos una película interior en la que somos el protagonista, los productores, los directores, el reparto de actores entero... ¡incluso los críticos!».[9]

Las convicciones esenciales son profecías cuya propia naturaleza asegura su cumplimiento. Nos imponen sus opiniones y teorías del mundo, seleccionando cualquier información que corrobore sus puntos de vista e ignorando o descontando cualquier cosa que contradiga esas perspectivas. Mientras estamos bajo el influjo de un modo inadaptado, nuestras percepciones se distorsionan, y por tanto interpretamos equivocadamente todo lo que sucede.

Como estos patrones se escenifican una y otra vez a lo largo de los años, las creencias fundamentales pueden convertirse en actitudes fijas: consolidadas, habituales y automáticas, y más difíciles –aunque no imposibles– de sacar a la luz y cambiar.

Detonantes

Una mujer bien vestida que llevaba un par joyas muy elegantes vino a uno de mis talleres. Resultó que las joyas eran de diseño propio, y encerraban una historia muy triste.

Hacía unos años había empezado a dedicarse al diseño de joyas, y en un muy poco tiempo sus creaciones habían despertado el interés de la prensa y se vendían en algunas tiendas de lujo, y hasta en la tienda del Museo de Arte Moderno. Un día recibió una llamada de unos grandes almacenes muy conocidos que querían ver sus joyas. La agente de compras quedó encantada con los diseños, pero pidió que se hicieran algunas modificaciones que llevarían un poco de tiempo. Quedaron en volver a reunirse para ver los diseños modificados y acordar los detalles de un posible pedido más grande.

Cuatro meses después, la diseñadora volvió a los almacenes, y cuál no sería su sorpresa al saber que la agente de compras a la que le habían gustado tanto sus creaciones ya no trabajaba en la empresa, y otra agente de compras ocupaba ahora su puesto. La nueva agente echó un vistazo a las joyas y, con un gesto brusco de la mano, las desechó por considerarlas «poco interesantes»

«Recorrí llorando los pasillos estrechos de las oficinas –dijo–. Pensaba: "Esta es la sala de la vergüenza". Me sentí como una impostora a la que se acababa de desenmascarar.»

Dominada por el modo ansioso, que la hacía en aquellos momentos dudar seriamente de sí misma, volvió derecha a su taller, fundió todos los nuevos diseños y no volvió a hacer una pieza nunca más.

Pero ahora, unos años más tarde, había empezado a leer sobre los patrones emocionales que desatan distintos modos de ser y de sentir. La diseñadora reconocía que el detonante en su caso era una convicción fundamental: el miedo al fracaso. «A pesar del éxito que tuve –dijo–, durante el tiempo que trabajé diseñando joyas sentía en todo momento que era una impostora. No tenía formación en joyería, y temía que se descubriera que era un fraude.»

Los detonantes suelen ser sucesos o señales que nos lanzan a un modo determinado. Son momentos de la vida que nos arrebatan las riendas y dirigen nuestra mente por el camino de la confusión.

Por ejemplo, un mensaje de correo electrónico enviado por una clienta moderadamente furiosa lanzó a una interiorista a un torbellino de dudas, ira y preocupación..., a un modo ansioso. «Hace horas que repaso el mensaje una y otra vez –me contó–. ¿Tenía razón yo? ¿Hice algo mal? Me basta con pensar en su nombre para que la mente empiece a darle vueltas a todo otra vez desde el principio. Siento mucha rabia. Y todo esto me resulta tan familiar.»

Con frecuencia, los modos actúan sobre un sector específico, están activos solo en ciertas partes de nuestra vida. Es posible que alguien se muestre evasivo en las relaciones y ansioso en lo que respecta a la salud. Un jefe puede ser un tirano en el trabajo –exageradamente crítico y despreciable–, pero un ángel cuando está en casa. O puede que una persona determinada, cierto miembro de la familia, por ejemplo, provoque en nosotros un modo que no aflora cuando estamos con otra gente.

El detonante del miedo al fracaso es común a una larga lista de esquemas, cada uno de los cuales encarna creencias fundamentales específicas que albergan una serie de desencadenantes particulares.[10] Qué modo exacto activan determinadas creencias fundamentales depende de la historia personal de cada persona y de cómo haya aprendido a afrontar los sentimientos desatados.

Esta es una lista de las creencias o convicciones fundamentales más comunes y de los modos que suelen desencadenar:

El miedo al abandono (*me moriré de miedo si estoy solo*) nos hace hipersensibles a la menor señal (incluso imaginaria) de que alguien a quien estamos apegados podría abandonarnos. Esta creencia puede desatar un aferramiento ansioso o modos de evasión.

La privación emocional (*a nadie le importo*) es la convicción de que se ignoran o se ignorarán nuestras necesidades en las relaciones adultas que mantengamos. Nos volvemos hipersensibles a cualquier señal de que esto puede ocurrir. Esta creencia puede desatar un modo ansioso o evasivo, o a veces se intenta compensar la privación con un sentimiento de superioridad.

La subyugación (*mis deseos o sentimientos carecen de importancia*) nos vuelve pasivos e incapaces de hacer valer nuestros deseos y necesidades (y dudar de ellos) en las relaciones. En un modo de estilo presa, esperamos a que se nos diga lo que tenemos que hacer y nos rendimos a los deseos de los demás.

La abnegación (*debo anteponer las necesidades de todos a las mías*) combina las creencias de la privación y la subyugación y nos hace sacrificarnos para dar prioridad a las necesidades de todos aquellos que nos rodean. Esto desata un modo de sumisión de estilo presa.

No creernos dignos de amor (*soy una persona seriamente tarada*) es la convicción de que somos esencialmente tan indeseables que nadie que nos conociera de verdad podría amarnos. La desencadenan señales de rechazo o desaprobación y puede, a su vez, desencadenar todo un abanico de modos, entre ellos el perfeccionismo.

La exclusión social (*no encajo*) es el sentimiento de que estamos «fuera de lugar» en un grupo, o de que se nos pondrá en ridículo. Desata el modo ansioso, cuando estamos en un grupo de gente que no conocemos o en medio de una multitud.

La vulnerabilidad (*me pasará algo malo*) es temer que estamos siempre en peligro por una u otra razón. Provoca el modo ansioso. Imaginamos una catástrofe, exageramos el peligro a la menor señal de amenaza o riesgo y evitamos luego lo que nos provoca ansiedad, que puede tener que ver con el dinero, la salud, o la seguridad de las personas queridas.

Afán de superación implacable (*he de superarme a toda costa*) es la creencia de que debemos esforzarnos por alcanzar niveles de excelencia imposibles y sacrificarnos para conseguir cualquier cosa que nos propongamos. Puede aplicarse a cualquier ámbito –deportes, estudios, carrera profesional, tareas domésticas...– y puede provocarlo un afán de medir o comparar el rendimiento. Activa el modo perfeccionista de obligación o sentido del deber.

El miedo al fracaso (*no doy la talla*) es la convicción de que no estamos a la altura de la tarea que se nos presenta. Puede activar el modo ansioso cuando nos encontramos ante el desafío en cuestión. Los detonantes son similares a los del afán de superación implacable, pero la diferencia de creencias fundamentales (*puedo superarme* frente a *no puedo hacerlo*) hace que se activen modos distintos.

El sentimiento de superioridad (*soy especial*) consiste en creer que, porque gozamos de privilegios especiales, no tenemos por qué cumplir las reglas de conducta comunes. Además, podemos hacer lo que queramos, porque lo que sientan los demás no nos importa. Activa el modo de estilo depredador.

Si observamos los barcos que están amarrados uno al lado de otro en un puerto, vemos que todos apuntan en la misma dirección, alineándose y ajustándose a los vientos y las corrientes. Pasa el rato, y los barcos cambian de dirección, otra vez todos al unísono. Las fuerzas que provocan este cambio de orientación –los vientos y corrientes cambiantes– quizá no sean visibles a nuestros ojos, pero sus resultados son evidentes. Así es, también, como los detonantes activan nuestros modos.

7. La evolución de la emoción

Una estudiante de enfermería se estaba pagando la carrera sirviendo mesas en un restaurante. «Siempre me he sentido motivada para ser enfermera –dijo–, porque quiero cuidar de la gente con tanto esmero que los pacientes digan: "Aunque fueron muy desagradables la intervención y el tratamiento, tuve una enfermera tan amable que sus atenciones lo cambiaron todo".»

Es una camarera inusualmente atenta, que se da cuenta de cuándo un cliente quiere algo antes de que tenga que pedírselo. «Ser una camarera amable ¡es un buen entrenamiento!», dice.

Cuando se cuenta con una base segura, se tiene la sensación de estar envuelto interiormente en un capullo protector. La compasiva asistencia médica que la camarera concebía significa crear un modo seguro envolvente en el que la gente se sienta cuidada y protegida, aun a pesar de tener que afrontar la crudeza de las realidades médicas.

Los niños se forman una idea, o modelo de funcionamiento, de confianza en el mundo si su experiencia ha sido que la gente es afectuosa y atenta, que las personas importantes de su vida están conectadas con ellos y que ellos personalmente son dignos de recibir amor.

Las creencias fundamentales que sostienen una base segura nos llevan a vivir con sentimiento positivo las relaciones más cercanas, y la vida en general, al darnos más calma y confianza en nosotros mismos y hacernos más capaces de establecer conexiones afectuosas e íntimas.

El modelo principal en que se basa el modo seguro reside en la dependencia que todos sentimos en los primeros años de vida. Nacemos en un estado de indefensión y necesitamos protección y cuidados para sobrevivir. En un medio protegido y afectuoso –una base segura–, un bebé adquiere la sensación profunda de que el mundo interpersonal es un lugar en el que está a salvo, y de que la gente se interesa por sus sentimientos y necesidades y le ayuda a aplacarlos y a satisfacerlas.

La «sopa feliz» es un grato recuerdo de la infancia. Mi abuela solía decirnos: «Venid a casa y os haré un plato de sopa feliz».

–¿Qué lleva la sopa feliz? –le pregunté un día.

–Eso es lo de menos –contestó mi abuela–. Mientras esté hecha con amor, es sopa feliz.

Esta sensación de seguridad y conexión da lugar a una base segura en la edad adulta que, como dice el teórico británico del desarrollo John Bowlby, proporciona un «refugio seguro» para poder explorar el mundo, las ideas y las relaciones.[1] Esta sensación de seguridad nos permite considerarnos valiosos y dignos de amor, nos da un sentimiento de valía personal que ha ido desarrollándose en los momentos en que hemos tenido necesidades emocionales y nos hemos sentido atendidos y cuidados con empatía por un ser querido..., queridos incondicionalmente.

Pero hay una diferencia importante entre tener interiormente el sentimiento básico de seguridad y confianza y estar con personas que nos transmiten la sensación de refugio seguro. Cuando contamos con una base interior segura, apelamos a nuestros propios recursos; no dependemos de que otros alimenten ese modo.

Utilizo los términos «seguro» e «integrado» para referirme a un modo que contiene una serie de cualidades positivas superpuestas, altamente adaptativas, que incluye las que menciona Bowlby pero también otras. Este modo puede tener un aspecto exterior distinto, dependiendo de los aspectos que se acentúen en momentos concretos. A veces, lo apropiado será dar al modo combinado el nombre de adaptativo, positivo o flexible, o calificarlo de bondad básica. Quizá lo mejor sea que el nombre del modo cambie dependiendo de las circunstancias, o de las distintas personas y sus distintos niveles de desarrollo.

Las múltiples dimensiones de este rango positivo de experiencias se entienden de manera diferente en las diversas escuelas de pensamiento. Que dentro de él destaque por encima de las demás una dimensión u otra estará en función de la lente con la que miremos. Además, todos nos relacionamos con el modo positivo de forma distinta, pues lo normal es que cada uno hayamos desarrollado algunos de sus aspectos, mientras que habrá otros que todavía necesiten fortalecerse.

Una muestra de las cualidades positivas de la naturaleza humana nos da una imagen más nítida de este modo. Juntas dan lugar a un desarrollo integrado de la persona completa, es decir, de los aspectos psicológico, físico, espiritual, interpersonal y altruista.

La psicología evolutiva, por ejemplo, enfatiza la capacidad de adaptación. La psicología clínica, la importancia de la adaptabilidad emocional. Las artes sanadoras, como el *chi kung*, hablan del flujo de energía sin obstrucciones y el equilibrio.

La psicología positiva, por su parte, se centra en la felicidad y en tener una actitud inteligente y equilibrada, mientras que el modelo IZOF, que trabaja con la «zona individual de funcionamiento óptimo», describe un modo en el que damos lo mejor de nosotros y sentimos gran alegría. La ciencia cognitiva considera este modo en términos de eficiencia mental acrecentada.

La teoría de sistemas pone el acento en la interdependencia de los seres humanos dentro de las relaciones y con el planeta, lo cual amplía el marco que define este modo. En la dimensión social, la atención se centra en las conexiones sintonizadas y el sentimiento de «nosotros», mientras que los interesados en temas sociales y medioambientales lo expresan en términos de tener una actitud de servicio desinteresado, trabajar con compasión por la reconciliación y la justicia o encontrar soluciones sostenibles para el planeta.

El modelo de esquemas de Young hace una descripción extensa de los aspectos de este modo (que él denomina «niño/niña sano» y «adulto sano»): nos sentimos «queridos, contentos, satisfechos, rebosantes, protegidos, aceptados, elogiados, valiosos, cuidados, guiados, comprendidos, respaldados, con confianza en nosotros mismos, competentes, independientes, a salvo, capaces de sobreponernos a las adversidades, fuertes, con control de nuestra vida, adaptables, tenidos en cuenta, optimistas, espontáneos».[2]

Si la lente occidental destaca las cualidades que afloran en un estado de completud integrada o realza los estados positivos, una lente oriental quizá se centre en eliminar aquello que eclipsa nuestra naturaleza genuina. La psicología budista nos dice que todos tenemos en esencia una «bondad de base», algo semejante a una base segura. Las cualidades de una mente feliz y libre –como la confianza, el amor, la ecuanimidad o una sensación de relajada sencillez– forman parte de nuestra naturaleza esencial; podemos, por tanto, apelar a estas cualidades internas y confiar en nuestra capacidad de cultivar nuestra bondad básica.

El modo seguro, lo mismo que la consciencia plena, equilibra el mundo interior. Estas formas de ser sanas disuelven las que no

La evolución de la emoción   111

lo son, al igual que el sol deshace las nubes. El modo seguro no presupone que tuviéramos una infancia estable, perfecta. Conectamos con estos estados fuertes y saludables en los momentos en que tenemos el corazón abierto y la mente clara. Aun así, no hay ningún botón mágico que yo sepa, ningún método garantizado para crear algo semejante a una zona de confort eterna.

La historia de Robin

La familia de Robin tiene una gran extensión en la que vive una manada de caballos. Prácticamente creció a lomos de su caballo, que solía montar a pelo, y siempre ha sentido pasión por los animales. Quería ser veterinaria, y mientras hacía las prácticas con un veterinario en la reserva navajo de Arizona, su destreza para montar a pelo le valió un puesto en una carrera local.

Pasó buena parte del año anterior a la carrera practicando. El período de prácticas con el veterinario había terminado, pero el verano siguiente volvió a Arizona a pasar cuatro semanas, que dedicó a las carreras con sus amigos de allí, una familia navajo. Hacía pocos días que había llegado y que había empezado a prepararse en serio. Uno de sus anfitriones la había llevado a dar un fantástico paseo por los impresionantes parajes de Arizona, y aquella noche, cuando ella y otros tres miembros de la familia volvían a casa en la camioneta, una furgoneta que venía a gran velocidad chocó contra ellos de frente. Robin sufrió lesiones múltiples; dos de sus acompañantes murieron. «El verano de mis sueños –dijo Robin– se tornó en el verano más infernal.»

El choque le ocasionó a Robin una fractura grave de las dos piernas y un codo, y le laceró el hígado. Y por si el trauma de la muerte de sus amigos fuera poco, la policía dijo que el otro conductor había salido en misión suicida montado en una furgoneta robada.

En un momento, recuerda Robin, reía con estos nuevos amigos, y «de repente me los habían arrebatado. Fue muy extraño, muy difícil de asimilar. Me salva que le doy un giro positivo y me digo que no fue un ataque personal, sino algo que ocurrió por azar.

»Mientras se pasa por algo así, en el fondo de la situación se está en modo de supervivencia, simplemente tratando de sobrellevarlo –dice Robin–. Por suerte, estar en modo de supervivencia significa pensar en lo positivo. Hay que mirarlo de una manera que nos dé fuerza y ayude a que todo avance; porque cuando sucede algo así, y una está herida física y mentalmente, lo último que necesita es que algo la haga retroceder. Fue realmente una ayuda reconsiderar y verme como una persona normal y curada..., sentir de verdad que me estaba restableciendo».

La capacidad de sobreponerse a la adversidad que manifestó Robin es señal de un modo seguro, que entre sus creencias fundamentales incluía una convicción muy profunda y recursos internos de los que se pudo valer. Ver el mundo a través de esta lente positiva permite que haya esperanza y fortalece la determinación.

En el modo seguro, tenemos una sensación de estabilidad mientras nos adaptamos a las condiciones cambiantes. Los científicos dicen que el patrón de grosor al que se atienen en su distribución las ramas de un árbol, más gruesas en el centro y más finas en la periferia, le dan al árbol una flexibilidad máxima frente al viento, pues la posibilidad de que se rompan es mucho menor. En este modo, somos capaces de ajustarnos, con resistencia y a la vez con flexibilidad, como un árbol que se dobla cuando el viento sopla con fuerza.

Con esto no pretendo negar la dureza de algunas situaciones ni hacer ver que todo es sencillo. Algunas realidades son extremadamente difíciles de soportar. Hay dolores que necesitan expresarse y que piden apoyo afectuoso y atención. Cada uno tenemos nuestro ritmo y nuestra manera de afrontar las adversidades de la vida; el duelo por la muerte de alguien y el pesar que sigue a cualquier fracaso tienen sus propios ritmos naturales. No siempre está claro cómo salir del sufrimiento. Pero cada uno debemos descubrir la manera de superar los retos y problemas a los que nos enfrentamos, y de cuidar de nosotros mismos y unos de otros de la forma que sea necesaria.

Le pregunté a Robin si el accidente y la recuperación le habían cambiado la perspectiva de la vida. «Ahora entiendo que cuando algo nos hiere y nos curamos –o cuando alguien nos rompe el corazón y conseguimos superarlo–, nos fortalecemos. Es una hazaña haber podido recuperarse. Tener un accidente como aquel es algo tan aleatorio, tan extraño. Fue un recordatorio de que la vida es extremadamente volátil, y de que una desgracia puede ocurrirle a cualquiera.

»Tuve que aceptar, eso sí, que con un poco de trabajo podría superarlo, y no tomármelo como algo personal –recordó Robin–. Nada de estar triste y de sentir lástima de mí misma. Nada de "¿Por qué ha tenido que pasarme esto a mí?". Habría sido como un veneno. Me habría recreado en ello y habría sido muy desgraciada. Así que decidí seguir siéndome fiel a mí misma. No me arrepiento de nada. No me arrepiento de haber ido a Arizona y haber tenido esta experiencia. Sería contraproducente pensar que no debía haber ido, que hice una estupidez tratando de hacer realidad un sueño.»

La sensación profunda de seguridad nos permite sentirnos más protegidos, más amados y apoyados en medio de la turbulencia de la vida. Robin reveló muchas de las valerosas actitudes típicas del modo seguro: gratitud hacia quienes nos han ayudado en la vida, aun en cuestiones aparentemente insignificantes, y esperanza cuando las cosas se ponen difíciles.

Fijar la base en la positividad puede aliviar el sufrimiento. No es que podamos mantener el sufrimiento a raya, pero quizá sí podemos impedir que sea una fuerza negativa cuando llega.[3] «Hay una grieta en todo –dice Leonard Cohen–. Así es como entra la luz.»

Conexión auténtica

Un año después del terrible accidente, Robin me dijo: «Algo en lo que esto me ha cambiado la vida ha sido en valorar de verdad a la gente y hacérselo saber. Quiero a mis amigos. Quiero a mi familia. Pero ahora doy especial importancia a *decirlo*. A decir, "Gracias por lo que has hecho hoy por mí", o algo semejante que tal vez antes no hubiera dicho. Asegurarme de que saben cuánto les aprecio. No tengo nada que perder. Es algo que la gente debería hacer más a menudo».

Esa clase de comunicación auténtica nos sale con más naturalidad cuando podemos hablar desde el corazón de una forma que le llegue a la otra persona a lo más hondo, que vibre en consonancia con la naturaleza genuina de esa persona. Y es algo que hacemos con naturalidad desde el sentimiento profundo de tener unos cimientos seguros.

Unirse en la autenticidad es una vía de doble sentido. Al volver a casa del hospital, Robin vio que mucha gente era reacia a hablarle del traumático accidente; evitaban el tema aun viendo que estaba en una silla de ruedas.

Pero los niños no. «Los niños no tienen ese filtro que les hace pensar, "Probablemente no debería preguntarle nada sobre eso".

Los niños me hacían preguntas con naturalidad, y al principio no estaba preparada para responder. Una niña pequeña a la que antes solía cuidar a veces me dijo: "Mamá me ha dicho que casi te mueres. ¿Me enseñas las cicatrices?". La reacción fue pensar, "Bueno, esto está yendo un poco demasiado lejos". Pero no estaba enfadada; la niña solo tenía curiosidad. Me hacía preguntas que todos se hacían, pero que no se atrevían a plantearme directamente; ella era capaz de decir lo que los adultos no decían. En realidad me ayudó bastante, porque me di cuenta de que para ella lo que me había pasado no era para tanto.

»Así que decidí –añadió–: "No voy a cerrarme, pero tampoco voy a decirle nada que pueda darle miedo. Le voy a contar la verdad de una manera que sea apropiada, que la haga sonar positiva, que le haga entender que todo está en orden".

»Cuando era estudiante, y trabajaba, y vivía constantemente ajetreada, llevaba las anteojeras puestas, y no había mucha gente que me dijera que me apreciaba. Sin embargo, cuando me encontré en este estado comprometido, vi que la gente podía ser muy muy atenta. Nos suele costar pararnos y dedicar un momento a ponernos en la piel de los otros. El ánimo que me dio esta gente fue lo que me hizo darme cuenta de lo que yo podía dar. Eso fue lo que me dio el empujón para empezar la formación de técnica en emergencias sanitarias, para poder intervenir en situaciones de urgencia.»

Tener una base interior segura nos permite unirnos con naturalidad. Una conexión genuina nos permite ser sensibles a las necesidades de los demás, así como a las nuestras, fomentando de esta manera la empatía, el interés y la generosidad, que son la base de la acción compasiva.

Positividad

El padre de Ted había muerto después de una larga enfermedad. La muerte no fue una sorpresa. Como Ted contaba: «Le dije todo lo que necesitaba decirle. Estábamos en paz».

A pesar de ello, Ted estaba sorprendido por la enorme agitación mental que había sentido después. «Sencillamente no esperaba estar tan afectado.» El malestar empeoraba aún más por la turbulenta relación que tenía con sus hermanos. Su padre había hecho testamento de sus activos financieros, pero no había dejado dicho cómo debían dividirse sus pertenencias personales. Algunas eran bastante valiosas, y Ted y sus hermanos acabaron discutiendo sobre a quién le correspondía cada cosa.

Lo que más difícil le resultaba a Ted era verse presionado por su familia para que ocupara el puesto de presidente del negocio familiar que había ocupado su padre. Ted era el único de su generación con experiencia empresarial; le gustaba emprender sus propios negocios.

«Estoy hecho un lío, no sé qué hacer –me dijo–. Tal vez me gustaría encargarme de los negocios de mi padre, pero no quiero tomar la decisión solo porque hay quienes dicen que debo hacerlo. No puedo encontrar el norte escuchando cuáles son mis deberes. Necesito sintonizar con mi corazón, ver qué me dice mi instinto. Estoy tan dolido y confuso en estos momentos que no creo que esté en condiciones de tomar una decisión como esta.»

Ted, un católico devoto (que de joven había pensado en entrar en el seminario), practicaba una forma de oración contemplativa que le ayudaba a encontrar su verdadero centro; y era este modo sereno y perspicaz lo que echaba de menos ahora. «Pero es que no puedo calmar la mente en estos momentos. Hay demasiadas cosas que me preocupan.»

Después de hablar de ello, Ted decidió concederse unos días de descanso aprovechando un fin de semana largo e ir a un centro benedictino de retiro que le encantaba en su época de estudiante. Dijo: «Necesito simplemente dar impulso a ese centro de calma. Una vez que lo haya recuperado, podré tomar decisiones con más serenidad y certeza».

Buscaba un modo positivo, que es donde tomamos las decisiones más acertadas. Mientras estamos atrapados en un modo angustioso, la amígdala se apodera de los centros ejecutivos del cerebro radicados en la zona prefrontal y la mente se constriñe, obligándonos a recurrir a los hábitos aprendidos y remachados e impidiéndonos contemplar opciones más flexibles e imaginativas.

Por el contrario, desde el modo seguro podemos considerar soluciones alternativas a los problemas que plantea la vida. La mente opera entonces de forma creativa; el mundo de las posibilidades se expande. Es como en la navegación a vela: se puede tener control del barco ajustando las velas (esa es nuestra seguridad de base), pero es necesario ceder a los vientos (ser adaptable).

Cuando la persona tiene una disposición mental positiva, los científicos han visto que se incrementa la actividad del lado izquierdo del área prefrontal. Pero cuando los sentimientos de angustia alcanzan un nivel demasiado alto, el cerebro está programado para que la región prefrontal ceda el control a los centros emocionales, en especial a la amígdala. Cuando experimentamos emociones negativas intensas, los escáneres del cerebro revelan una actividad acrecentada, no solo de la amígdala cerebral derecha y de los circuitos conectados a ella, sino también del lado derecho de la corteza prefrontal. El apremio emocional de la amígdala se apodera de la región prefrontal y asume el mando.

Los modos disfuncionales probablemente adopten el mismo movimiento ascendente, permitiendo que los centros emocionales asuman cierto poder. Por el contrario, cuando estamos en un modo positivo, la región prefrontal permanece firmemente al mando. Entonces tenemos flexibilidad máxima de atención, de pensamiento y de percepción directa, que son las facultades fundamentales de que disponemos para responder al mundo con eficacia.

En un modo positivo, los sentimientos pueden alcanzar ámbitos que traspasen el abanico de la felicidad y la dicha, de los que pueden formar parte, por ejemplo, una serena compostura, un intenso interés que nos permite absorbernos por completo en lo que quiera que tengamos delante, una disposición a saborear lo inesperado, un sentimiento de admiración y asombro ante una puesta de sol, un conmovedor sentimiento de apreciación e inspiración al ver un acto de generosidad o escuchar la interpretación magistral de un músico, y, por supuesto, el amor en todas sus espléndidas variedades.

Los modos sanos, adaptativos son la mejor plataforma desde la que embarcarnos en las tareas de una vida plena y conectada, como ser personas responsables y comprometidas, ir a trabajar, velar por nuestros hijos, cuidar de nuestra salud y mantenernos en forma, dedicar tiempo a placeres como conectar con los seres queridos y el deleite estético, y ahondar en la exploración intelectual y creativa.

Todos estos frutos de la positividad han sido objeto de un minucioso examen científico en los estudios que ha dirigido Barbara Fredrickson, psicóloga de la Universidad de Carolina del Norte. A su entender, si llevamos cuenta atentamente de los sentimientos negativos y positivos que tenemos a lo largo de un día cualquiera, podemos conocer la proporción de lo positivo y lo negativo que hay en nuestra vida y hacernos una idea de nuestra capacidad general para la positividad.

La proporción media es de dos sentimientos positivos por cada sentimiento negativo. Quienes están deprimidos presentan la proporción inversa: dos sentimientos negativos por cada sentimiento positivo. Pero con una disposición positiva intensificada –una proporción de tres a uno– alcanzamos un punto de inflexión en el que rompemos con la sucesión de altibajos que de ordinario se da en nuestra vida y empezamos a florecer.

Al llegar a este punto pasamos por una fase de transición, un giro que nos sume en el ámbito de la positividad. Cuando nos hallamos en el ámbito de este modo entramos fácilmente en estado de «flujo», en el que tenemos un rendimiento óptimo, afrontamos los retos de la mejor manera posible en la mayoría de los casos, nos fundimos con aquello que hacemos y vivimos con un sentimiento de bienestar y una espontánea apertura a las conexiones.

Positividad no significa aceptación pasiva: la hipótesis formulada a ciegas de que todo está bien tal como es. Como comenta el Dalai Lama: «El miedo realista es necesario. Sabiduría significa consciencia de todos los aspectos de la realidad. Pero cuando uno es presa de fuertes emociones perturbadoras, no puede ver todo esto».

Es indudable que las situaciones de crisis pueden generar a veces estrés e incluso depresión. Para dar prioridad al modo seguro en tales momentos, necesitamos lo que el Dalai Lama denomina «circunstancias internas favorables», capacidades que podemos cultivar, como adaptabilidad, calma, ecuanimidad, bondad o perspicacia, por nombrar unas pocas.

El estudio de Fredrickson ha descubierto que emociones positivas como el júbilo, la serenidad y la gratitud ensanchan la percepción consciente; literalmente somos capaces de ver más. Los sentimientos positivos son el ámbito de estados de ánimo que naturalmente corresponde a este modo, pero no de una forma rígida.

Un modo adaptativo nos da la libertad de responder con cualquier emoción idónea para el momento, el pesar o la tristeza ante una pérdida o la alegría al oír una buena noticia. Somos genuinamente nosotros mismos. Somos también más capaces entonces de expresar una indignación constructiva en respuesta a una injusticia o a un proyecto frustrado. Y, como dijo Aristóteles, aunque es muy fácil enfadarse, normalmente nos cuesta mucho enfadarnos en el momento debido, con la persona debida, en la magnitud debida y por el debido motivo.

El cerebro parece estar programado para enviar y recibir positividad; tenemos una clase de neuronas dedicadas a la sola tarea de detectar la sonrisa o la risa de alguien, que al instante nos hacen sonreír o reír en respuesta. Esto hace de la positividad un estado contagioso y de la alegría festiva, un potente conmutador de modos.

Como dice el 17.º Karmapa, el maestro tibetano,* es importante tener un espíritu lúdico mientras se recorre el camino del despertar.[4] Divertirse y disfrutar son señales seguras de que alguien participa de un modo seguro, en el que habitamos un paradigma de paz. El humor y las artes crean un vínculo social que ha sido una fuerza conectora a lo largo de toda la evolución.

Una vez estaba en una reunión de la junta directiva de la Fundación Seva. Se celebraba al aire libre en una granja del norte de California, y estábamos sentados en círculo entre los grandes tipis que la semana siguiente serían el alojamiento de los niños y niñas que asistirían al campamento Winnarainbow. Hacía un día de calor seco y el sopor se iba apoderando de los participantes. Al-

---

* El Karmapa es el lama sustentador y cabeza del linaje Karma Kagyu, la subescuela más importante de una de las cuatro escuelas principales del budismo tibetano. *(N. de la T.)*

gunos estaban sentados en el suelo con los ojos medio cerrados detrás de las gafas de sol o con la cabeza apoyada en las manos; otros se habían tumbado de costado para estar más cómodos. La gente encontraba ingeniosas maneras de hacer ver que estaba atenta, pero la reunión había empezado a caer en la zona de aburrimiento.

Unas aves muy grandes volaban perezosamente en lo alto trazando círculos sobre el grupo. Aprovechando la ocasión, uno de los miembros de la junta, además de fundador (y payaso), Wavy Gravy, dio a gritos un aviso urgente: «¡Buitres cabecirrojos! ¡Parece que están vivos!».

¡Eso nos despertó a todos!

Encontrar nuestros puntos fuertes

Una amiga a la que suelo pedirle opinión en cuestiones de redacción es con frecuencia enormemente perspicaz en sus apreciaciones; pero también es propensa al modo perfeccionista, y esto puede llevarla a hacer comentarios excesivamente críticos, que no me sirven de mucho.

Llevaba un tiempo leyendo el manuscrito referente a los modos y empezó a aplicarse a sí misma lo que leía. Aprendió bastante sobre ellos, así que una vez que le di una sección para que me comentara lo que pensaba, le dije en tono de broma: «Por favor, revísala desde el modo seguro, y añádele un poco de perspicacia crítica de tu lado perfeccionista. La parte de enjuiciamiento, la puedes omitir».

Aunque ella era consciente de su perfeccionismo, se quedó de piedra al darse cuenta de que actuaba desde él a la hora de hacer una revisión. «Una vez que eres consciente de los patrones que hay en ti –dijo riendo–, te pueden sorprender. No tenía ni idea de que hiciera eso.»

Los modos son mezclas de hábitos, con polo positivo y negativo. En el modo perfeccionista, por ejemplo, podemos encontrar un discernimiento agudo e inteligente en un extremo y las opiniones satíricas de un crítico despiadado, en el otro. Si dejamos a un lado las partes de cualquier modo que son contraproducentes, las partes adaptativas representan puntos fuertes.

Estos puntos fuertes son las partes de nuestro repertorio de hábitos que pueden representar nuestras cualidades positivas si somos capaces de liberarlas de las percepciones distorsionadas y la reactividad excesiva del resto del modo. Esto es posible cuando accedemos al ámbito positivo del modo en cuestión.

En el caso del modo de evasión, el lado positivo puede ser la habilidad de inhibir la angustia y de ser una persona serena e independiente. En el modo ansioso, los puntos positivos podrían ser un don para garantizar a otro un sentimiento de seguridad o para mantenerse conectado.

En el modo ansioso cavilamos obsesivamente sobre cosas como la necesidad de saber si estamos seguros, o si las conexiones que tenemos son estables, o simplemente para entender con más claridad cualquier cuestión. Pero si somos capaces de usar esa misma disposición mental inquisitiva, investigadora –de reflexionar de una forma más espaciosa y sin la carga de la ansiedad–, puede ser esclarecedora en vez de terca y pesada.

Asimismo, las creencias fundamentales que desencadenan modos inadaptados tienen puntos fuertes potenciales: la subyugación puede transformarse en firmeza; la privación puede tornarse en una sensibilidad afectuosa y empática; sentirse indigno de amor entraña una humildad genuina; en el sentimiento de superioridad se esconde una confianza sana en sí mismo; el perfeccionismo se convierte on aptitud y eficiencia; el sentimiento de abandono contiene lealtad, y la vulnerabilidad lleva implícita una cautela sana.

También hay puntos fuertes en cada una de las «tres raíces», los modos budistas. El polo mejor del modo de apego, por ejemplo, puede darnos un cuidado sentido de la estética, inspiración, alegría, motivación compasiva, sintonía emocional y confianza, que ensalzan todas ellas las cualidades positivas que tienen a nuestros ojos quienes nos rodean. El apego puede transformarse en un impulso enérgico y un sabio discernimiento que nos ayuden a materializar grandes obras creativas o actos de compasión, y que podemos aprovechar para despertar el deseo de ser libres.

Entre los aspectos positivos del modo de aversión están lo que el budismo tibetano denomina «sabiduría semejante a un espejo»: una claridad cristalina, una inteligencia aguda y perspicaz –como la de las correcciones de mi amiga– y un sano discernimiento. Existe, por ejemplo, el potencial de resolver los conflictos de forma creativa.

El modo aturdido puede ofrecer ecuanimidad, juiciosa espaciosidad, y desencanto ante la insustancialidad de nuestros hábitos.

Entre los aspectos positivos del modo de estilo depredador está una fuerte confianza en nosotros mismos, mientras que el modo de estilo presa está dotado de gran empatía y talento para la colaboración.

En cada uno de estos modos, los polos negativos se manifiestan cuando el modo se mezcla con la agitación emocional y una percepción distorsionada, y los aspectos positivos cobran fuerza a medida que transformamos los modos. En vez de dar por hecho que debemos deshacernos de todo lo que emana de un modo negativo, podemos reconocer los aspectos positivos de un modo y reforzarlos.

La plena madurez nos permite integrar en nuestro ser cualidades que hasta ahora se nos escapaban de las manos. Para alguien propenso al modo evasivo, por ejemplo, esto podría significar empezar a conectar emocionalmente y ser capaz de expresarse; y para quienes son dados al modo ansioso, sería la posibilidad de ser ecuánimes a pesar de verse acosados por sentimientos perturbadores.

Si estas partes de nosotros han estado hasta ahora relegadas al repertorio del modo negativo, curarnos significará concedernos pleno acceso a sus cualidades positivas e integrarlas en nuestro ser. Otra manera de contemplar este ámbito de formas de ser positivas es considerarlo nuestro modo integrado, en el que todos los aspectos fragmentados y desconectados de quienes somos, que se han manifestado en nuestros modos negativos, nos ofrecen ahora sus puntos fuertes y son accesibles al resto de nuestro ser.

Jake era el matón de la escuela, el depredador de octavo al que todo el mundo temía.[5] Un día de primavera, dos clases —la de Jake y otra de alumnos mucho más pequeños, de tercero— habían ido de excursión al mismo lugar. En una remota carretera comarcal, cuando los dos autobuses volvían a la escuela, les sorprendió una tormenta imponente. Soplaba un viento huracanado. Los dos conductores iban buscando un sitio resguardado donde aparcar cuando el autobús de tercer grado volcó. Por suerte, nadie sufrió heridas graves, pero todos habían sufrido golpes, tenían moratones y lloraban.

Los alumnos mayores bajaron de su autobús y corrieron a prestar ayuda. En medio del caos, un adolescente se convirtió al instante en el líder: Jake. Dio instrucciones a sus compañeros de octavo para que cada uno atendiera a uno de tercero, lo secara, lo tranquilizara y lo pusiera luego a salvo en el otro autobús.

Jake había recurrido a los puntos fuertes de su habitual modo de estilo depredador para erigirse en un líder seguro de sí mismo y capaz de inspirar confianza, y en vez de utilizar esa fuerza con fines egoístas la había puesto al servicio de la compasión.

Reconocer los modos

Supongamos que alguien cree que ha perdido algo porque no está en el lugar acostumbrado. Tiene un gran valor sentimental para esa persona, y automáticamente piensa, angustiada, que *¡se ha perdido!* Es natural que nos preocupemos cuando perdemos algo que consideramos valioso, pero dar por hecho obsesivamente que se ha perdido e imaginar una catástrofe –quizá sin siquiera haber mirado si por casualidad lo hemos puesto en un sitio distinto– es una desviación al ámbito distorsionado de un modo.

Si dedicamos, en cambio, un momento a pensar con cuidado, a comprobar si lo que damos por sentado es cierto o no, y nos calmamos («tal vez no se haya perdido; tal vez debo mirar si lo he puesto en otro sitio»), entonces no entramos en el ámbito negativo del modo en cuestión.

Estos dos momentos son un microcosmos de modos de ser muy diferentes. En el primero, es posible que nuestros pensamientos hayan entrado en el atolladero de un modo negativo habitual, sobre todo al hacer la suposición instantánea de que, porque no encontramos algo en el primer lugar donde lo buscamos, debe querer decir que se ha perdido. Este alarmismo, acompañado de una profunda desazón repentina, es síntoma del modo ansioso. El segundo momento refleja el modo seguro, en el que somos capaces de pensar con más claridad y poner en entredicho la suposición distorsionada de que el objeto se ha perdido.

Cuando conocemos el aroma de un modo –los pensamientos, sentimientos, actos e interacciones que habitualmente aparecen asociados a él–, es más fácil detectarlo en cuanto se activa.

En el *modo ansioso*, hacemos suposiciones negativas, distorsionadas, que exageran nuestras preocupaciones y confirman rápidamente nuestros miedos. Nos centramos exclusivamente en la preocupación. Los sentimientos que acompañan a tales pensamientos son la ansiedad, la inquietud y una energía nerviosa que se manifiesta en el cuerpo. Entre los impulsos de actuar podría estar el obrar con miedo, siendo quizá excesivamente cautos. Y todas nuestras interacciones tenderán a enfocarse en la ansiedad y el temor.

Por el contrario, en el *modo seguro*, somos más comprensivos, tenemos una perspectiva más amplia y la capacidad de pensar con más claridad. Cuestionamos si las suposiciones que hemos hecho pueden ser erróneas; los problemas nos parecen más posibles de solucionar. Si nos angustiamos, nos recuperamos con más rapidez. Sentimos estabilidad, centro y plenitud. Somos más proactivos y menos reactivos. Nos sentimos conectados, incluso unidos, en la interacción con cuanto nos rodea, y somos más amables y pacientes. Vemos las cosas desde un ángulo más positivo.

Para reconocer en qué modo podríamos estar en un momento dado, las primeras preguntas que hemos de plantearnos pueden ser de carácter general: ¿Estoy en un modo negativo o positivo ahora mismo? ¿Reconozco alguna señal de cualquiera de los modos en mi mente o en la de otra persona?

Entre las señales generales del modo negativo están:

- Pensar distorsionado, rumiaciones o confusión.
- Reactividad emocional volátil teñida de emociones negativas, como miedo, cólera o vergüenza, o una sensación de

atontamiento en vez de tener los sentimientos que se considerarían apropiados.

- Capacidad de atención reducida. Las reacciones del modo llenan el espacio de la consciencia y desplazan todo lo demás. Percibimos solo a través de la lente de ese modo.
- Exclusión de otras actividades puesto que los hábitos del modo dictan lo que hacemos. Tenemos impulsos de hacer algo que tal vez lamentemos después. Estamos a la defensiva.
- Las interacciones con los demás se ciñen a los pensamientos y problemas del modo en cuestión.

Una vez que tenemos la certeza de que estamos en un modo negativo, podemos dar un paso más e identificar el modo específico en que es más probable que estemos. Para ello se pueden usar las descripciones de los modos que aparecen en cada capítulo, o bien el esquema siguiente, que puede servirnos de guía rápida.

Acabamos de describir detalladamente las señales del modo ansioso y del modo seguro. A continuación hago un breve resumen de algunas de las características principales de los demás modos que se han descrito:

De apego («Quiero»): Ansia avariciosa. Codicia y aferramiento.

De aversión («No quiero»): Negatividad, cólera y resentimiento. Solo vemos las faltas, hacemos juicios implacables y expresamos rechazo.

Aturdido («No entiendo»): Sentimientos de confusión o agitación. Indecisión o indiferencia.

Evasivo («Apártate»): Insensibilidad. Rehuimos a la gente y esquivamos las emociones.

De estilo depredador («Soy el jefe: soy especial»): Extrema confianza en nosotros mismos o aires de grandeza. Arrogancia, condescendencia o falta de empatía.

De estilo presa («He de hacer lo que los demás quieran»): Indefensión. Consentimiento pasivo de lo que se nos exige.

Perfeccionista («Debo hacerlo todo lo mejor posible y cumplir con mi deber»): Sentimientos de culpa. Crítica implacable de nosotros mismos. Sentimiento de obligación y falta de espontaneidad.

Seguro («Estoy a salvo y conectado; soy capaz, fuerte y positivo»): Sentimientos de seguridad, plenitud y felicidad. Estamos abiertos a los demás y actuamos con flexibilidad y confianza en nosotros mismos.

Reconocer un modo cuando se activa –prestando atención a cómo nos hace pensar, sentir, actuar e interactuar– es tener la mitad del trabajo hecha. Sacar a la luz de la consciencia estos hábitos, de ordinario invisibles, nos permite empezar a reducir el poder que tienen sobre nosotros.

Parte II:

Susurrar a la mente

8. Cambio de lente

Recuerdo una vez que estábamos en Nueva Delhi, una ciudad en la que el colosal volumen del tráfico llega a formar una masa inimaginable de camiones, coches, motocicletas, *rickshaws* motorizados y alguna que otra vaca. En los cruces de las avenidas principales, los semáforos pueden tardar varios minutos en cambiar debido a la interminable marea de vehículos que tienen que pasar.

Mi marido y yo íbamos en un taxi con el lama tibetano Tsoknyi Rinpoche a comprar algunas cosas que necesitábamos llevar a un encuentro de Mind and Life al que los tres íbamos a asistir en el pueblo norteño de Dharamsala. Avanzábamos muy despacio a través de la ciudad, continuamente a la espera de que la luz roja del semáforo, que parecía durar eternamente, cambiara a verde. Preocupados por que las esperas nos estuvieran retrasando tanto, estábamos todos un poco enfadados por lo mucho que duraba la luz roja.

Entonces nos dimos cuenta de que había grabadas en la luz roja unas letras luminosas plateadas que decían: *¡Relájese!* Cuando vimos el mensaje, nos reímos tanto que efectivamente *sí* que nos ayudó a relajarnos.

Luego, al anochecer, compartimos otro taxi para ir a la estación de la Vieja Delhi a tomar el tren con destino a la reunión. El tráfico seguía siendo un caos enrevesado. Las calles abarrotadas nos obligaban a detenernos continuamente y solo muy de vez en cuando se abría un hueco por el que conseguíamos avanzar unos metros de un tirón. En las calles de la India, los coches llegan a estar prácticamente unos encima de otros, y sin embargo ninguno de los conductores parece pararse a pensar en los atascos tan desesperantes que crean de esa manera.

Preocupados por la posibilidad de perder el tren –y de perdernos el primer día de la reunión–, mi marido y yo empezamos a ponernos tensos, más aún que al mediodía. A medida que los carriles iban llenándose cada vez más de coches, nos sentíamos entrar de cabeza en el modo ansioso. En el momento en que la alarma empezaba a apoderarse de nosotros, Tsoknyi Rinpoche dijo con cordialidad: «Vais a ver cómo todo se despeja y llegamos al tren a tiempo. ¡Relajaos!».

Aquel recordatorio tan oportuno fue de nuevo el antídoto perfecto –esta vez del modo ansioso–. Y para gran sorpresa nuestra, el tráfico empezó a fluir por los carriles atestados con la misma facilidad que la lana fluye del ovillo. Llegamos al tren con tiempo de sobra.

El propósito de susurrar a la mente no es conseguir un estado beatífico o especial sentados en un cojín, sino poder afrontar con calma y claridad los atascos de tráfico y los empujones en las calles abarrotadas, los encuentros con personas difíciles y las relaciones extenuantes, y el escandaloso caos de nuestra propia mente.

Cuando se apodera de nosotros un modo negativo, cualquier problema que surge se hace inmenso mientras la perspectiva de opciones que tenemos se encoge. Y a veces un suave gesto de asentimiento –como aquel *¡Relájese!*– es cuanto se necesita para pasar de la tensión angustiosa a la risa, y cambiar así a un modo seguro.

Cambio consciente de modos

Cuando era adolescente, mi madre y yo solíamos enfrascarnos en apasionantes debates psicológicos, y yo agradecía su franqueza y la perspicacia de sus puntos de vista. A veces era una ayuda poder hablar en términos teóricos, despersonalizando nuestra «locura» interpersonal. Una vez, hace varios años, acabamos discutiendo. Ella se quejó, desafiante: «¡No se puede cambiar a las personas!», y yo respondí con terquedad: «No se puede cambiar a las personas, ¡pero se pueden cambiar los patrones mentales!».

De repente, como si se hubiera encendido una luz en su cerebro y en el mío, continuamos examinando distintos temas a través de una lente psicológica y nos olvidamos de que estábamos discutiendo.

Es como el chiste de la bombilla: «¿Cuántos psicólogos hacen falta para cambiar una bombilla? Con uno basta..., pero la bombilla tiene que querer cambiar». Otro tanto ocurre con los modos.

Los modos, como todos los hábitos, se dividen en tres partes básicas: detonantes, rutinas y recompensas. Los detonantes son las señales que inician un modo. Las rutinas son todos los patrones habituales de pensamiento, sentimiento y comportamiento que adoptamos mientras estamos en un modo. Las recompensas las sentimos desde dentro; por ejemplo, un modo negativo puede ser un mero alivio de una emoción negativa aún más fuerte.

El sistema que constituyen los ganglios basales –la parte del cerebro que gestiona nuestros hábitos– se atiene a reglas de decisión sencillas. Primero, busca un desencadenante: la señal que le indica qué rutina aplicar. Cuando nos miramos al espejo nada más levantarnos por la mañana, la red de los ganglios basales nos dice que nos lavemos la cara y luego alarguemos la mano hasta el cepillo y la pasta de dientes. A continuación, registra la recompensa que dicha rutina provoca: la agradable sensación de estar despiertos y aseados. Esto refuerza los circuitos cerebrales en relación con ese hábito en particular.

Los desencadenantes de un modo pueden ser muy variados, pero suelen tener un claro significado simbólico mirados desde la perspectiva de ese modo. Un matiz del tono de voz o ciertas palabras, pongamos por caso, pueden tener una vibración de onda tan similar a la señal que originariamente provocó una reacción en el pasado que se conviertan en detonantes directos de un modo. Esas señales provocan la aparición de los comportamientos rutinarios aprendidos que constituyen el modo.

En el modo evasivo, por ejemplo, las emociones abrumadoras son los desencadenantes, y entre las respuestas del modo están todas las formas de retraerse que tiene la persona. La recompensa que refuerza dicho modo puede ir desde una sensación física hasta un beneficio emocional. En el modo evasivo, la consolidación se deriva de un descenso de la ansiedad y la agitación. Aunque rehuir una emoción intensa o el contacto con la gente tiene un coste obvio para la persona, el alivio que siente a nivel emocional activa los centros de recompensa del cerebro, que cimenta así los hábitos del modo. Y a estos hábitos automáticos nos aferramos, tengan sentido o no.

Este es el aspecto que tiene, visto desde fuera, un cambio de hábitos. Mi amigo KD conocía el origen y las señales de su patrón de comportamiento punitivo: «Me fui de casa a los dieciocho años, pero me llevé conmigo a mis padres —y su estilo de educación severo— guardados en lo más profundo. Me horrorizaba verme repetir su comportamiento, oír su tono de voz salir de mi boca. Vivía protegiéndome continuamente de la oscuridad e infelicidad que esperaba que se apoderaran de mí en cualquier momento, y estaba siempre listo para saltar.

»En una ocasión estaba auténticamente afectado por algo y cuando entré en casa mi hija adolescente estaba sentada en la cocina. No había fregado los platos. Crucé la cocina hecho una furia y la regañé con la misma brusquedad con que mi madre me habría regañado a mí».

La señal –la cocina desordenada– desató su reacción punitiva habitual.

Pero a raíz de esto hubo un cambio positivo: «Nunca olvidaré la forma en que me miró. Se quedó estupefacta al verme comportarme así. No se lo tomó como algo personal. Me miraba como si fuera yo un ser de otro planeta. Y como no lo interiorizó, para cuando terminé de recorrer la cocina de lado a lado, me di cuenta de la forma tan estúpida en que estaba actuando y cambié de actitud por completo».

Despertar a la realidad de este patrón patológico fue una recompensa en sí mismo. La clave para cambiar un modo está en examinar las señales y los sucesos rutinarios que lo provocan y en reemplazar las reacciones autodestructivas por otras más sanas, que entrañan su propia recompensa, más positiva.

Susurrar a la mente integra la atención plena con el cambio de hábitos. Esta atención plena integradora nos proporciona en primer lugar la consciencia de que es necesario cambiar cierto hábito de un modo y, además, el recordatorio continuo de que debemos poner en práctica la nueva alternativa positiva.

Sacar a la luz los procesos mentales automáticos y tomar consciencia de ellos es el paso primero y crucial. Mientras no seamos conscientes de ellos, poco podemos hacer al respecto. Solo cuando reconocemos un modo negativo y admitimos que lo es podemos empezar el proceso de cambiar el hábito.

El paso siguiente es reemplazar deliberadamente las respuestas habituales por otras más productivas. Y practicamos ese cam-

bio en cada oportunidad que se nos presenta de forma natural...,
cada vez que nos damos cuenta de que el modo ha comenzado o
reconocemos una de sus señales.

Nuestra vida cotidiana está salpicada de señales que son indicio de nuestros modos. Lo mismo que unas vacaciones o un retiro
pueden dejar temporalmente la pizarra en blanco al liberarnos de
la influencia de nuestros automatismos habituales y permitirnos
iniciar dinámicas nuevas, la consciencia atenta cultiva precisamente esta cualidad abierta, como de estar de vacaciones, que
nos da más libertad para empezar a responder de forma nueva.
Esa perspectiva nueva, que en el Zen se denomina «mente de prin-
cipiante», es lo opuesto a la «psicoesclerosis», el agarrotamiento
de una conducta que consolida y anquilosa nuestros modos habituales.[1]

Los modos son por definición transitorios; aun cuando nos
arrastren durante horas o días o años, al menos tienen un final potencial. Considerando que son respuestas aprendidas, pueden cambiarse si aprendemos algo nuevo. Pero si para arrastrarnos a un
modo bastan unas sutiles señales, para desengancharnos de un modo
negativo hace falta un esfuerzo intencionado.

Haga la prueba: cruce los brazos, pero el brazo que normalmente pone debajo póngalo encima esta vez. Un poco extraño, ¿no?
Esa es la sensación que puede producir al principio intentar cambiar los hábitos emocionales; parece raro, poco familiar. Pero al
ir repitiendo la nueva respuesta una y otra vez, la extrañeza desaparece y la nueva respuesta se vuelve familiar. Con un esfuerzo continuado, acaba siendo la nueva respuesta automática habitual.

Nuestras zonas de confort –los hábitos fáciles en los que hemos ido cayendo– nos hacen complacientes en vez de impulsar-
nos a trascenderlas. Al principio, crear un hábito supone emplear
energía cerebral, y resistirse a la atracción seductora de las ruti-

nas automáticas exige esfuerzo. Así que es necesario desafiar a nuestros modos con una atención plena unida a una resuelta fuerza de voluntad para oponernos a las viejas dinámicas e iniciar otras nuevas.

Pero aunque para reemplazar una dinámica habitual por otra nueva se necesitan consciencia y esfuerzo, cuanto más repetimos el cambio, más se encargan de la operación rutinaria los ganglios basales y menos energía cerebral conlleva, puesto que la nueva dinámica se convierte entonces en nuestra nueva respuesta automática.

Cuando salimos intencionadamente de un modo negativo, nos hacemos con el control de nuestra mente. Los impulsores del cambio nos abren a una claridad mental que transmuta los modos negativos y permite que se abran paso formas de ser más positivas.

Tanto los modelos orientales como occidentales de los modos disfuncionales reconocen la futilidad de los hábitos profundamente arraigados que repetimos una y otra vez en nuestra vida y el sufrimiento que nos causan. Algunos, qué duda cabe, son más difíciles de cambiar que otros. Los modos negativos tienen un propósito emocional profundo y no atienden, por tanto, a la simple lógica. En parte, hemos construido nuestra personalidad utilizando esos modos como cimientos; cuando empezamos a desengancharnos de ellos, es normal que nos sintamos un poco desestabilizados. Es un cambio que puede provocar reacciones adversas, incluso dudas sobre si tiene algún sentido hacer cambios: si no somos esos hábitos emocionales, ¿quiénes seremos?

Los modos con los que nos hemos familiarizado nos definen hasta cierto punto, y por más que se trate de respuestas obsoletas que ya no tienen propósito alguno, puede ser un poco inquietante empezar a desalojarlos. Es posible que sintamos una punzante

compasión al darnos cuenta de que durante tanto tiempo hemos
tenido una idea distorsionada de nosotros mismos, o hemos creído que otra gente nos era fiel cuando en realidad no lo era. Pero
cuando la visión engañosa se resquebraja y vemos lo que hay detrás de ella, deja de tener el mismo poder sobre nosotros.

Visto desde la perspectiva oriental, este cambio de consciencia
es semejante a utilizar el cielo como punto de referencia en vez de
dejar que nos defina una nube de ignorancia. Seguimos viendo la
nube pero también su transitoriedad, su transparencia intrínseca,
y sabemos que se evaporará tarde o temprano al fundirse en la calidez de la consciencia.

Cuando empezamos a liberarnos de modos que nos han tenido
confinados, nos invade un sentimiento de desencanto con los hábitos emocionales incansablemente repetidos. Al liberarnos de los
hábitos cognitivos y emocionales que han eclipsado nuestra naturaleza genuina, la mente despierta florece con naturalidad.

Nuestra palanca de cambios interior

Una vez visitó a Mahatma Gandhi una madre que estaba preocupada porque su hijo tomaba demasiado azúcar. Le pidió a Gandhi
que le dijera a su hijo que dejara de hacerlo.

–Vuelva dentro de dos semanas –contestó Gandhi.

Cuando volvieron, Gandhi le dijo inmediatamente al hijo que
dejara de comer azúcar.

–¿Por qué esta demora? –preguntó la madre.

–Porque yo mismo todavía tomaba azúcar la primera vez que
usted vino.

Gandhi creía con firmeza que era posible cambiar los hábitos.
En una ocasión dijo: «Nuestra grandeza como seres humanos no

está tanto en ser capaces de rehacer el mundo, como en ser capaces de rehacernos nosotros».

Los desencadenantes de los modos nos llegan en el momento menos pensado, lanzándonos de improviso al modo que en ese instante tenga prioridad. Pero «cambiar de marcha» es la manera de rehacernos para crear hábitos más positivos. Sin impulsores del cambio, estamos a merced de cualquier detonante que nos salga al paso.

Como los propios modos, los impulsores del cambio adoptan distintas formas. A veces, un cambio es drástico y repentino. Otras veces, un cambio de modo puede ser más sutil; un pequeño empujoncito puede darnos un respiro, o decirnos a nosotros mismos unas palabras amables puede abrirnos a una perspectiva más amplia y a un cambio de actitud. Y en cuanto a nuestros modos más arraigados y que tienen mayor carga emocional, el cambio puede requerir dedicación y diligencia.

Nuestros días están llenos de momentos que son detonantes potenciales de los distintos modos. Pero llegan al azar, y los modos a los que nos arrastran o de los que nos sacan son igualmente aleatorios. ¿Por qué no agarrar el timón y poner rumbo nosotros mismos a modos más favorables?

Por extraño que parezca, hay personas que se arrastran a sí mismas a propósito hacia modos negativos. Los cobradores de deudas, oí decir una vez, hacen un esfuerzo deliberado por acalorarse y entrar en un modo furioso, punitivo, que les ayuda a ser más enérgicos con los deudores. Parecen ser la excepción a la regla; la mayoría de nosotros en raras ocasiones, o quizá nunca, elegiríamos voluntariamente entrar en un modo perjudicial. Me pregunto si los cobradores de deudas son capaces de desconectar la ira cuando el día de trabajo termina. ¿Saben cómo revertir el proceso y volver a un modo mejor? Si no es así, ¿cómo aguantan su trabajo?

Cuando salimos intencionadamente de un modo negativo y hacemos cualquier cambio en los hábitos de un modo, estamos haciéndonos cargo de nuestras funciones cerebrales. En teoría, el cerebro se reconfigura un poco cada vez que hacemos un cambio de modo. Cuanto más lo hacemos, más fuerza adquiere esa nueva configuración y más fácil es el cambio de modo, un principio que se conoce con el nombre de «neuroplasticidad».

Las neuronas que se disparan juntas se conectan entre sí... ¡y hemos repetido nuestros modos menos convenientes miles de veces! Pero actuar sobre los modos reeduca el cerebro: si somos constantes en implementar un cambio de modo, este da lugar a una vía nerviosa dominante. Una práctica repetida reconfigura el cerebro. En cuanto la red de ganglios basales se hace cargo del nuevo hábito, esa respuesta se convierte en la opción predeterminada que empleará el cerebro, es decir, lo que hagamos automáticamente al llegar la señal indicada.

Reinicio

Después del grave accidente, Robin manifestó durante un tiempo algunos de los síntomas normales del estrés postraumático. Por ejemplo, la angustiaba de pronto que un coche que se acercaba fuera a chocar de frente contra el suyo, sobre todo si tenía que cruzar un puente.

Pero Robin se enfrentó a ello directamente: volvió a Arizona, fue a ver a las personas que la habían ayudado y recorrió a pie el tramo de carretera por la que viajaba en el momento de la colisión. «Fueron cinco días muy difíciles, pero sin duda valió la pena —me dijo Robin—. Ver dónde había ocurrido el accidente, ver la carretera... La recorrimos igual que hace la gente cada día, y me di cuenta de que no era el lugar en sí el que me había herido, y de que no iba a ser para siempre como yo lo imaginaba en mi mente.»

Con el tráfico normal, Robin vio el lugar con una mirada nueva..., como era en verdad, y no como ella lo había estado imaginando. «Vi que es tan solo un lugar en el que casualmente sucedió la tragedia.»

Esto, a su vez, le cambió la forma de considerar el trauma que había sufrido: «No es algo que vaya a llevar para siempre conmigo. Fui capaz de darle un giro y a partir de aquí empecé a mejorar.

»Dicen que si se evita pensar en el accidente –añadió–, lo único que se consigue es que se oculte cada vez a mayor profundidad y no querer hablar de él. Pero a pesar de lo negativa que fue la experiencia, siempre estoy dispuesta a hablar de ella, y no siento que sea una inmensa carga; es más una experiencia de la vida que puedo comunicar a los demás para que les sirva de inspiración y les muestre que es posible que ocurra algo así y superarlo, salir de ello más maduro y más fuerte».

La vuelta de Robin al lugar del accidente les resultará familiar a todos aquellos que hayan pasado por un proceso terapéutico para tratar el trastorno por estrés postraumático (TEPT o PTSD, por sus siglas en inglés) del que forman parte los recuerdos comprensiblemente angustiosos.[2] Uno de los elementos comunes del tratamiento consiste en regresar mentalmente al trauma en sí, pero desde un modo seguro. Los recuerdos se evalúan de nuevo mientras la persona tiene un sentimiento de seguridad emocional, y esto permite que se almacenen de forma menos perturbadora.

Regresar al lugar del trauma en persona (o recordar el trauma con alguien que nos haga sentirnos seguros), mientras intentamos relajarnos todo lo posible, reemplaza activamente las reacciones de temor del modo traumático por reacciones positivas. Con el tiempo, las señales que nos recordaban el trauma dejan de desatar la reacción en toda su magnitud.

Cada vez que somos capaces de hacer una valoración nueva de los sucesos y recuerdos que desencadenan en nosotros una reacción traumática, el rastro de los recuerdos que se corresponden con ese patrón de causa y efecto se reconsolida de forma un poco distinta a nivel bioquímico.[3] Así, al remodelar el patrón de nuestros modos, poco a poco vamos reconfigurando el cerebro. Con cada reinicio, los desencadenantes, es de esperar, tienen menos fuerza y nuestros pensamientos están menos distorsionados.

Lo mismo ocurre con otros modos negativos. Hasta el más ligero cambio que incorporemos a los hábitos de un modo puede suponer una gran diferencia. Basta a veces con algo tan simple como respirar hondo tres veces antes de reaccionar al comportamiento inadmisible de un niño para atajar lo que habría sido un chillido desde un modo punitivo. O, en el modo de apego, al sentir el impulso que nos arrastra hacia algo, quizá baste con darnos cuenta de que «En realidad no lo necesito». O en el modo de obligación, de que «En realidad no tengo por qué hacer esto».

Mitate es un término japonés que significa percibir las cosas de forma nueva, verlas bajo una nueva luz. Aunque nada necesariamente haya cambiado en nuestras circunstancias externas, las viejas reacciones ya no nos definen cuando nuestras percepciones empiezan a cambiar. Ampliar el campo de visión deja espacio para las alternativas.

El punto de elección

Diana acababa de pasar un fin de semana estupendo en casa de una buena amiga suya al norte de Nueva York y se dirigía de vuelta a

Manhattan cuando decidió parar en el camino en uno de sus mercados rurales preferidos. Las hortalizas, de una frescura excepcional, le costarían una décima parte de lo que pagaría por ellas en la ciudad.

Cuando se hallaba en el mercado, Diana pensó en un vecino tras otro y en aquello que a cada uno podía venirle bien –una mujer mayor, una pareja homosexual, incluso un vecino que la sacaba un poco de sus casillas–. Se sentía feliz por estar pensando en ellos y por comprarles cosas que les alegrarían.

Así que apiló las bolsas de hortalizas frescas en el coche y siguió conduciendo hacia Nueva York. Como tenía tantas bolsas que descargar, aparcó un momento en un sitio donde estaba prohibido aparcar, justo delante de su edificio. Subió con entusiasmo varias bolsas a su apartamento, haciendo un viaje tras otro. Pero se le olvidó poner los intermitentes, y una de las veces al llegar abajo se encontró una multa en el parabrisas.

«Me hundí en el modo de "no es justo", malhumorada y triste», me contó luego.

Pero cuando llevaba unos minutos sumida en aquel modo cada vez más agudo, se dijo: «¡Un momento!», dándose cuenta de lo que le estaba pasando. Se recordó a sí misma: «Acabo de pasar un fin de semana precioso y he disfrutado mucho comprando verdura para mis vecinos. No voy a dejar que arruinen esa alegría estos pensamientos negativos».

Y esto obró en ella un sincero cambio de respuesta: la alegría de hacer felices a otros reemplazó a la lástima de sí misma. Se hizo salir de aquel modo y sustituyó la respuesta previa por una mejor; pensar en ayudar a otros favorece el modo seguro. Encontró un lugar donde aparcar y luego siguió repartiendo hortalizas entre sus vecinos, que estaban todos encantados. «Incluso el vecino que me trae de cabeza estaba tan conmovido que casi se le saltan las lágrimas.»

La elección crucial que tenemos en cada momento es alimentar los modos de aflicción en los que caemos o hacer un cambio intencionado a una forma de ser más enriquecedora. «Cuando los modos letales me gritan –como me dijo un estudiante–, susurrar a la mente es algo tan delicado..., una voz suave y serena que puede detener la locura.»

A medida que vamos reeducando gradualmente nuestros hábitos emocionales, dejamos de ver a través de las lentes distorsionadas de nuestros modos. El camino que se bifurca en cada momento nos conduce, o hacia un modo negativo, o hacia una forma de ser en la que podemos prosperar y conectarnos con autenticidad desde una base segura.

Podemos dirigirnos hacia la luz de la sabiduría o hundirnos en la oscuridad de la ignorancia. Se ha escrito mucho sobre este punto de elección universal a lo largo de toda la historia humana; es la esencia de las grandes dicotomías morales del mito, la religión y la ética. En las religiones de la India, la elección se ha establecido entre el pensamiento ilusorio y la visión penetrante de la realidad. Para Sócrates, se trataba de una vida de inconsciencia frente a una vida de indagación interior. Tiene resonancias con lo que entre los indígenas de Norteamérica se reduce a la elección entre nuestros «dos lobos»: el resentimiento, la envidia, los celos, la codicia, la arrogancia y la lástima de nosotros mismos, por un lado, y la sabiduría, la empatía, la alegría, la paz y la compasión, por otro.

Asimismo, las diversas ciencias en las que se basa el susurrar a la mente tienen cada una su propia lente puesta sobre la elección, ya sea entre «la forma de ser adaptativa o inadaptada», «los modos seguros o inseguros», «los estados funcionales o disfuncionales del cerebro» o «la adaptación o la patología». En todo momento podemos tomar el camino de un modo positivo o dis-

funcional. Una opción conduce al miedo o la negación y la ansiedad, la otra, a un modo de ser más enriquecedor.

La elección sigue viva en mundos míticos como el de *Star Wars*,
con sus lados oscuro y luminoso de la Fuerza.[4] Piense en el per-
sonaje central de la saga, Anakin Skywalker. De niño, sufrió heridas emocionales, y creció en él una ira particularmente ardiente
por la trágica pérdida de su madre. Esto le hizo susceptible de caer
en un modo amargado y colérico en una época posterior de su vida
por la muerte de su esposa.

En una época temprana de su vida, siendo un caballero Jedi,
Anakin Skywalker había adoptado un modo de ser y después de
la muerte de su esposa, otro bastante distinto. Su ira y amargura
lo convierten en presa fácil de la seducción ejercida por el «lado
oscuro de la Fuerza» y se convierte en lord Shith Darth Vader. Así
expresó la diferencia entre los dos modos de ser un caballero Jedi:
«El Sith piensa solo en sí mismo; el Jedi, solo en los demás».

La saga, como es sabido, culmina con la redención de Anakin
y su retorno al modo altruista de un Jedi gracias a la ayuda de su
hijo Luke Skywalker. Al rescatar a su hijo de una muerte cierta a
manos del emperador malvado –y herido de muerte él mismo–,
Anakin se libera del modo oscuro.

En ese momento, Luke le dice:

–Padre, tengo que salvarte.

A lo que Vader –ahora de nuevo en el modo de servicio a los
demás– contesta:

–Hijo, ya lo has hecho.

9. El arte de susurrar

Hay una impresionante similitud entre la forma en que Bob Sadowski se relaciona con los caballos y la manera en que dos personas que están juntas en modo seguro se relacionan entre sí. Bob, esencialmente, se une con el caballo en el modo seguro y trabaja con un modelo de aprendizaje muy diferente del habitual y que va mucho más allá del «entrenamiento» típico.

Bob lleva tiempo ayudándonos a mí y a mi yegua a aprender con espíritu lúdico, aun cuando el trabajo que estemos haciendo sea serio. Un día, con Bob intentaba cuidadosamente actuar como le había visto hacer a él y al tiempo mantenía una conexión íntima con Sandhi mientras pasábamos juntas de un movimiento a otro en una especie de danza. En vez de controlarla por la fuerza, trabajábamos como si fuéramos una, permitiendo que todo se desarrollara con naturalidad.

Yo estaba aprendiendo nuevas formas de mover las cuerdas de trabajo, las correas especiales ultraligeras y el cabestro que lleva durante estas sesiones. Para un caballo, el movimiento en sí es un lenguaje. Bob me recordó que simplificara el trabajo todo lo posible, que me fijara en los movimientos esenciales con la mayor claridad y me olvidara de los movimientos secundarios e innecesarios.

Sujeté un extremo de una fina cuerda de entrenamiento, que estaba atada a la yegua a modo de ronzal, y a través de ella le envié ligeros movimientos, que tenían el propósito de indicarle que girara en una dirección u otra.

Bob me animaba a que siguiera conectada con ella en todo momento, a que estuviera mentalmente sintonizada con sus movimientos y emociones para que el proceso fuera más suave, y para enriquecer la relación de una con la otra. Me hice el propósito de que fuera así. Luego me situé en la posición adecuada con respecto a ella. En un momento particularmente dificultoso del proceso, cuando nos deslizamos juntas con un movimiento sin esfuerzo alguno y ejecutarlo de un modo impecable, me sentí ni más ni menos que eufórica.

Pero, de repente, Sandhi y yo perdimos la sintonía. Se detuvo, con expresión perpleja.

Justo entonces, Bob me recordó que no dejara que mis sentimientos interfirieran, y vi cómo incluso un momento de entusiasmo podía suponer una sutil distracción e interrumpir el flujo. La exaltación que sentí había enviado a Sandhi una señal confusa mientras aprendía este nuevo hábito.

Lo intenté de nuevo, recordando las instrucciones de Bob, resituándome y reconectando con Sandhi, reestableciendo a partes iguales la intención de guiarla y de permitirla hacer, y dejando que sucediera. Entendí que era necesario ser clara y directa en lo que le pedía a Sandhi que intentara y, si no se establecía la conexión entre nosotras, volver a valorar qué hacer a continuación.

Esta vez las cosas fueron mejor: leyó mis intenciones sin confundirse. Finalmente, para cuando la sesión terminó, nos había ofrecido una ejecución exquisita. La recompensa que recibió era obvia: había disfrutado aprendiendo y agradándonos; de hecho, parecía relucir de confianza.

Tanto el susurrar a los caballos como el susurrar a la mente sintonizan con lo que exige el momento a base de escuchar en el caso del susurrar a la mente, escuchando los vagos murmullos que haya en ella–. Se necesita atención plena. Las palabras tibetanas que, juntas, suelen traducirse por «atención plena» son *drenpa* (literalmente, acordarse de ser conscientes y recordar las instrucciones pertinentes) y *sesshin* (saber o consciencia, reconectarse con dichas instrucciones..., en este caso, los principios del cambio de hábitos cuando le susurramos a la mente).

Ambas cualidades colaboran en una consciencia sostenida que nos permite emprender una investigación abierta de nuestros modos en el momento presente y nos recuerda el remedio que se necesita. En los métodos de meditación tradicionales, lo que se necesite tal vez sea más energía o esfuerzo para contrarrestar a la lasitud, o más calma como antídoto contra la agitación. En el susurrar a la mente, lo que se necesita depende del modo en que nos encontremos y cuál sea nuestra reacción. Esto significa recordar qué impulsores del cambio de hábitos corresponden a un determinado modo; quizá sea necesario, por ejemplo, mayor compromiso y presencia o más firmeza.

Una tercera cualidad es *bayu*: aplicar la elección con prudencia. Elegir qué adoptar y qué eludir es la esencia del cambio de hábitos. Esto nos permite, no solo discernir lo que es necesario, sino también ponerlo en práctica.

En el susurrar a la mente, *drenpa* se denomina «recordar», e incluye una pausa intencionada para recordar las instrucciones. *Drenpa* hace una pausa, comprueba la «temperatura» del modo y pregunta *¿qué está ocurriendo?*

Sesshin hace referencia a la presencia consciente, que nos reconecta con esas instrucciones para que las pongamos en práctica. *Sesshin* obtiene la información de *drenpa* y pregunta *¿qué se ne-*

cesita? Estamos preparados entonces para poner en práctica las instrucciones.

Bayu consiste en decidir cómo implementar con prudencia lo necesario o cómo aplicar un remedio a una situación en particular. Las tres cualidades actúan juntas como instrucciones de consciencia plena, adaptando así la meditación clásica a una sabiduría cotidiana y práctica con la que susurrar a la mente.

Estos mismos pasos se tienen en cuenta en los solares donde hay una obra en construcción. Una señal alerta a los trabajadores recordándoles que hagan uso de las medidas de seguridad. Se trata de un semáforo. La luz roja representa la palabra *pararse*; la amarilla, *pensar*, y la verde, *actuar*. Esa señal les sirve de recordatorio de que no se debe realizar ninguna maniobra actuando con el piloto automático, sino que se ha de hacer una pausa, discernir lo que se necesita, y efectuarlo. Practicar estos tres pasos juntos crea el hábito de despertar al momento presente, encontrar el impulsor adecuado para cambiar de modo, y cambiar el patrón condicionado habitual.

En el contexto original de los métodos de psicología orientales, la meditación es una práctica que se utiliza para implementar los cambios de hábitos más fundamentales: de la confusión a la claridad, del pensamiento ilusorio a la sabiduría. Por lo que respecta a nuestros hábitos emocionales, tal vez nos parezca que no tenemos elección, dadas las capas de condicionamiento comportamental inconscientes, que nunca hemos examinado y que normalmente constituyen nuestros modos. Pero podemos tomar consciencia de que es posible cambiar de hábitos –hacer la sabia elección de reemplazar un impulso automático–, y esto aumenta su efectividad.

Es posible que pasemos por muchos modos un determinado día, montados interiormente en una montaña rusa sin darnos cuenta de que todas esas subidas y bajadas están determinadas por nuestros modos. El cambio de modos empieza cuando nos damos cuenta de hasta qué punto estamos atrapados en una forma de ser que nos limita.

Si somos afortunados, ese reconocimiento puede ser muy específico, y acabamos conociendo a la perfección el aroma de nuestro modo negativo predeterminado –los pensamientos, sentimientos y reacciones típicos en que se traduce–. Pero si no está claro cuál es exactamente el modo que se ha activado, para lo que aquí nos incumbe podemos considerarlo simplemente un modo «inseguro» o «distorsionado» y seguir atentamente los cambios hacia el modo seguro.

Una sabia decisión

Una médica india, que trabaja en un país europeo, se sentía incómoda desde hacía tiempo con un colega de trabajo muy obstinado y que siempre creía tener la razón. La médica había reprimido sus reacciones y se sentía subyugada en la relación, además de incapaz de decir lo que pensaba, todo lo cual había desencadenado la aparición de su modo evasivo para poder tolerarlo. El resultado era que este modo la había sacado del presente y la había atrapado en una visión distorsionada de sí misma y del otro médico.

Hasta ese momento, se quedaba en silencio mientras él se regodeaba haciendo críticas y sentando cátedra sobre el trabajo que hacían ella y los demás, pero algo empezó a cambiar. En vez de reaccionar abiertamente a sus diatribas, empezó a hacer una pausa consciente y a acordarse de sintonizar con los sentimientos de su modo. Se dio cuenta de que el modo evasivo y de estilo presa se habían apoderado de ella y se recordó las maneras de susurrar a la mente que había aprendido.

Desde este lugar de sí misma, más espacioso, pudo elegir con inteligencia una respuesta que dar a su dominante colega. En vez de evitar al médico o resignarse con pasividad a dejarlo hablar, tomó la decisión consciente de pasar de los modos evasivo y de estilo presa a una postura firme.

La siguiente vez que el médico la abordó de la manera acostumbrada –que en el pasado había supuesto para ella el detonante de un modo– respondió de forma nueva, de una forma que a ella le sentaba mucho mejor. Le dijo: «Cada uno vemos las cosas a nuestra manera. Tengo un punto de vista diferente del tuyo. No pasa nada por que tengamos opiniones distintas. Respeto tu opinión, pero no veo las cosas de la misma manera».

Lo dijo con claridad, con calma y con firmeza. Este cambio de respuesta provocó una respuesta nueva en el médico también: en vez de actuar desde el modo de estilo depredador, se marchó sin decir una palabra.

Sorprendentemente, se acercó a ella al día siguiente y se disculpó por ser tan dogmático en sus opiniones. Dijo que sabía que este era un problema suyo y que ella le había ayudado a verlo en acción. Hasta le dio las gracias. Al cambiar la reacción de su modo habitual, la médica le había proporcionado también a él una vía de cambio.

Si examinamos con más detalle lo ocurrido, vemos que la médica había aplicado muchas prácticas y perspectivas del susurrar a la mente:

- hizo una pausa consciente en vez de seguir automáticamente el camino trillado de su modo habitual;
- reconoció un desencadenante: dejarse subyugar;
- interrumpió sus modos acostumbrados de afrontar las situaciones: evasivo y de estilo presa;

- se detuvo para recordar las instrucciones y sintonizar con lo que sentía;
- pudo discernir con perspicacia los sentimientos que se habían activado en ella correspondientes a los modos en cuestión;
- supo ver con claridad cuál era la respuesta necesaria para hacer un cambio intencional que la alejara de sus reacciones habituales;
- se distanció del condicionamiento de su modo habitual y consiguió así un espacio mental que le permitió decidir con sensatez, y
- expuso su punto de vista con firmeza y ecuanimidad, reemplazando la reacción automática por una alternativa más constructiva.

La autenticidad con que se comunicó era señal de que actuaba desde su modo seguro. Cuando el médico le pidió disculpas, la sinceridad que demostró indicaba lo mismo. Cuando estamos en modo seguro, podemos expresar con más facilidad nuestro sentir más íntimo y sincero de una manera que puede conmover a quien nos escucha.

Cuanto más exploramos nuestros modos y nos familiarizamos con ellos, más rápidamente reconocemos los signos delatores –ese resentimiento súbito, esa sensación tan desagradable otra vez– de nuestros modos negativos más comunes y qué hacer al respecto. Este es un primer paso crucial para empezar a cambiar las reacciones de nuestros modos.

Cuando tomamos consciencia de un hábito automático, el control pasa de los ganglios basales a los circuitos ejecutivos de la corteza prefrontal. Entonces tenemos elección en lo que hasta ahora había sido una rutina obligada. Por eso este reemplazo es esencial en todo cambio de hábitos.

Al poner cierta distancia entre la consciencia y los sentimientos turbulentos somos más capaces de pillarnos *in fraganti* cuando estamos a punto de caer en la misma rutina habitual. Podemos entonces dar un paso atrás y preguntarnos, «¿Quiero hacer realidad estos sentimientos?».

Abrir espacio en la mente nos da más opciones en el momento, y nos permite reconocer que se ha activado un modo habitual. Entonces tenemos la oportunidad de hacer un cambio intencional.

El ingrediente oculto de esta transformación es la consciencia. Una pausa hecha conscientemente detecta las señales que desencadenan uno u otro de nuestros modos –o reconoce el modo en sí– y nos permite acceder al cambio correctivo. Y cada vez que nos liberamos de las garras de un hábito, el acto en sí es una pequeña liberación, una recompensa en sí mismo.

Una pausa tranquilizadora

Diana Broderick, una interiorista que tiene su estudio en Manhattan, había terminado un trabajo en casa de un cliente. Al cabo de un tiempo se dio cuenta de que se le había olvidado allí una escalera.

Varias semanas después, el cliente le dio su consentimiento para que volviera a la casa a recogerla. Al abrir la puerta, empezó a sonar la alarma, y Diana se dio cuenta de que había olvidado el código. Se asustó, no sabía qué hacer, tenía miedo de que llegara la policía y la arrestara. Cuando hizo un nuevo esfuerzo por recordar la clave, la mente se le quedó en blanco.

Nerviosa, marcó el número de teléfono móvil de su cliente, pero no recibió respuesta. Al parecer no podía hacer nada salvo esperar a que llegara la policía y confiar en que podría darles una explicación satisfactoria de por qué estaba allí.

Respiró hondo varias veces y luego reconoció el modo ansioso que se había apoderado de su mente en los últimos minutos. Así que decidió probar una meditación calmante que había aprendido, prestando atención plena a su respiración para centrarse un poco, y dirigiendo luego la atención al flujo de pensamientos. En cuanto empezó a observar su mente –en vez de dejar que el torrente de pensamientos la arrastrara consigo–, sintió que su ser se silenciaba y relajaba, a pesar del pitido ensordecedor de la alarma. Cuando su mente tuvo cierta paz y apertura, el código de la alarma le vino a la memoria. Se levantó de un salto y lo tecleó, antes de que la policía llegara.

La respiración plenamente atenta nos calma y es un antídoto inmediato para la ansiedad derivada de cualquier modo. La pausa consciente que hizo Diana le permitió reconectar con la consciencia (*drenpa*), que sabe lo que se necesita (la visión penetrante de *sesshin*). Su sabia elección (*bayu*) le había permitido observar su respiración. Cuando fue capaz de calmar su ansiedad, una bombilla se le encendió en la mente. ¡A veces la visión iluminadora que necesitamos es sencillamente el código de una alarma!

Esa clase de consciencia plena «en el momento» nos ofrece un instrumento muy valioso, ya sea para ayudarnos a pensar con claridad, o para atenuar el poder que tiene sobre nosotros aún el peor de nuestros modos. En cuanto empezamos a ser conscientes, cambia la relación con nuestra propia mente. En vez de quedarnos atrapados en los patrones mentales, empezamos a *verlos*.

Pararnos con atención plena para darnos cuenta de qué patrón está activo puede ser un acto de sintonizar con nuestras emociones o intenciones, o sencillamente de dirigir la atención a aquello que esté más presente en la consciencia. Habituarnos a examinar nuestra mente de esta manera nos permite interrumpir el comportamiento rutinario que nos encadena a nuestros modos.

Una pausa de atención plena nos permite retroceder cuando estamos a punto de sumergirnos en la corriente de nuestras experiencias, y darnos cuenta de qué está pasando dentro y alrededor de nosotros. Entonces, si un modo desagradable se apodera de nosotros, recordar los posibles remedios nos permite elegir lo que se necesita.

Desde un estado de consciencia somos más capaces de recordar qué hacer, y podemos aplicar por tanto lo que se necesita. Este paso en sí basta a veces para romper el hechizo en el que nos atrapa un modo y devolvernos con más claridad al presente.

En un estudio ya famoso, el neurocirujano Benjamin Libet descubrió que transcurre aproximadamente un cuarto de segundo entre tomar consciencia de una intención, como la de mover un dedo, y el movimiento real del dedo. Durante ese intervalo somos conscientes de la intención, pero podemos decidir no moverlo. Hay quienes lo denominan «un cuarto de segundo mágico»; yo lo llamo un cuarto de segundo *plenamente consciente*.

Estas pausas de reflexión tienen un valor inestimable para tomar consciencia plena de un modo y nos ofrecen más opciones de respuesta. Hacer breves pausas de consciencia plena a lo largo del día nos permite advertir cuáles son nuestras intenciones y dirigir la atención a lo que es necesario en el momento presente.

Una pausa acompañada de una inspección del modo puede revelar las intenciones que se ocultan tras las acciones que estamos a punto de realizar, ampliando el repertorio de opciones. Las intenciones negativas suelen ser reflejo de modos disfuncionales. Las positivas, por ejemplo los actos de generosidad, son típicas del modo seguro o de actuar desde la inteligencia del corazón. Podemos formular el deseo de tener intenciones positivas, lo cual nos conduce a elegir opciones positivas.

Las pausas de atención plena pueden generar el hábito de comprobar nuestras intenciones y distinguir entre las elecciones que hacemos, así como de ajustar más esas elecciones a lo que exige el momento. Puede usted practicar esto por su cuenta jugando con las maneras de pararse que le resulten más relevantes y naturales.

Por ejemplo, puede integrar esta práctica con la intención de observar atentamente mientras medita caminando. En el caminar con consciencia plena prestamos plena atención a las sensaciones que produce el movimiento en las piernas y los pies mientras damos entre diez y veinte pasos en una dirección. Una vez que caminando así llegamos al final del camino, nos detenemos, y observamos atentamente la fugaz intención de girarnos antes de empezar a hacer el giro para caminar en la dirección contraria. Luego nos giramos y volvemos al punto de partida. No estamos intentando llegar a ninguna parte, sino simplemente prestar plena atención.

Aunque caminar con consciencia plena parezca tener poco que ver con el cambio de modos, nos ayuda a cultivar la capacidad general de sintonizar con lo que sucede mientras estamos activos. Y eso es esencial para un cambio de modos plenamente consciente.

Habituarnos a salpicar el día de pausas de atención plena nos permite notar cuándo los modos empiezan a invadirnos. La atención plena actúa a modo de sistema inmunitario mental, vagando por sus dominios para repeler a cualquier invasor indeseable. Empezamos a desactivar un modo negativo en cuanto tomamos consciencia de él. Y cuanto más impulso toma la atención plena, más fácil es neutralizar los modos destructivos en el momento en que empiezan a apoderarse de nosotros.

¿Qué necesita este modo?

Iba una vez conduciendo por una carretera de las afueras de la ciudad cuando vi que dos caballos de aspecto extraño se habían salido de su prado, próximo a una zona boscosa, y estaban pastando en el amplio jardín de una casa. Paré en el arcén y salté del coche, luego me quité el cinturón del pantalón vaquero para usarlo de lazo con el que apresar a los caballos. Si atrapaba a uno, pensé, probablemente el otro lo seguiría. Luego le diría a la gente de la casa que sus caballos se habían salido del pastizal. Estaba encantada de cumplir con mi responsabilidad al colaborar con la vigilancia vecinal en mi ciudad.

Cuando corrí hasta el caballo y me preparé para lanzarle el cinturón alrededor del cuello, de repente vi unas astas. ¡Comprendí que no era un caballo sino un alce!

Se me paró la mente. Como dice el navegador del coche cuando tomo un desvío equivocado: «Recalculando».

El alce parecía igual de perplejo que yo. Probablemente habían salido del bosque en busca de pastos más verdes. Empleando la táctica para enfrentarse a los osos, empecé a retroceder muy despacio, pensando «Alce guapo», y de un salto me metí en el coche.

«Recalcular» puede ser un recordatorio útil en otras situaciones, además de la de intentar echar el lazo a un alce. Puede servir para hacernos parar en seco antes de que nos quedemos enganchados, recordándonos: «¡No te metas ahí!». En lugar de hacer lo primero que se nos ocurre en cuanto el patrón automático de un modo se pone en funcionamiento, podemos pensarnos dos veces esa respuesta habitual y reemplazarla por otra más apropiada.

Recalcular representa también el espíritu lúdico que podemos incorporar al trabajo que hagamos con los modos; el espíritu de juego nos ayuda a despertar a todos los niveles. Supongamos que está usted entusiasmado con la perspectiva de salir a andar por un parque y planea proponérselo a una amiga dando por hecho que le encantará la idea. Pero a su amiga le irrita un poco que antes no le haya preguntado qué le apetecía hacer a ella, que es ir a la exposición que acaba de inaugurarse en un museo. Hacerse un recordatorio desenfadado, lúdico –¡recalcula!–, puede ser cuanto necesite para poner en orden al instante una consciencia flexible y cambiar de marcha. Quizá una visita a la exposición más una caminata a paso enérgico por el parque podría ser una feliz avenencia.

Una vez que nos reorganizamos cuando estamos en un modo distorsionado, podemos dar los pasos necesarios para aclarar lo que pensamos y sentimos y actuar desde un lugar más hábil. Por tanto, el primer paso es sacar el modo a la clara luz de la consciencia. El segundo es aplicar el antídoto correctivo: una alternativa positiva.

Conocer los diversos remedios que están indicados para un modo nos ofrece un menú de «recálculo» del que elegir un correctivo apropiado. Por ejemplo, si entendemos que las prácticas de meditación concentrada tienen un efecto calmante, podemos aplicar una de ellas para reducir la ansiedad cuando lo necesitamos. Si de lo que se trata es de modificar una creencia fundamental, quizá el remedio nos lo puedan proporcionar los métodos que utiliza la terapia cognitiva a la hora de cuestionar la validez de las convicciones y las distorsiones cognitivas.

Cada modo tiene sus propios correctivos, pero no hay una lista universal de remedios que sean eficaces para todo el mundo y en todas las situaciones. Cada uno de nosotros tiene una historia personal que es única, una forma individual de habitar nuestros modos y una serie específica de detonantes y creencias fundamentales. Es posible que encontremos los remedios individualizados más adecuados para nosotros (hablaremos de esto más tarde). Educar la mente y el corazón puede darnos una confianza cada vez mayor en la fidelidad de nuestras percepciones y en nuestros recursos interiores.

Todos los modos tienen elementos que pueden cambiarse de determinadas maneras reparadoras. Tomemos el modo evasivo, por ejemplo. La necesidad que se oculta tras él es la de sentirnos seguros al afrontar los sucesos angustiosos o los sentimientos intensos. Cualquier cambio que nos ayude a entender que una emoción negativa intensa no es siempre amenazadora nos hará sentirnos más cómodos con la posibilidad de intimar en las relaciones en vez de tener la necesidad de distanciarnos.

Entre los remedios para el modo ansioso podría estar el afrontar los temores exagerados, aprender a dejar de preocuparnos y encontrar la calma, ser más serenos, o empezar a saborear el disponer de más espacio en las relaciones a cambio de estar conectados con menos intensidad. O un remedio podría ser poner en entredicho la convicción de que la distancia dentro de una relación significa que estemos a punto de perder definitivamente a la otra persona.

Los cambios que menciono nos dan una respuesta somera a la pregunta fundamental: «¿Qué necesita este modo?».

El hábito de cambiar los hábitos

Mary Beth hablaba de una amiga que la había decepcionado: «Estaba a punto de criticar lo que había hecho, pero me detuve antes de decir nada. Me gusta dar a la gente el beneficio de la duda en vez de sembrar negatividad».

¿Dónde había desarrollado ese hábito? Durante las dos semanas de un retiro de *mindfulness* había aprendido a darse cuenta de cualquier pensamiento o sentimiento que le surgiera en la mente sin reaccionar a él o dejarse arrastrar por una retahíla de pensamientos sucesivos. Lo que en su caso surgía repetidamente era un continuo torrente de críticas: de sí misma, de otros meditadores, de la instructora, de su ropa, de su *zafu*,* de la ropa de los meditadores, del tofu del almuerzo..., cualquier cosa que entrara en su campo de percepción.

Pero con esfuerzo continuado aprendió a mantener la ecuanimidad, sobre todo cuando aparecían en su mente las críticas negativas de sí misma o de los demás a las que era tan propensa. Se dio cuenta de que no tenía por qué abrazar aquellos pensamientos; podía sencillamente no hacerles caso. Desde que participó en el retiro se convirtió en un hábito aplicar este radar de la consciencia en la vida cotidiana, para tener dominio de sí misma cada vez que la mente empezaba a enjuiciar.

Se puede hacer del cambio de hábitos una especie de juego; no se le pide a nadie que de buenas a primeras cambie todos los aspectos negativos de un modo. Incluso cambiar un hábito insignificante fortalecerá en usted la confianza de que es capaz de cambiar. Cada vez que diga no a una acción habitual y la sustituya por otra, aumentará su fuerza de voluntad. Y tal vez sienta que posee un poco más de control sobre su vida a medida que el hábito de poner los hábitos en entredicho se extienda a otros comportamientos rutinarios.

Empiece por algo de poca importancia y fácil de conseguir. Supongamos que normalmente por la mañana hace la cama a medias, que echa las mantas por encima de cualquier manera. Tome la determinación de hacerla con más cuidado, de dejarla perfectamente estirada. Aplicar esa intención positiva requerirá un momento de consciencia cuando se levante, para acordarse de cambiar lo que se ha convertido ya en rutina.

---

* *Zafu*: (de *za*, asiento, y *fu*, espadaña) cojín de forma circular utilizado tradicionalmente en China y Japón para la práctica del Zazen (literalmente, «meditar sentado») que en origen se rellenaba de espadañas. *(N. de la T.)*

Una vez que haya hecho la cama de esta forma nueva varios días seguidos, puede añadir una atención plena más constante. Hágala un poco más despacio para ser consciente de todos los movimientos que conlleva: doblarse..., estirarse..., levantar..., colocar..., meter. Intente no dejar que la mente divague y se entretenga con otras cosas; esté muy atento a todos sus movimientos. Haga un esfuerzo por estar más presente que ausente en todo lo que hace; esto en sí empieza a transformar la habitual atención a medias en una atención plena.

Dese cuenta de cómo le hace sentirse esto. ¿Nota que da una pequeña recompensa el ser más organizado?

Al principio, quizá le parezca un poco aburrido hacer la cama dedicándole una atención plena. Al fin y al cabo, esta clase de tiempo libre suele ser una buena ocasión para repasar la lista de actividades del día, o al menos para planear lo que tomará en el desayuno. Pero si, por el contrario, emplea estos hábitos diarios, normalmente inconscientes, como oportunidad para practicar el estar plenamente presente, estará dedicando ese tiempo a aumentar su capacidad de presencia y a fortalecer a la supervisora de la mente.

A medida que vaya cambiando el hábito de estar distraído mientras realiza las tareas rutinarias cotidianas por el de utilizarlas para aguzar la atención, irá afinándose su capacidad de detectar y cuestionar el patrón rutinario de sus modos. Cada vez que advierta una reacción habitual y haga un cambio favorable, reforzará las vías nerviosas que respaldan esa nueva respuesta; además, enviará al cerebro un mensaje que le permitirá intervenir con más facilidad en los hábitos más arraigados de sus modos.

Los modos disfuncionales a los que somos propensos crean una especie de opresión en la mente. Mientras estamos en sus manos, no solemos darnos cuenta de hasta qué punto nos aprisionan...; algo que se vuelve obvio en cuanto los investigamos con atención y discernimiento. Estos modos actúan a modo de guardas de la mente, y dan vueltas y vueltas sin moverse del sitio para comprobar qué se acerca en dirección a nosotros, analizarlo y, si se considera inofensivo, dejarlo seguir su curso.

Aplicando solo la consciencia, podemos darnos cuenta de que estamos atrapados en un modo, pero eso no le impide manifestarse. Si añadimos discernimiento y una sabia elección, tenemos más probabilidades de encontrar maneras de interrumpir sus planes de acción compulsivos.

No soy mis modos

Una trabajadora social fue enviada a un país africano con un equipo de ayuda humanitaria para trabajar en un campo de refugiados recién terminada una guerra civil. Había sufrido abusos físicos en la infancia. Muchas de las personas que se hallaban en el campo de refugiados habían soportado torturas o abusos sexuales, y la trabajadora social se quedaba paralizada cada vez que se encontraba con un refugiado cuyo sufrimiento le traía recuerdos de su propio dolor.

Había estado en uno de mis talleres y se había llevado un cuaderno de anotaciones a este viaje. Por la noches, las leía bajo la manta (a fin no molestar a los demás cooperantes con los que se alojaba) para recordarse a sí misma que aquellos sentimientos abrumadores –como me contaría después– «eran meros patrones de reacciones emocionales habituales, no quien de verdad soy».

Esta podría ser la perspectiva fundamental con la que abordar nuestros modos: son igual que nubes pasajeras. Este aprendizaje correctivo, cuando lo recordamos mientras estamos dominados por un modo, nos ayuda a cambiar la relación que hasta ahora hemos tenido con él, y a aflojar su dominio.

Para dar este paso crucial es necesario hacer una pausa de atención en la que sintonizarnos con el presente. Una presencia plenamente atenta permite que aflore nuestra facultad de pensar y actuar con sabiduría, que es la capacidad de conectarnos con lo que los científicos denominan «inconsciente adaptativo», la inmensa parte de la mente en la que está almacenado nuestro saber de maneras a las que normalmente no puede acceder la parte que traduce los pensamientos a palabras.

De entrada, tenemos una sensación de lo que ha ido mal. Luego, sintonizar con ello y discernir lo que la situación pide puede revelar el remedio, técnica, perspectiva o práctica apropiados..., o sencillamente ayudarnos a estar presentes con atención plena ante lo que ocurra.

El primer paso es aplicar la perspicacia para familiarizarnos con la sensación que nos producen nuestros modos negativos: lo que nos obligan a pensar, sentir, decir y hacer. Con investigación constante, desarrollamos una capacidad mental que nos permite detectar y contrarrestar estos pensamientos automáticos y las convicciones que los sustentan, así como las acciones y sentimientos que se derivan de ellos.

A medida que la cualidad de la atención plena intensifica nuestra percepción consciente, podemos dejar que esa consciencia precisa, abierta y clara alumbre los patrones emocionales que albergamos para poder así responder con más acierto cuando surjan los modos disfuncionales. Y en la medida en que nos mantengamos en la base segura de la atención plena, seremos inmunes a la seducción de nuestros modos negativos.

10. La supervisora plenamente atenta

En un gigantesco estudio de sonido londinense, el famoso compositor y director John Williams estaba al frente de la Orquesta Sinfónica de Londres ensayando la banda sonora que había compuesto para una película. Sentada entre el público viendo a estos músicos de talla mundial interpretar sus partituras, con absoluta precisión, atención y confianza, me dejó fascinada cómo cada uno de ellos aportaba su parte de la pieza completa en el momento exacto.

En el centro de todo ello estaba Williams, el director, como regio líder de su manada musical, al parecer prestando meticulosa atención a cada músico al tiempo que dirigía al conjunto de la orquesta a una impecable coordinación de melodioso sonido. Aun siendo un ensayo, sonaba igual que una interpretación perfeccionada, extraordinaria.

Era fascinante ver al director coordinar las distintas secciones de músicos: cuerdas, percusión, trompas –localizando al solista, luego convocando a un grupo de instrumentos y, finalmente, reuniendo a la orquesta entera–, igual que un bailarín que tuviera noventa y seis parejas de baile. Misteriosamente parecía a la vez invisible y majestuoso, sabiendo cuándo detenerse y cuándo dirigir, todo ello en un armonioso flujo. Bajaba la mano para reducir el volumen, y luego levantaba los brazos para elevar el sonido *in crescendo*.

Mientras veía al director escuchar, sintonizar y realizar, se me ocurrió que su ejecución ilustraba una verdad muy profunda: todos tenemos nuestra propia directora interior que desempeña un papel similar de supervisora de nuestra mente, orquestando las múltiples voces que tenemos en la cabeza. La supervisora de nuestra mente también escucha, sintoniza, sabe lo que se necesita y nos conduce a actuar en consonancia. Es la conductora de las sabias elecciones.

El área que alberga a esta directora del cerebro está situada justo detrás de la frente, en la zona prefrontal de la neocórtex (el fino conjunto de capas que cubren la parte superior del cerebro). La corteza prefrontal tiene más conexiones con otras partes del cerebro que la mayoría de las zonas neuronales, lo cual le confiere una vista aérea –como la de John Williams subido al podio–. Esta red de conexiones le permite a la corteza prefrontal hacer de jefe ejecutivo o gerente del cerebro, algo semejante al director de los miles de instrumentos que componen la orquesta del cerebro.

Los propósitos que nos hacemos, nuestras metas y motivaciones y la facultad de planear y pensar con creatividad cuando hemos de afrontar las aventuras y desafíos de la vida dependen todos de las regiones prefrontales. Esta área del cerebro coordina infinitas operaciones, desde los cómputos y la generación de nuevas ideas, hasta el envío de un mensaje de texto o la elaboración de un *soufflé*.

Además de esto, es necesario gestionar una ingente mezcolanza de estímulos entrantes –imágenes, sonidos, sabores, olores, percepciones táctiles y pensamientos– para que podamos ocuparnos solo de aquello que importa en el momento, en vez de vivir desbordados. Para mantener en orden nuestra casa mental, la corteza prefrontal es como Williams, en cuanto a que facilita que consigamos suaves armonías en lugar de cacofonías sin fin.

Muy apropiadamente, el trabajo que se realiza en esta área se denomina «función ejecutiva»; la región prefrontal dirige el resto del cerebro. Múltiples circuitos radicados en la corteza prefrontal se ocupan de la gerencia mental.[1] Juntos crean un comité ejecutivo de la mente, y, como en cualquier grupo auténticamente efectivo, los «miembros» del comité aportan cada uno sus recursos y talentos personales y únicos.

- El Director de la atención, como su nombre indica, dirige nuestra atención determinando lo que advertimos y lo que no. Su función es: atender.
- El Perceptor refina la sensación que tenemos del mundo detectando patrones y significados en aquello que advertimos. Su función es: evaluar.
- El Verbalizador pone lo que advertimos en palabras y nos cuenta los relatos que nos ayudan a entender lo que percibimos. Su funciones es: entender.
- El Motivador adjunta emociones a lo que percibimos y, por tanto, hace que algunas cosas adquieran más importancia que otras, determinando así lo que realmente nos importa. Su función es: impulsar.
- El Coordinador reúne y organiza nuestras percepciones, comprensiones y sentimientos, decide qué hacer, y luego dirige nuestras acciones. Sus funciones son: decidir y ejecutar.

En resumen, la red de circuitos prefrontales dirige la atención, evalúa lo que advertimos, articula nuestro entendimiento, nos obliga a actuar, decide qué hacer y dirige la actividad resultante. Los pasos esenciales que entraña susurrar a la mente –*drenpa, sesshin* y *bayu*– abarcan entre los tres todas estas funciones ejecutivas. Susurrar a la mente integra la atención plena con el cambio de hábitos, añadiendo así la fuerza de la consciencia a los mecanismos utilizados para un cambio favorable de modos.

Los hábitos, como recordará, son prácticas rutinarias orquestadas por los ganglios basales, la primitiva red cerebral que tenemos en común incluso con los reptiles. Al activar el área prefrontal, extraemos esos hábitos enterrados desde tiempo inmemorial y los exponemos a la luz de la atención, donde podemos volver a evaluarlos, entender cuáles son sus deficiencias, determinar los cambios necesarios y actuar basándonos en esa determinación.

Tal vez lo más importante en lo que al cambio de modos se refiere es el poder que tiene la zona prefrontal, en palabras de un neurocientífico, como «mecanismo para liberarnos del pasado y dirigir nuestros pasos hacia un futuro mejor».[2]

El gestor de la mente

Mi yegua, Sandhi, estaba aprendiendo a pasar por un estrecho sendero bordeado de alambre electrificado. Un movimiento equivocado suponía una descarga repentina y aguda; no un daño físico, pero algo que aterra a los caballos.

Bob le contó a Sandhi lo que se disponían a hacer mientras sostenía la correa. Empezó a caminar mientras ella lo seguía al paso, a su lado; luego se detuvo, y ella se detuvo también. Lo hicieron repetidas veces mientras recorrían el sendero.

Cuando no está en modo seguro, el modo al que Sandhi parece propensa es el equivalente equino del modo ansioso y dependiente. A medida que Bob y Sandhi se acercaban al prado –y a Sandhi le llegaba el olor cada vez más fuerte de la hierba fresca–, empezó a entusiasmarse visiblemente.

Cuando llegaron al prado que había al final del camino electrificado, Sandhi tenía los ojos desorbitados de anhelo y el cuerpo desbordante de energía. No podía ocultar su ansia por rodear con los labios aquellas jugosas hojas de trébol y briznas de hierba de un verde exuberante.

Pero Bob le dijo –más bien le indicó–: «Me gustaría que te estuvieras quieta hasta que te desenganche la correa y te diga que puedes ir».

Si hubiera sido yo la que sostenía la correa en vez de Bob, Sandhi me habría arrastrado tras de sí y de sus más de 350 kilos. Me quedé asombrada al verla esperar con paciencia al lado de Bob, como indiferente al suculento campo de hojas verdes.

Y me dejó más asombrada todavía lo que pasó cuando Bob la desenganchó de la correa y, con un gesto, le dijo tranquilamente que ya podía irse a pastar. La yegua siguió en su sitio como si estuviera pegada al costado de Bob. Se hubiera dicho que estar allí con Bob le parecía más importante que pastar. Al final, Bob la instó a que se fuera, haciendo un gesto más enérgico, y ella se lanzó a pastar, como saboreando una merecida recompensa.

Es una lección relevante para nosotros también. Me recuerda a la «prueba de los dulces», un experimento que se hizo en la Universidad de Stanford. Iban sentando a niños y niñas de cuatro años, de uno en uno, ante una pequeña mesa sobre la que había un dulce. A cada uno de ellos se le decía que podía, bien comérselo ese mismo momento, o bien esperar unos minutos, y en ese caso podría comer dos en vez de uno.

Tras haber oído hablar de esta prueba de control del impulso, un participante de uno de mis talleres me dijo: «Cuando siento ese impulso apremiante de entrar en internet mientras estoy haciendo otra cosa, me digo, "No entres ahora. Dentro de unas horas ¡puedes estar conectado el doble de tiempo!"».

Este pulso entre la prudencia y el impulso está instalado en nuestra mente. El sistema límbico del cerebro alienta la impulsividad (¡«Compre ahora y pague después»!); son circuitos neuronales que responden a las recompensas inmediatas e ignoran las consecuencias posteriores. La región prefrontal, en cambio, rige el discernimiento y considera las cosas a largo plazo, no meramente el placer instantáneo.

La raíz neuronal del modo de apego está precisamente en los circuitos de recompensa, que disfrutan con pequeños placeres inconfesables, como sentarse a ver una serie de vídeos de YouTube de preciosos animalitos en vez de trabajar. Son los circuitos prefrontales los que intervienen haciendo una evaluación más lenta (en tiempo cerebral) pero más considerada de tales tentaciones. Cuando nos paramos a aplicar una consciencia perspicaz, sopesando todas las opciones con detenimiento, actuamos desde los circuitos prefrontales e inclinamos el intercambio entre el impulso límbico y la reflexión prefrontal en favor de la opción más sensata.[3]

La pausa que pospone la gratificación –como mi yegua cuando esperaba para pastar en aquel prado suculento– refleja la función ejecutiva en funcionamiento. Las paradas que hizo Sandhi de camino hacia el campo de hierba fresca eran una «prueba de dulces» para caballos. Bob le estaba enseñando a contener el impulso de comer la hierba del borde del camino, a la vez que le enseñaba a mantenerse a salvo de la valla electrificada.

De la misma forma que Bob refrenó los impulsos de Sandhi, nuestra mente ejecutiva tiene el potencial de anular o vetar las operaciones asociadas a un modo nocivo cuando entran en conflicto con nuestro sentimiento de cómo queremos ser y vivir. Lo que en un tiempo estuvo dictado por las respuestas automáticas de un modo negativo puede reemplazarse por una opción mejor.

Cuando somos capaces de dejar que el hábito de un modo gaste sus fuerzas sin ponerlo en práctica, hemos debilitado el poder que tiene sobre nosotros. «Si te niegas a expresar una pasión, la pasión muere», escribió el pionero de la psicología científica William James. «Si cuentas hasta diez antes de descargar tu cólera, lo que lo ha motivado te parecerá ridículo.»

Crear un intervalo entre el impulso y la acción –que es precisamente lo que Bob hacía con Sandhi– fortalece la capacidad de autogobierno de la mente y utiliza a nuestro favor ese cuarto de segundo de atención plena.

Discernimiento

Me enteré de que se iban a reunir en otra ciudad un grupo de amigas íntimas a las que no había conseguido ver desde hacía tiempo. Cuando me di cuenta de que los plazos de mi calendario laboral iban a impedirme ir, me quedé decepcionada; había estado trabajando mucho y me había sentido aislada de ellas.

Entonces, una de estas amigas llamó y me animó a que fuera. Pensé que tal vez era una buena idea tomarme un día libre, y empecé a ponerlo todo en marcha. Estaba contenta. Imaginaba lo que sería volver a conectar con buenas amigas y proyecté en mi pantalla mental el placer de estar en buena compañía. Pero cuando pausé las imágenes de estos «últimos estrenos cinematográficos» para consultar el parte meteorológico, leí que se acercaba una fuerte tormenta y empecé a motrarme indecisa.

Había estado investigando y reflexionando sobre las secuencias mentales de interdependencia y causa y efecto que nos impulsan a la acción. Este ancestral modelo de cambio de hábitos, esencial en la psicología budista, añade a la modificación de los hábitos el poder de la atención plena. Cuando algo nos resulta agradable, la mente proyecta un relato en el que se saborea una experiencia placentera. Y todo va bien, hasta que las cosas cambian y se hace una reescritura del guión: proyecté la secuencia modificada, imaginando esta vez las carreteras resbaladizas, y se me desvaneció el ímpetu. Me centré en el trabajo y, con cierta pena, decidí a regañadientes no hacer el viaje.

Fue como rebobinar la película, ceñirme a los hechos sin proyectar lo que a mí me apetecía y lo que no. Luego, cuando intenté saber cómo había ido todo *en realidad*, en vez de quedarme con lo que parecía que pasaría, supe que la mayoría de mis amigas habían cancelado el viaje también. Una vez vuelta a encuadrar la secuencia ciñéndome a los hechos, estaba contenta de *no* ir..., y me quedé en casa escribiendo esto.

En el espectáculo pasajero de la vida,* hay cosas que parecen ser y cosas que son. Una forma que puede adoptar *sesshin* es la de «sabio discernimiento»: investigar, en vez de limitarnos a dar por ciertas las suposiciones de nuestro modo. Esto ocurre cuando logramos atrapar al vuelo la señal de un hábito antes de que nos arrastre a la acción. Nos permite tomar decisiones más acertadas.

Un discernimiento prudente moviliza la crucial facultad de visión penetrante. Vemos las cosas como son cuando utilizamos una mente dotada de interés y franqueza, en vez de nublada por los prejuicios. Reunir más información –reconocer que las películas que proyectamos en nuestra pantalla interior no siempre concuer-

---

* Referencia a *The Passing Show* (el espectáculo pasajero), revista musical estrenada en Broadway en 1894 y que puso de moda este tipo de producciones. *(N. de la T.)*

dan con la realidad– nos ayuda a discernir entre posibles opciones y elegir la más sensata. Hay una sutil pero importante diferencia entre discernir y juzgar. Discernir significa sopesar los pros y los contras de las distintas opciones que tenemos y cuestionar la validez de las respuestas habituales de nuestros modos a la vista de sus inconvenientes. Cuando empleamos el discernimiento, nuestras elecciones están en sintonía con la realidad de una situación dada, y nuestras intenciones se traducen entonces en buenos resultados.

Pensemos, por ejemplo, en los modos negativos que nos llevan a rumiar sobre nuestras preocupaciones. Obsesionarnos con ellas no nos lleva a ninguna parte; nos dejamos arrastrar pasivamente una y otra vez por los reiterados bucles mentales de pensamientos distorsionados, lo cual nos provoca ansiedad y desaliento. Mientras que el discernimiento nos hace abordar de forma constructiva lo que nos preocupa para poder resolverlo. En vez de dar vueltas y vueltas a los mismos pensamientos preocupantes, avanzamos un paso: consideramos una serie de respuestas y cuáles podrían ser sus resultados.

Los efectos más adversos de rumiar se producen cuando alguien se siente, a la vez, impotente para dar un giro positivo a las cosas y tiene un intenso anhelo de que mejoren. En un estudio sobre el tema, se vio que la gente que era presa de esta clase de pensamiento obsesivo cuando se sentía decaída o pasaba por un mal momento estaba igual de deprimida al cabo de un año; sin embargo, aquellos que optaron por una reflexión discernidora cuando se sentían disgustados estaban mucho menos deprimidos.[4]

En otro estudio, esta vez sobre la «sensatez cotidiana», al observar lo que la gente aprendía de las experiencias con problemas, se vio que los más sensatos eran capaces de salirse de sí mismos, reflexionar con calma y contemplar la crisis como un problema que podían resolver (o aceptar el aprieto con toda su dificultad en caso de que escapara a su control).[5] El discernimiento nos ayuda a aprender de las dificultades, a fin de que seamos capaces de reflexionar con calma y ver la situación desde distintas perspectivas –sobre todo desde la de otra persona– y actuar cuando es posible.

La sintonía y el discernimiento trabajan juntos, de ayudantes de la supervisora. En la base de la sintonía están la empatía y la compasión; y la compasión crea un espacio de calma en nuestro corazón y en nuestra mente que facilita el discernimiento, así como el discernimiento hace más obvios los beneficios de la compasión.

El 17.° Karmapa dice que cuando quiere saber qué hacer se detiene y deja que la mente repose en sí misma y «ve qué se mueve y qué sabe». Nos anima a hacer lo mismo: obtener instrucciones de nosotros mismos, del interior de nuestra «mente de sabiduría».

Un beneficio muy conocido de adiestrar la mente es que se intensifica nuestra intuición, lo cual nos permite percibir una sensación clara de una determinada situación o persona con solo conectar con nuestro sentido perceptivo más profundo. Esto nos ofrece una manera distinta de saber y se contrapone a un análisis más razonado.

A veces tenemos en nuestro interior el conocimiento que necesitamos, solo que no mantenemos la atención el tiempo suficiente para que se nos revele. Nos distraemos, o tendemos a buscar las respuestas fuera de nosotros.

En un sentido simbólico, un discernimiento claro de los hábitos de pensamiento y acción, combinado con una afectuosa sintonía con nuestros patrones, es como la piedra filosofal del alquimista: su fuerza interior puede revelar el conocimiento de cómo remediar nuestros modos.

Reevaluación

Como dijo alguien con ironía: «Mi mente es como un barrio peligroso. Intento no acercarme a él cuando estoy solo». Pero cuando tenemos atención plena no estamos solos; nos ofrece una compañera de viaje recia e inquebrantable, que nos permite ver las cosas como son, en vez de como parece que son cuando estamos encerrados en un modo negativo.

En el sistema de televisión por satélite que tenemos en casa aparece ocasionalmente en la pantalla una ventana emergente que parpadea con el aviso: «¡Atención! Recordatorio de modo». El propósito de esa ventana es recordarme cómo está configurado el mando a distancia, y me da la opción de cambiar la configuración. Me parece una metáfora muy apropiada de cómo un determinado modo nos constriñe a una serie de opciones y de cómo ser conscientes de nuestros modos crea un punto de elección decisivo.

Por ejemplo, una clienta me habló de una ocasión en que acariciándole la espalda a su hijo se deleitaba en la riqueza y plenitud del amor que despertaba en ella esta conexión tan íntima. Duró un rato largo. Luego se descubrió haciendo una pausa y comprobando con gran atención lo que sucedía en su mente. Con gran decepción por su parte, la pausa le permitió darse cuenta de que durante los últimos minutos había estado sumida en una perturbadora ensoñación de autocrítica que conocía muy bien, arrastrada una vez más por su modo ansioso. «Me di cuenta –me contó al cabo de un tiempo– de que ni siquiera sentía en aquellos momentos la espalda de mi hijo; movía las manos por inercia.»

Las pausas conscientes nos dan la oportunidad de percibir cuándo se apodera de nosotros un modo. La atención plena hace las veces de un sistema inmunitario mental, recorriendo sus dominios para repeler a los invasores indeseados. Empezamos a desactivar un modo negativo en cuanto tomamos consciencia de él; y una vez que la atención plena cobra fuerza, podemos neutralizar cualquier modo desfavorable en el instante en que empieza a invadirnos.

Una mujer que estaba haciendo una práctica de atención plena en una playa me dijo después: «Sentí mucha aversión. No me gustó la sensación que me produjeron las algas en los pies cuando me metí al agua. Y había rocas, y también me provocaron aversión. Pero una vez que estuve asentada en la atención plena, la aversión desapareció. Pude ver entonces la extraordinaria belleza que me rodeaba».

Hay otra táctica común en la terapia cognitiva: poner en entredicho nuestras creencias distorsionadas y reemplazarlas por una visión más realista. Aquella mujer podía haber cuestionado los pensamientos que provocaba en ella el modo de aversión y examinar si la prueba los respaldaba, considerar explicaciones alternativas y poner a prueba su lógica de la forma que fuese; porque, a fin de cuentas, ni las algas ni las rocas tienen en sí nada de negativo.

Todo esto hace que la mente se aparte de «mis» reacciones para explorar la realidad de aquello a lo que estamos reaccionando. Aplicar de nuevo así la atención apartándola del «yo» es un método que la práctica budista y la terapia cognitiva tienen en común. A medida que nos liberamos de la tendencia de tomarlo todo como algo personal, los modos negativos se desinflan y las preocupaciones se vuelven menos apremiantes; la energía mental se libera y se nos ablanda el corazón. Podemos ser entonces más comprensivos con los demás, mostrar más empatía y reemplazar el resentimiento y la preocupación por la compasión.

En la reevaluación –la reflexión, en vez de la reacción inicial– está la clave. Las adversidades de la vida pueden ser fuente de auténtica angustia o mero material para un buen relato, dependiendo de cómo las percibamos. En cuanto reflexionamos, el cerebro empieza a cambiar de marcha y activa la región prefrontal.[6] En lugar de dejar que la mente se apodere de nosotros sin más, podemos ser modeladores activos de cómo nos impacten los acontecimientos. Si un modo negativo nos inmoviliza en una forma rígida de pensar, percibir y actuar, la supervisora reflexiva da cabida a la flexibilidad..., nos permite absorber toda la información pertinente, contemplar un suceso desde distintos ángulos y responder como corresponde, en vez de con las habituales reacciones anquilosadas de un modo.

En manos de un modo negativo, los pensamientos y sentimientos se suceden a velocidad vertiginosa, dejándonos poca elección sobre qué pensar, sentir o hacer. Pero cuando activamos a la supervisora del cerebro, abrimos vías a una mayor libertad de elección interior. Las huellas que habíamos dejado al caminar por el sendero de la confusión van desapareciendo poco a poco en las arenas movedizas.

La supervisora de la mente

Una mañana me desperté de mal humor. Incluso las cosas más nimias me crispaban los nervios: se había acabado el té, leí una mala noticia, no podía tomar una decisión sobre un viaje urgente porque no me había llamado la persona que debía comunicarme una información crucial... Empecé a impacientarme; estaba frustrada e irritable. Todo lo que pensaba parecía haberse filtrado por una lente de aversión.

En cuanto vi que la mente empezaba a consolidarse en torno a este modo gruñón, pensé: «Sé hacia dónde se encamina el día».

Luego pensé: «¿Quiero hacer realidad este pensamiento?».

Vi que mi niña interior estaba a punto de derrumbarse, y decidí cambiar el centro de atención para reiniciar la mañana. Leí un artículo muy alentador sobre un exmonje de Madrid que había pasado treinta años edificando él solo una catedral con materiales de construcción de su localidad que había ido recuperando y reciclando. Vi un vídeo corto de mi buena amiga Rose haciendo un sorprendente baile flamenco aéreo sobre una cuerda colocada a gran altura de lado a lado del escenario. Gracias a estos estímulos, noté un cambio interno hacia un estado de ánimo más distendido.

Cuando nos damos cuenta de que un modo negativo empieza a apoderarse de nosotros, a veces lo único que la mente necesita es un suave recordatorio de que estamos atrapados en una espiral descendente que acabará por hacernos caer en un pozo sin fondo, lo cual –ese retomar la consciencia– creo que es cada vez más importante en estos tiempos de distraída actividad polivalente. Con tal revoltijo interior, podemos caer con facilidad en modos de ser negativos sin previo aviso.

Pero cuando la consciencia da un paso atrás para darse cuenta, podemos empezar a liberarnos. Muchas veces basta con esta sintonización para soltarnos del modo negativo que nos atenaza. La atención plena activa a la supervisora, nuestra guía interior, que es capaz de advertir las disfunciones de la mente, de reconocer sus causas y aplicar el remedio apropiado.

Hay muchas definiciones técnicas del término «mindfulness», o atención plena, en las diversas tradiciones budistas. Es importante que entendamos la diferencia entre *mindfulness*, la atención o consciencia plena, en su contexto original, en el que forma parte de la práctica de la meditación y –respetando el contexto tradicional y su auténtico significado– cómo adaptamos esta facultad mental en aplicaciones como el susurrar a la mente.

Durante la práctica de la meditación, la atención plena tiene un uso muy concreto, que es aquietar la mente y mantener la conexión con lo que percibimos conscientemente o hacemos. En la vida cotidiana, la atención plena nos permite darnos cuenta de cuándo la mente se ha distraído y volver a poner la atención en lo que tenemos entre manos.

En cualquiera de los dos casos, la atención o consciencia plena desempeña el papel de supervisora de la mente capaz de detectar un problema y aplicar la solución adecuada. Nos da espacio interior desde el que calibrar lo que necesitamos en el momento, ya sea intensificar nuestra determinación, o sencillamente traer de vuelta la atención dispersa.

Esa atención tan meticulosa afina la facultad de concentración que la mente tiene de ordinario. Pase lo que pase al mismo tiempo en nuestra vida, siempre está presente el elemento de la atención. La atención plena aguza ese rayo de percepción consciente y lo dirige de vuelta sobre la propia mente, permitiéndonos así percibir un nivel de sutileza más exquisito que la atención ordinaria. Podemos entonces mirar tras los velos de la mente que, por lo común, ocultan sus formas de operar y ponerlas bajo el foco de la atención.

Esta atención no reactiva observa con serenidad, sin juicios ni reacciones, atenta a lo que surja en la mente, sin elegirlo ni escapar de ello...; es una percepción consciente sin elección de lo que ocurre en el momento.

Esa observación tan ecuánime –a la vez desapegada y receptiva– evita los extremos de la represión o la reacción, que pueden dar lugar a los modos de evasión o de rumiación ansiosa. Esta cualidad de no interferencia nos permite observar con claridad cómo se crean las reacciones en la mente y qué puede haberlas motivado.

Una consciencia plenamente atenta puede decirse que es en sí una transformadora de modos. Desde la perspectiva de los modos, cuanto más conscientemente presentes estamos más creamos lo que en definitiva es una base interior segura..., que no depende de que alguien nos brinde su ayuda, sino que la generamos nosotros mismos desde dentro. Solos podemos estar plenos cuando nos asentamos en esta facultad de consciencia.

Susurrar a la mente tiene como base lo que la tradición tibetana llama «aprendizaje, reflexión y meditación». Examinemos el primero: el aprendizaje. Si no aprendemos lo que significa, por ejemplo, la atención unidireccional en la meditación, podemos de hecho estar practicando la distracción; o podríamos estar intensificando la tendencia al aferramiento si nos dedicamos a pensar en un deportivo rojo cuando teníamos la intención de prestar atención plena a la respiración.

En el susurrar a la mente, forma parte del aprendizaje el familiarizarnos con la dinámica de nuestros modos: cómo piensa, siente, actúa e interactúa cada uno de ellos. Una vez que detectamos el patrón de una fuerte reacción emocional y de aquello que la provoca, podemos responder de forma más apropiada.

Reflexión significa sintonizar y discernir: conocer con el corazón nuestros sentimientos más íntimos y empatizar con nosotros mismos y con los demás, a la vez que sabemos con claridad cómo está funcionando la mente. Cuando el discernimiento se combina con una motivación compasiva, colaboran entre sí. La compasión reduce nuestros temores y desconfianza y abre en nuestro corazón y nuestra mente un espacio de calma gracias al cual es posible discernir.

Idealmente, la sintonización conduce al amor incondicional y la compasión, mientras que el discernimiento conduce a la sabiduría y a una mente perspicaz, que alumbra las cosas como son y no como parecen ser cuando las miramos a través de las lentes de nuestros modos. La compasión afloja la presión con que nos dominan; la visión interior nos libera de ella.

Atención plena aplicada

Un profesor tibetano explicó así el propósito esencial de la atención plena: «Nunca sabemos lo que será el momento siguiente; siempre es nuevo. La función de estar plenamente atentos es que, ocurra lo que ocurra, seamos conscientes de lo que ocurre en ese momento. La atención plena no tiene en realidad más objetivo que el de ser conscientes de lo que sea».[7]

Conviene entender el propósito que tiene una práctica antes de aplicarla.[8] Por tanto, ¿para qué sirve la atención plena? Nos ayuda a gestionar los diversos estados mentales que observa y nos permite ver lo que se necesita en ese momento.

Limitarnos a estar presentes con las cosas tal como son no basta para tratar con los modos. Aunque esto nos da una percepción consciente acrecentada y esencial de lo que ocurre en nuestra mente, por sí solo no es suficiente para realizar los cambios necesarios.

En el susurrar a la mente necesitamos los tres pasos: acordarnos de prestar atención, considerar los remedios y elegir con perspicacia. En este caso, dichos pasos se aplican con un propósito distinto del que tienen en las escuelas tibetanas de práctica de la meditación, donde se considera que la atención plena desempeña un papel de organizadora mental de todas las demás prácticas espirituales que podamos estar haciendo.

La atención plena actúa como consciencia perspicaz que observa las causas de los problemas, y como consciencia intuitiva que conoce las soluciones adecuadas. Como dice mi profesor de meditación *vipassana*,* Sayadaw U Pandita: «La atención plena lo equilibra todo por sí sola».

Algunos textos de meditación describen la función supervisora de la atención plena con todo detalle. Si la mente se adormece mientras estamos sentados, la atención plena nos alerta y podemos entonces actuar para corregir el problema: sentarnos más erguidos, abrir bien los ojos, inspirar intencionada y profundamente, levantarnos y caminar un poco, tomar un poco de té..., lo que funcione, dentro de las costumbres de cada tradición.

Si la concentración se ha disipado y nos encontramos sumidos en una mezcolanza de pensamientos y fantasías, una pausa plenamente atenta nos saca de la distracción y nos recuerda que nos concentremos. Y si empezamos a estar demasiado agitados o tensos, la atención plena nos alerta de que apliquemos formas de tranquilizarnos y relajarnos. La consciencia plenamente atenta hace el papel de supervisora, comprobando las operaciones de la mente, tomando nota de las disfunciones, reconociendo sus causas y aplicando los remedios apropiados.

Hay una diferencia primordial entre la función que desempeña la atención plena y las prácticas que gestiona, como la concentración o el amor incondicional. La atención plena mantiene la concentración, la indagación investigativa o la compasión, pero es distinta de ellas; las organiza.[9]

Así que durante la meditación, la atención plena, como supervisora de la mente, monitoriza cómo se desarrolla nuestra práctica. Nos recuerda que nos acordemos de las instrucciones, que reconectemos con la percepción consciente, reestablezcamos nues-

---

* La meditación *vipassana*, o ver las cosas como son, es una de las técnicas de meditación más antiguas de la India. Se perdió conocimiento de ella durante siglos y Gautama Buda la redescubrió hace más de 2.500 años. (*N. de la T.*)

tra intención, comprobemos si la práctica está consiguiendo lo que nos habíamos propuesto y ejecutemos todo ello.

Mientras meditamos, la supervisora plenamente atenta comprueba la calidad de la práctica. Tal vez oigamos una sutil voz interior que dice: «Ahora necesitas tener una concentración más unidireccional, o mayor percepción interior, más ecuanimidad o claridad, más compasión».

La consciencia es el fuego de nuestra alquimia emocional que derrite las nubes emocionales que eclipsan nuestra verdadera naturaleza. La consciencia empieza a actuar cuando ponemos la atención en observar lo que pensamos, decimos o hacemos.

Cuando prestamos atención plena a nuestros modos, al principio los efectos de esta penetrante claridad pueden ser pasajeros y durar solo hasta que la siguiente nube emocional se forme; pero reavivar ese fuego una y otra vez es esencial en esta práctica. A medida que aprendemos a mantener la atención plena como una presencia constante, la niebla de la mente se va disipando.

Entre las facultades ejecutivas de la mente está la capacidad reparadora que puede sanar nuestros modos destructivos.[10] El modo del adulto equilibrado, por ejemplo, hace el papel de supervisor que monitoriza nuestros pensamientos y sentimientos y reemplaza o modifica los patrones disfuncionales para favorecer la curación. Podría resultar de ello un remedio: por ejemplo, negarse a seguir los dictados exageradamente exigentes del modo de obligación. Cuando observamos con atención constante y uniforme nuestras experiencias interiores, reconociendo por tanto los modos y sus detonantes, sin dejarnos arrastrar por ellos ni perdernos en ellos, aumentan las probabilidades de que la supervisora de la mente perciba lo que de verdad se necesita en ese momento.

A medida que se aguza nuestra capacidad de escuchar los susurros de la mente, esta mezcla de no reactividad y visión interior penetrante energiza la fuerza de la consciencia, iluminando el camino que nos permitirá desentrañar cualquier situación.

Mantener la atención

Acuérdese de estar presente y consciente de lo que esté ocurriendo en ese momento para conocer la experiencia del momento presente como en realidad es, en vez de rechazarla o querer que sea de otra manera.

Cuando los sonidos, sensaciones, pensamientos, imágenes y emociones aparezcan como telón de fondo de la consciencia, permítales seguir donde están y céntrese primordialmente en las sensaciones que nota al respirar. Cuando estas se sitúen en primer plano de la consciencia, aquello que predomine se convertirá en su foco de atención.

Mantenga la atención, sin preferencia ni indiferencia. Si ve que divaga, no se preocupe; simplemente recupérela y permanezca con el flujo natural de la respiración durante un rato.

La concentración puede mantener la atención centrada y clara, dejando espacio para acomodar la experiencia sin que provoque una reacción, con una tolerancia que le permite estar presente y experimentar el momento como es.

Deje que una consciencia penetrante descubra la verdadera naturaleza de lo que ocurre en ese momento.

Esté presente y atento a lo que esté ocurriendo mientras se conecta con la consciencia y la mantiene.

Sea consciente de lo que sucede en los cinco sentidos y en el campo mental.

Cuando surjan pensamientos no les preste mucha atención; preste atención a la consciencia que los reconoce,

sin demorarse en pensamientos del pasado,
sin concebir pensamientos de futuro,
sin conceptualizar el presente.

Aunque la mente se sienta abarrotada, hay espacio:
espacio en torno a los pensamientos,
espacio dentro de los pensamientos.

Cuanta más capacidad para mantener la atención desarrollamos, más ágil se vuelve la supervisora de la mente. Puede adoptar la forma de una consciencia permanente o de un suave susurro al fondo de la mente. La presencia plenamente atenta aguza de forma natural esta capacidad.

11. Trabajar con los modos

El Dalai Lama empieza el día alrededor de las tres y media cada mañana (¡se acuesta a las siete de la tarde!) y dedica varias horas a la meditación, en especial a un método que aplica una indagación discernidora a sus pensamientos. Continuamente investiga, cuestiona sus ideas, saca a la luz las distorsiones y las reevalúa, pero todo ello lo hace con un corazón profundamente compasivo. Es ejemplo de una revolución del corazón, al combinar la empatía y la compasión con una mente investigadora.

Jeffrey Young e, indirectamente, Aaron Beck han sido para mí una inspiración con sus modelos de terapia cognitiva; los dos son hombres excepcionalmente lúcidos y tienen un corazón sensible e intuitivo. Pero otro modelo en la investigación de la mente que me merece un profundo respeto es Su Santidad el Dalai Lama.

Él y Aaron Beck se reunieron para exponer sus puntos de vista en un diálogo con ocasión de un congreso mundial de terapia cognitiva celebrado en Suecia. Conectaron con facilidad y ambos tenían sincero interés en la perspectiva del otro. En el curso de la conversación, el doctor Beck explicó su método para poner en entredicho las convicciones distorsionadas.[1]

–Supongamos que uno de mis colegas dice algo que me hace pensar que está insultándome o faltándome al respeto. Entonces siento: «Me ha agraviado», y eso contribuye decisivamente a aumentar mi irritación, el sentimiento de que me ha ofendido. Pienso entonces: «Soy la víctima». Así que me enfado y quiero tomarme la revancha y castigarlo. Pero a estas alturas sé por experiencia que el noventa por ciento de las veces que adopto una forma de pensar negativa, como esta, me equivoco. Por tanto, empiezo a cuestionar lo que he pensado. ¿Puede haber otra explicación para lo que ha dicho? ¿Quizá no se encuentre bien? ¿Es posible que le haya entendido mal? O tal vez tenga razón.

El Dalai Lama coincidió plenamente y añadió:

–Toda esta clase de emociones negativas se basa en concepciones equivocadas, en la gran brecha que separa la apariencia de la realidad. El propósito de la educación es reducir esa distancia.

Beck explicó cómo reducir la brecha empleando la terapia cognitiva:

–Lo que hago entonces es explorar esas posibilidades. Quizá me dé cuenta de que se siente mal por algún motivo, lo cual despierta en mí un sentimiento de compasión. Pienso: «No me habría dicho eso a menos que algo le esté afectando de verdad». En cuanto entiendo esto, la irritación disminuye.

El método le sorprendió al Dalai Lama por su parecido con la «meditación analítica», que utiliza la indagación investigativa..., y que, añadiría yo, nos proporciona una técnica más para susurrar a la mente.

Esa indagación en las convicciones de nuestros modos ocultos puede darse mientras hablamos de nuestras preocupaciones con una persona de confianza, que nos ofrece entonces cierta información o una perspectiva nueva gracias a las cuales podemos ver que lo que nos parecía preocupante quizá no lo es tanto, o que nuestra reacción ha tenido más que ver con nuestros temores exagerados que con la situación en sí.

En la terapia cognitiva para el trastorno de pánico, es necesario aplicar este tipo de correctivos una y otra vez, ya que cambiar los hábitos de los modos –y los circuitos neuronales que les sirven de base– lleva tiempo. Para alguien que sufre de trastorno de pánico, el correctivo podría venir sencillamente de que alguien lo tranquilizara asegurándole que, contra lo que su convicción automática le dice, no se va a asfixiar si pasa en coche por un túnel. Si el cliente se recuerda esto a sí mismo mientras conecta con el modo seguro, la ansiedad relacionada con el túnel empieza a debilitarse.

Una vez que sacamos a la luz las convicciones que nos han tenido encadenados a un modo perjudicial, hay otra técnica muy útil que podemos emplear. Algunos terapeutas cognitivos sugieren a sus clientes que lleven consigo pequeñas «tarjetas didácticas» donde están escritos en letras grandes y claras los argumentos en contra de sus pensamientos tendenciosos más comunes. Los clientes las escriben en momentos reflexivos en que pueden pensar con claridad, y las consultan en medio del acaloramiento en que no pueden pensar. Una creencia convincente, más realista, dice Beck, «forma un recio muro que nos protege de los ataques futuros de un modo».[2]

Una indagación atenta nos permite darnos cuenta de cuál es el hilo de pensamiento mientras estamos en un modo indeseado y detectar los algoritmos generalmente ocultos que lo alientan. Cuando sacamos esta clase de creencias y convicciones a la luz, tenemos la oportunidad única de cuestionarlas e ir cambiando poco a poco las ideas distorsionadas a las que un modo obedece. Podemos reescribir el relato.

Cuestión de perspectiva

Maya estaba alojada en un hostal en el que iba a pasar varios días por razones de trabajo. Le encantaba el sitio, pero una de las mujeres que trabajaban allí la sacaba de quicio. Si se sentaba en el salón y se preparaba un té disponiéndose a entrar en materia, la mujer le preguntaba, casi con desconfianza: «¿Qué hace?». Al cabo de unos días, Maya tenía la sensación de que aquella mujer había decidido hacerle la vida imposible.

Quiso evitarla. Pero un día la mujer volvió a intentar meterse en la vida de Maya con una irrespetuosidad que desató su ira. El primer impulso de Maya fue tomarse la revancha dándole una contestación airada. Pero en lugar de hacerlo se dijo: «Date una tregua».

Volvió a su habitación, se dio un baño y, acurrucada en la butaca, entró en Facebook. Vio que alguien había publicado una cita que decía: «Cuando estás atrapado en una reacción furiosa, no ves con claridad lo que está pasando; solo ves tus sentimientos furiosos».[3]

A veces, un cambio de perspectiva es cuanto se necesita para cambiar de reacción.

Cuando Maya leyó aquello, se moderó y empezó a considerar otras posibilidades. Se dio cuenta de que la mujer parecía bastante desdichada y de que tal vez no había dirigido su mal humor expresamente contra ella; tal vez simplemente tenía un mal día.

Por otra parte, Maya había sentido aquella mañana que un colega la había decepcionado, y la mujer había sido un blanco perfecto para *su* frustración. Una vez que vio con más claridad qué alimentaba su frustración, y cambió de perspectiva, la mente se hizo más espaciosa, y se relajó. Lo dejó pasar.

Maya desbarató el arranque de ira aplicando tres métodos: una tregua, para calmarse; una investigación perspicaz del estado en que se encontraba, y, quizá lo más decisivo de todo, ponerse en el lugar de la otra mujer.

Estar presentes de corazón

Lo que a Sue le disgusta de Mike es cómo trata a su hija, June. En palabras de Sue: «Los dos tienen una personalidad muy fuerte, y chocan. Mike es incapaz de ver todas las cosas buenas que tiene June. Solo ve lo negativo. Sé que es algo que le viene de la niñez –su padre lo trataba a él de la misma manera– pero, aun así, me resulta doloroso verlo repetirse en mi familia».

Se erige en protectora de su hija y la defiende cada vez que Mike la ataca, por ejemplo cuando la riñe por intercambiar mensajes de texto con sus amigos en vez de hacer los deberes. Y Sue critica con dureza a Mike, lo cual ha creado una barrera emocional entre ellos.

«Es una situación tensa para todos –dice Sue–. Mike no es capaz de dominar los arranques de ira, y yo constantemente lo culpo a él de todo y vivo preocupada por lo que pasará a continuación.»

Sue decidió meditar a diario. «La supervisora plenamente atenta me ayuda cuando me siento. Oigo entonces las voces de mis modos con nitidez y veo con claridad cómo desembocan en una cadena de reacciones. La pena es que me resulta más obvio cuando me siento a reflexionar que en el acaloramiento del momento.»

Forma parte de su meditación diaria concentrarse en un sentimiento de amor incondicional hacia Mike y hacia sí misma. Desde que empezó a hacerlo, siente que es más paciente con él.

Cuando hablaron del tema, lo vio romper a llorar al recordar experiencias terribles de su infancia, y sintió un profundo amor por él en ese momento. Verlo admitir su vulnerabilidad la ayudó a sentir por él una tierna compasión, en vez de entrar en una espiral de críticas negativas.

«Pude adentrarme en su dolor», dijo. Recordar a su marido sufriendo la ayudó a conectarse con el amor que siente por él.

Ahora Sue tiene una postura menos reactiva. En lugar de discutir con Mike delante de su hija, buscan un momento tranquilo para tratar las cosas.

Además de la atención plena y el amor incondicional, a Sue le resultó útil la indagación investigativa. Hacernos preguntas como: «¿Dónde estoy en este momento?», y «¿Qué me impide estar presente?», nos ayuda no solo a reconocer el modo en el que estamos, sino también a dar el siguiente paso y explorar qué remedio puede necesitarse.

«Me doy cuenta de que soy propensa al modo perfeccionista y soy más capaz de reconocer cuándo estoy atrapada en él –me dice–. He estado pensando en Mike y en cómo responderle, y eso me ha ayudado a ver en mí a una persona menos crítica y más afable y generosa.

»He empezado a ver los modos que hay en mí con más precisión –dice Sue–. Veo cómo soy cuando estoy en el modo adulto, seguro. Soy diferente en casa y en el trabajo –segura en el trabajo y exageradamente crítica en casa–. Ahora soy más consciente del momento en que empiezo a caer en el modo perfeccionista. Y cuando estoy a punto de perder los estribos, me tomo por sorpresa mucho más rápido y me recuerdo: simplemente estate presente de corazón antes de que la actitud enjuiciadora tome las riendas.»

No podemos cambiar el pasado, pero podemos cambiar cómo reaccionamos al presente. En vez de intentar cambiar a las personas que hay en nuestra vida, podemos transformar los patrones que se han establecido entre nosotros. Sue fue capaz de ver cuáles eran las necesidades de su marido y también las suyas, y de tomar medidas para desengancharse de los incansables patrones reactivos.

Nuestros modos negativos habituales pueden estar firmemente arraigados y ser muy difíciles de mover, no hablemos ya de ver con claridad. Aquellos que van acompañados de las reacciones emocionales más intensas necesitan una transformación más prolongada, que modifique la estructura en la que se sustenta el modo.

Nuestros modos extremos son partes de nosotros en las que nos quedamos atascados. Trabajar con los modos ayuda a sanar las partes fragmentadas de nuestra personalidad integrando sus aspectos más positivos para que podamos pasar con suavidad de lo uno a lo otro.

Pero cuando llega la hora de tratar con modos que vuelven para atormentarnos una y otra vez, en vez de limitarnos a intentar cambiar a un modo más deseable podemos elegir, como hizo Sue, afrontarlo: explorarlo, entenderlo y sanarlo desde dentro.

Por el camino pueden presentarse obstáculos: distracciones, reacciones fuertes, temores, ansiedades, dudas, evasiones, o sentir que no somos lo bastante hábiles, o que no sabemos qué hacer. Pero al ir vislumbrando cómo superar esos obstáculos, un verdadero cambio empieza a consolidarse.

En el proceso, conectarnos con el modo seguro puede asentarnos con firmeza en la consciencia investigativa –a fin de que nos consuman menos nuestras ideas distorsionadas y reacciones desmedidas– para que seamos capaces de experimentar sentimientos perturbadores sin dejar que nos desborden. Sue me dijo en un determinado momento: «Saber que hay un modo seguro con el que conectarme ¡me ha dado tanta tranquilidad!».

¿Qué hay detrás de nuestros modos?

El alcoholismo, la drogodependencia y otras adicciones –extremos del modo de apego– pueden considerarse un intento de sedar los sentimientos angustiosos. Una psicoterapeuta de Los Ángeles me dijo que utiliza algunos de los métodos que he desarrollado con aquellos de sus clientes que están recuperándose de trastornos de adicción.

Los métodos les ayudan a tomar consciencia de los detonantes. Investigar luego cuáles son sus necesidades emocionales ocultas les ofrece un punto de elección que hasta ese momento no sabían que tuvieran: una mayor capacidad para tolerar el deseo compulsivo sin ceder a él y actuar. En vez de echar mano irreflexivamente de una botella o una droga, podían pararse, mirar en su interior y encontrar un remedio a nivel emocional..., ya fuera hablar con un amigo, escribir unas notas en un diario, explorar cómo se manifestaban en el presente las necesidades del pasado, o conectarse con una mayor consciencia que les resultaba protectora.

Hay dos formas básicas de responder a nuestro sufrimiento, dice el Dalai Lama. «Una es ignorarlo y la otra es mirarlo de frente y penetrar en él con consciencia.»

Para mantener una presencia inquisitiva frente a un modo extremo, como es la adicción, el grado de claridad que se necesita no es ninguna tontería. Y lo mismo puede decirse de los demás modos. El modo ansioso podría ser, por ejemplo, una manera de sobrellevar el miedo al abandono. ¿Podemos cuestionar la rumiación automática de pensamientos temerosos referentes a nuestras conexiones personales y encontrar maneras más maduras de responder? ¿Qué nos dice este patrón que necesitamos? ¿Tenemos mejores opciones a nuestro alcance?

Cuando conectamos con lo que se esconde tras cada modo, es probable que encontremos emociones que es necesario reconocer, entender y digerir. Entonces podemos integrar esos sentimientos en vez de eludirlos, aferrarnos a ellos o dejar que se consoliden.

Nuestras emociones pueden entrañar sabiduría si somos capaces de abrirnos a ellas. Si rechazamos la emoción, corremos el riesgo de impedirnos acceder a lo que podríamos haber aprendido. Sin embargo, una atención continua unida a una indagación plenamente consciente nos permiten estar más presentes con los sentimientos sin que la mente aproveche para divagar en cuanto buscamos una salida.

Una consciencia investigativa se cuela bajo el argumento del modo. Si lo permitimos, una investigación imbuida de empatía puede a veces penetrar hasta la energía que dirige los sentimientos, y es posible entonces que se revelen nuevos significados. Pero dada la tendencia humana a evitar los sentimientos intensos, para ello hace falta confiar en la posibilidad de que explorar las respuestas emocionales pueda sernos de ayuda. Primero necesitamos darnos cuenta de que podemos estar a salvo al afrontar sentimientos reprimidos desde hace mucho tiempo. A medida que esta investigación cambia nuestra forma de entender las cosas, somos cada vez más capaces de abordar las emociones.

Mantener la consciencia incluso en medio de una tempestad de sentimientos turbulentos es una parte crucial del trabajo con los modos. Si perdemos la conexión con la presencia inquisitiva –por ejemplo, si nos dejamos llevar por un hilo de pensamiento irrelevante–, la cualidad perspicaz de la consciencia mengua.

El rayo de discernimiento investigativo nos permite experimentar una emoción sin sentirnos abrumados, y podemos así indagar en ella e integrar información nueva. Cuando investigamos dejamos que una parte mayor de la verdad de las emociones entre en la consciencia..., pero debemos hacerlo hasta donde nos sea posible sin perder el control. Tratándose de sentimientos más intensos, esto se puede hacer pasando repetidamente de los sentimientos turbulentos a una práctica sosegada.

Un estudiante que había vivido en Hawai lo expresaba así: «Tener consciencia plena de los modos es como desplazarse sobre la cresta de una ola inmensa...: puede ayudarte a estar más centrado y equilibrado mientras surcas la energía de una emoción».

Con esto no quiero hacer que todo parezca fácil; puede haber razones fundadas para que nos tambaleemos por el malestar o nos retorzamos de dolor. La vida puede ser difícil, de manera distinta para cada uno de nosotros. No hay una receta que valga para todos. Cada aprieto es único y requiere sus remedios particulares, además de los generales, como afecto y apoyo emocional. No siempre sabemos cómo seguir adelante, o qué deberíamos aprender de los desafíos que nos presenta la vida.

En lo más hondo de cada uno de nuestros modos angustiosos hay conflictos y necesidades muy profundas, y es el no haber conseguido dar una solución satisfactoria a esas necesidades lo que hace que un modo sea disfuncional. Una larga inercia y complacencia mantiene vivos esos patrones. Con un discernimiento sintonizado podemos preguntar: «¿Qué necesito de verdad? ¿Puedo encontrar una solución mejor?».

¿Qué le permite al loto florecer atravesando el lodo?

Límites

Una clienta sintió durante años que su madre había conseguido manipularla mostrándose exigente, impotente, enfadada o provocándole un sentimiento de culpa. Esto desencadenó en ella una abnegación que la hacía acceder a exigencias irracionales o sentirse obligada a estar a la altura de expectativas desconsideradas.

Un día la situación se volvió tan desesperada que mi clienta se vio recorriendo la habitación de lado a lado una y otra vez en un estado intenso de ansiedad. Entonces, me dijo, que de repente se dio cuenta: «Me siento como una presa, ¡y mi madre es la depredadora!».

Cuando comprendió esto, se tranquilizó de inmediato y el temor ansioso dio paso a la calma, que le permitió empezar a pensar con más claridad. Supo lo que necesitaba: límites. Su madre debía entender que su comportamiento controlador ya no iba a volver a hacer de su hija una presa abnegada, que su conducta depredadora tenía consecuencias.

A partir de entonces, mi clienta era consciente de los momentos en que su madre empezaba a actuar nuevamente de manera manipuladora y se mostró firme en su intención de mantener los límites. Este cambio de su postura de enfrentamiento depredador-presa mejoró considerablemente la relación entre ellas.

En cuanto somos conscientes de que existe un sutil comportamiento depredador en nuestras relaciones, la propia consciencia de ello crea una posibilidad de elegir que lleva implícita nuevas opciones. Podemos respetar a la otra persona sin que eso signifique aceptar su manera de tratarnos. De lo contrario, el modo de estilo depredador se perpetúa, como hacen los hábitos, y puede destrozar nuestras relaciones.

Una vez que empezamos a tener repetidos vislumbres de lo que se siente al tener una conexión basada en un auténtico cariño y empatía, se convierte en algo extremadamente motivador. Nuestros puntos de referencia cambian, y es posible que nos sintamos desilusionados con los modos de relación disfuncionales y prefiramos la amabilidad, la confianza, la profundidad y la intimidad.

Esto empieza a cambiar la relación con quienes nos rodean. Plantéese, por ejemplo, comunicarse con prudencia con aquellas personas que son propensas a un modo desencadenado por la subyugación. Son personas hipersensibles a sentirse controladas, así que relacionarse con ellas teniendo en cuenta sus deseos y dándoles opciones impide que el modo se active.

Pero, en realidad, ¿por qué no tratar a todo el mundo de esta manera? A nadie le gusta sentirse fiscalizado y controlado, y no hablemos ya de sentirse manipulado. Parece una opción mucho mejor de hacer el «unirnos» a nuestro modo predeterminado, independientemente de con quién estemos y de lo que hagamos.

En la zona de peligro

No quiero que dé la impresión de que siempre podemos librarnos del poder que tiene sobre nosotros un modo perjudicial íntegramente por nuestra cuenta. A veces es de una enorme ayuda trabajar con un profesional cualificado.

A aquellos de ustedes que estén atrapados en modos tan extremos que hayan empezado a debilitarlos, les recomiendo la intervención terapéutica basada en los modos que desarrolló Jeffrey Young y a la que denomina «terapia de esquemas».[4] Otros métodos de psicoterapia son, por supuesto, útiles también, pero este es, de los métodos que conozco, el que trata explícitamente los problemas relacionados con los modos.

Los descubrimientos y experiencias de Jeffrey Young ayudan a entender mejor los modos mientras intentamos cambiar hábitos muy arraigados. Su método hace aflorar las inseguridades que yacen bajo un modo y que le dieron forma cuando se desarrolló; por ejemplo, los patrones del sentimiento de superioridad (un aspecto del modo de estilo depredador) pueden considerarse un intento de compensar vulnerabilidades, como son: sentirse indigno de recibir amor, o tener carencias a nivel emocional. Young distingue entre el narcisismo puro, que se aprecia en personas a las que en la infancia no se les impusieron límites, y el narcisismo frágil; y las vulnerabilidades existen entre quienes pertenecen a esta última categoría.

Al mismo tiempo, insiste Young, las personas que albergan este modo necesitan aprender las consecuencias negativas de su comportamiento egocéntrico y empatizar con el dolor que les causa a los demás. Y aunque la terapia puede ayudarles a curar las heridas emocionales a nivel profundo, a nivel comportamental necesitan aprender a respetar los límites de lo que pueden y no pueden hacer, por el bien de otras personas. Los distintos niveles en los que funciona este método hacen de él un modelo apropiado para trabajar con cualquier modo extremo de una manera que sana las vulnerabilidades emocionales básicas en las que se originó el modo, así como para cambiar los hábitos del modo.

La terapia de esquemas considera que la dimensión adulta sana correspondiente al modo seguro tiene la capacidad de crear algo semejante a una «recrianza» interior.[5] De esta manera, podemos calmar las necesidades a veces desesperadas de nuestros modos menos favorables, como la necesidad de seguridad del modo ansioso, tener el valor de afrontar los sentimientos angustiosos que aterran al modo de evasión, o poner en entredicho los hábitos perjudiciales de nuestros modos menos deseables.

Durante la psicoterapia, el adulto seguro de sí mismo que hay dentro de nosotros se hace más fuerte al ofrecerle el terapeuta un modelo de protección, aprobación, afirmación y apoyo. Esto alienta a los clientes a confiar interiormente en este modo. Y al hacerlo, integramos las partes fragmentadas de quienes somos.

Roger empezó un tratamiento de terapia de esquemas. Era un experimentado meditador de *mindfulness*, pero esta práctica no parecía ayudarle a cambiar los modos que redundaban en perjuicio de su matrimonio. Su esposa, Suzanna, y él se querían, pero caían continuamente en una de sus acostumbradas discusiones demenciales y extenuantes que les dejaban llenos de tensión durante días.

La tarea que el terapeuta le había asignado para trabajar con los modos era detectar sus modos dañinos en el momento en que se desataban, y aplicar un remedio. Cuando empezó a estar plenamente atento a sus modos se dio cuenta de que Suzanna y él tenían solamente dos o tres tipos de discusión básicos que se repetían, y de que cada uno de ellos era una variante del mismo juego de provocaciones mutuas.

Una vez, por ejemplo, estaban haciendo los preparativos para un viaje y, cuando Suzanna empezó a hacer el equipaje de mano, él le dijo: «Es demasiado. Mejor que saques la mayor parte de lo que has metido». A esto Suzanna replicó en tono airado: «No me controles». Roger, a su vez, se quedó paralizado tras la contestación; sintió que lo invadía una intensa ansiedad, y pasaron el resto de la tarde irritados y sin dirigirse la palabra.

A la mañana siguiente, Roger se dio cuenta de que cuando hizo aquel comentario estaba en su modo de obligación, que le hacía volverse crítico y controlador, y reconoció la hosquedad resultante que se había instalado entre ellos como un atolladero sobradamente conocido, una silenciosa guerra de modos.

Roger entendió que su comentario sobre el equipaje, y cierta intención de controlar a Suzanna, nacían de su modo perfeccionista, de obligación, y que ella había respondido desde la rebeldía de su modo de estilo presa. Esto, a su vez, hizo que saliera en él el modo de rendición de la presa, que lo obliga a resignarse sin más y lo paraliza hasta el punto de no saber qué hacer a continuación.

Unas horas más tarde, aquel mismo día, tuvo una sesión con su terapeuta, que estaba contento de que hubiera sabido reconocer los modos mientras estaban en acción. «Sería mejor –le aconsejó– que tu esposa supiera lo que sientes. Háblale desde el corazón, admitiendo tus miedos y temores.»

Cuando Roger le contó a Suzanna lo que había entendido de sus tensos enfrentamientos, descubrió algo más sobre la dinámica de sus modos. «Cuando tú entras en ese modo de obligación –le dijo ella–, eres tan controlador que me vuelves loca. Reaccioné a sentirme controlada y a que no tuvieras consideración conmigo. Hasta ese momento me sentía abierta a ti, rebosante de cariño, y cuando dijiste eso, me cerré por completo. Tuve la impresión de que te importaban más las maletas que yo.»

En la siguiente consulta, el terapeuta ayudó a Roger a pensar en alguna manera alternativa de expresarse. Le aconsejó: «Podrías decir, con voz afectuosa: "Estoy un poco preocupado por ti. Me preocupa que la maleta en la que llevas las cosas más delicadas y de más valor –las que sientes que quieres llevar contigo en el avión– al final pese tanto que tengas que facturarla. Y no sería la primera vez que pierdes una maleta facturada".

»Luego –añadió el terapeuta– puedes esperar a ver qué dice tu esposa, y dejar que ella misma encuentre la solución. Así sentirá que te interesas por ella, no que intentas controlarle la vida».

No es tan fácil dar con el antídoto indicado para un modo en el acaloramiento de una discusión. Quienes han investigado las relaciones matrimoniales recomiendan que cuando una pareja discute se conceda una tregua de al menos veinte minutos antes de volver a reunirse para arreglar las cosas.[6] Pero habrá muchas más probabilidades de arreglarlas de verdad si durante esos minutos dedicados a dejar que se reduzca la tensión cada miembro (o al menos uno de ellos) reconoce el modo que le ha invadido a cada uno y toma medidas para remediarlo, por ejemplo entrando en el modo seguro, incluso cuando tratan de resolver sus diferencias.

Adquirir el hábito de reconocer los modos que más habitualmente se activan durante sus discusiones puede ayudar a una pareja a reconocer el desencadenante antes de que surta efecto, y evitar así la pelea resultante. El terapeuta de Roger le hizo algunas advertencias, detalladas paso a paso, sobre qué hacer cuando ve que está a punto de entrar en una zona de peligro capaz de desencadenar un modo. Le dijo:

- Aprende cuáles con las señales de tus modos y sintoniza con lo que te está arrastrando. Date cuenta del modo en que estás en ese momento; presta atención a los pensamientos, emociones y sensaciones. Si percibes que es un modo desfavorable, intenta plantarle cara al modo en sí.
- Piensa dos veces lo que vas a hacer antes de actuar.
- Reflexiona sobre lo que puede estar sintiendo o pensando la otra persona.
- Plantéate alternativas. (Por ejemplo, Roger podía haber pensado: «Tal vez sea un problema cómo está haciendo el equipaje, pero igual mejor se lo comento en otro momento en que no esté bajo tanta presión».)
- Recuerda el remedio, y luego actúa. (En el caso de Roger habría significado expresar en primer lugar su preocupación por Suzanna, remitirse luego a los hechos, pero sin actitud controladora, dejándola encontrar sola la solución.)

El estudio de la epigenética ha revelado, en esencia, que aunque tengamos una predisposición genética a desarrollar una enfermedad, la diabetes, pongamos por caso, si nos mantenemos en forma y no ingerimos un exceso de hidratos de carbono y azúcares que activen esos genes, tenemos muchas menos probabilidades de desarrollar los síntomas correspondientes. En los métodos de prevención occidentales, este principio recibe particular atención, y se analizan las causas más tempranas, como puede ser una inflamación crónica, desencadenante directo de muchas enfermedades.

En algunos métodos de prevención orientales, el tratamiento empieza por diagnosticar las causas determinantes de los modos, como el apego, la aversión o la ignorancia, que se consideran conducentes a conflictos emocionales, así como a dolencias físicas.

Es un planteamiento bastante diferente del de la medicina convencional, centrada en los síntomas, y no en sus precursores tempranos. Pero ¿por qué no atajar de entrada las causas iniciales y evitar así que se desencadenen los procesos patológicos?

Ese es igualmente el propósito del trabajo realizado con los modos: llegar a la raíz de nuestros modos más extremos, en vez de limitarse a tratar sus síntomas, o simplemente ayudarnos a superarlos. Al dirigir la atención a las causas subyacentes de un modo podemos impedir las tendencias emocionales que, de lo contrario, podrían fortalecerse hasta encontrar plena expresión en modos perturbadores. Podemos considerarlo la epigenética de la psique.

Las voces del modo

Liza, que era propensa a comportamientos de abnegación de estilo presa, vivió meses de profundo resentimiento hacia toda aquella persona de su vida que le pareciera egocéntrica e insensible.

Se volvió muy susceptible y tenía reacciones desproporcionadas a la menor señal de que la gente la trataba sin consideración o no la correspondían, después de las numerosas veces que ella les había brindado su ayuda sin escatimar esfuerzos.

Estaba enfadada y frustrada. Los pensamientos que generaba su modo distorsionado le hacían ver incluso en los episodios más inocentes nuevas afrentas, lo cual intensificaba su temor a que «la estuvieran utilizando», aun sin apenas tener prueba alguna de que fuera así.

Había llegado al límite. Estaba saturada, cansada de las situaciones que la hacían saltar, de todo aquello que reforzaba aún más sus patrones distorsionados, y del modo en sí. Una exageración tal de las reacciones de un modo puede ser señal de que estamos llegando al punto de inflexión, de que hemos llegado a un grado de desilusión tal con el modo que estamos más que motivados para cambiar los patrones vigentes.

Un período de intensidad acrecentada de un modo –en el que las voces del modo se repiten con más frecuencia y cada vez más alto– puede ser una etapa útil para investigar un modo negativo y sanarlo.

Puede ser una buena señal, pero solo si vemos con claridad lo que está pasando. Liza empezó a reconocer la voz de su modo en pensamientos contundentes y reiterados, como: «Después de todo lo que he hecho por él, es así de desagradecido», y «En realidad no le importo nada».

Son pensamientos que emanan de las convicciones distorsionadas en que se basa el modo. Si no somos conscientes, se convierten en confirmaciones de sí mismos: «¿Te das cuenta?, ha vuelto a ocurrir. Esto demuestra que la gente solo quiere aprovecharse de ti». Pero si tomamos consciencia, podemos empezar a reconocer en esos pensamientos la voz del modo, no la realidad. Nos damos cuenta de que nos hemos creído esos pensamientos y de que los sentimientos que esos pensamientos evocan han alentado nues tras respuestas durante mucho tiempo.

Si Liza no hubiera reconocido que esas voces interiores eran características del modo, habría seguido creyendo lo que le decían. Al ir familiarizándonos con las voces de nuestro modo y poder darnos cuenta de que nuestros pensamientos no son sino eso, empiezan a perder el poder que tenían sobre nosotros. Ser conscientes de ello cambia la relación que hasta ahora manteníamos con los pensamientos del modo: en lugar de creérnoslos al instante, podemos sentirnos desengañados del encantamiento en que nos tenían envueltos.

A Liza reconocer esto le permitió ver la secuencia, repetida una y otra vez: sus propias acciones fomentaban la creencia fundamental en que se sustenta una de las características del modo de estilo presa: la abnegación –propulsora a su vez de una mezcla letal de resentimiento, indignación y dolor– acompañada de argumentos del estilo de: «La gente te utiliza. En realidad no les importas».

Liza estaba invadida por pensamientos de este tipo cuando se dio cuenta de que eran la voz del modo de abnegación. Y luego entendió que eran cada vez más intensos precisamente porque estaba lista para desprenderse de aquel patrón. Los modos quieren sobrevivir. Y como cualquier otro patrón emocional profundo, se exacerban cuando empezamos a prestarles atención para sanarlos.

Vio que eran los pensamientos distorsionados y los sentimientos exageradamente reactivos del modo los que determinaban sus hábitos emocionales –en su caso, o rechazar a la gente por sus supuestos desaires, o volcarse en atenciones demasiado solícitas–. Darse cuenta de algo así nos ofrece la opción de no dejar que ese incansable patrón continúe.

En los modos que albergan una carga emocional muy fuerte, es necesario trabajar de una determinada manera para que se presente esa opción. Si queremos cambiar los patrones del modo, tenemos que descubrir y abordar primero la dinámica emocional que le da vida. Esos patrones han sido sustanciales para la persona que creemos ser, y al desprendernos de ellos quizá nos sorprendamos teniendo que llorar la pérdida de esas partes de nosotros que durante tanto tiempo han definido quiénes somos.

Liza dijo en determinado momento: «Dejé de estar pendiente de la gente todo el tiempo y no estaba segura de si seguirían apreciándome. Hubo a quien no le gustó, y comprendí que tenía que estar dispuesta a quedarme sin aquellas relaciones que estaban basadas en estar siempre a disposición del otro a cambio de caerle bien. Pero las amistades verdaderas perduran, y yo me siento mucho más libre ahora que este patrón ya no rige mi vida».

La supervisora y el cambio de hábitos

En el cambio consciente de hábitos, la supervisora

- examina la situación;
- sabe cómo piensan, sienten, actúan e interactúan los modos;
- toma la temperatura al modo;
- comprueba lo que se necesita;
- considera las distintas maneras posibles de intervenir y cuál puede ser la indicada, y
- elige en consonancia.

Por ejemplo, una diseñadora de páginas web veía acercarse la fecha límite para entregar un trabajo importante, y estaba a punto de celebrarse una reunión familiar planeada desde hacía tiempo durante la cual sus familiares iban a alojarse en su casa. Pensó que en realidad debía quedarse a trabajar todo el fin de semana de la reunión, pero a la vez no quería herir los sentimientos de su familia. Era abnegada en todo lo que tenía que ver con ellos sin siquiera darse cuenta, y capaz de dejar de lado sus propias necesidades –incluso una fecha límite de tanta importancia– para agradar a los demás. Pero estaba desbordada ya antes de que llegara su familia.

Estaba agotada y llevaba tiempo haciendo caso omiso de las señales que le enviaba el cuerpo pidiéndole un descanso reparador. Estaba tan nerviosa que pasaba buena parte de la noche dando vueltas, y luego se obligaba a mantener el ritmo de trabajo durante el día a pesar de estar tan baja de energía.

Hasta que un día, cuando su familia estaba a punto de llegar, se acordó de conectar con su supervisora consciente y preguntar: «¿Qué está pasando?». Esto desató un diálogo interno entre su supervisora y su modo. Pensó en sus invitados y en lo que necesitarían y en cómo normalmente estaría encantada de atenderles. Pero en aquel momento, estando tan agotada, tan falta de energía, sería una locura.

Reconoció su vena abnegada del modo de estilo presa, y cómo aquellos patrones de pensamiento tan conocidos empezaban a imponerse de nuevo. Pero se dio cuenta de que esta vez la sensación era diferente: veía las cosas a través de la lente del auténtico agotamiento. Notó que se sentía un poco molesta con la inminente llegada de sus invitados, y dio por sentado que ellos se creerían con derecho a gozar de su hospitalidad.

En ese momento intervino su supervisora consciente: «¿Qué necesitas?».

La respuesta inmediata fue: «Descanso, espacio y reciprocidad».

Le vino el recuerdo de una vez en que alguien que estaba alojado en su casa iba a salir y le preguntó: «¿Necesitas algo?», y de lo gratamente que la había sorprendido que se tuvieran en cuenta sus necesidades y las escasas ocasiones en que se sentía así. Recordó también que su creencia básica en la abnegación la llevaba a dar por hecho que la gente tiende más a recibir que a devolver, lo cual la hacía sentirse aún más desbordada. «El patrón de este modo es agotador», pensó.

Luego la supervisora consciente le recordó que el modo de abnegación nace de un contexto de aprendizaje. La gente que había habido a su alrededor tenía un sinfín de necesidades insatisfechas, y ella había aprendido a proporcionarles cuanto estaba en su mano por miedo a perder su conexión con ellos. El modo la hacía volcarse con los demás en exceso a fin de satisfacer sus propias necesidades emocionales continuas (de que la quisieran, la aceptaran, no la abandonaran), que eran un pozo sin fondo. Y siempre acababa decepcionada, porque no sentía que se la valorara..., la gente contaba de antemano con que haría todo lo que hacía, o incluso llegaba a exigírselo. Sentía que era una especie de objeto útil.

Su supervisora interior le recordó un remedio para el modo: los límites. Cuando la gente propensa a este modo empieza a buscar un respiro o alivio de estas presiones, siente que no puede seguir adelante sin poner límites..., no límites transparentes, sino de neopreno, límites impermeables que no permitan que entre nada.

La supervisora atenta sugirió:

–Este modo necesita redefinir las relaciones para que sean más equilibradas. Hay algo llamado «comunicación clara» que puede ser útil en momentos como este.

–¿Eso cómo se hace? –contestó el modo.

–Puedes expresarte con claridad y no reaccionar cuando te comunica –le recordó la supervisora.

–¡Qué buena idea! –respondió el modo–. Siento como si me
quitaran un peso de encima. Voy a intentarlo.

En ese momento, rompió esta ensoñación interior la llegada de
los invitados. La diseñadora de páginas web decidió ser sincera
con ellos. Así que cuando su cuñada le preguntó «¿Cómo estás?»
y le dio un fuerte abrazo, ella contestó con franqueza absoluta:

–Agobiada. Se me echa encima la fecha de entrega de un trabajo muy importante, y a la vez tengo muchas ganas de estar con
todos vosotros.

Hablaron de ello un poco y al cabo de un rato su cuñada le dijo:

–¿Sabes cómo me he sentido cuando me has dicho que estabas
agobiada?

La diseñadora pensó: «¡No, por favor! He herido sus sentimientos. Ha venido desde tan lejos... No tendría que haber dicho nada».
El guión salía directamente de sus patrones de abnegación. Pero
su cuñada dijo:

–¡Aliviada!

–¿Aliviada? –preguntó ella.

–Sé que muchas veces que venimos a verte dejas todo de lado
para atendernos, y siempre tengo la sensación de que abusamos
de ti. Tú siempre le quitas importancia, pero yo noto tu presión
interior. Cuando me has dicho que estabas agobiada, he pensado
que podía encontrar maneras de ser más una ayuda que una carga. Das la imagen de la mujer perfecta, pero eres sencillamente
humana.

Esto le abrió los ojos y fue un remedio para su modo. Se dio
cuenta de que sus patrones de abnegación –el dar la imagen de que
ella no tenía necesidades propias– creaban distancia en sus relaciones al no dejar que la gente supiera lo que necesitaba y negar-

les así la posibilidad de ofrecerse a ayudarla. Este fue un pequeño primer paso hacia la transformación consciente del hábito de su modo, y sintió una conexión más genuina con su cuñada.

Correctivos de los modos

Leslie no había vuelto a saber nada de una amiga a la que le había enviado un mensaje de texto, y que solía responder de inmediato. Aquello desató su modo ansioso y el convencimiento de que «Igual está enfadada conmigo». Se sintió herida. Dio por sentado que su amiga estaba distante y se preguntó: «¿Habré hecho algo mal?». Empezó a rumiar sus cábalas, buscando argumentos para convencerse de que la conexión entre ellas estaba a salvo.

Entonces se acordó de otras veces en que se había sentido así. Se paró y se dijo: «Este es mi modo ansioso y dependiente en acción». Recordó en ese momento que el hijo de su amiga estaba enfermo, y al instante tuvo una visión más objetiva. «No es que me ignore. Es solo que está preocupada.»

Se impidió seguir dando credibilidad a aquellos temores de desconexión llenos de ansiedad, que la habían lanzado una y otra vez a implorar explicaciones tranquilizadoras. Seguir con ello no haría sino fortalecer los hábitos de su modo ansioso. En su lugar, decidió dejarlo de lado temporalmente.

Las creencias fundamentales características de un modo negativo se traducen en pensamientos automáticos fáciles de predecir, voces interiores obstaculizadoras que expresan suposiciones distorsionadas, como: «No estoy segura en esta situación», o «Mejor me retiro antes de que me hagan daño».

Para el modo ansioso de esta mujer, la lección reparadora fue oponerse a la tendencia a albergar temores infundados y no dejarse dominar por la idea de que la distancia en una relación significa el fin de la relación.

Cuando trabajamos con nuestros patrones emocionales más desazonadores es una gran ayuda poder acceder al modo seguro, a su consciencia empática y claro discernimiento, para que nos dé un sitio donde sentirnos a salvo mientas desmantelamos los constructos negativos de un modo. Una pausa atenta puede a veces ayudarnos a acceder a nuestra base segura el tiempo suficiente para indagar en nuestros pensamientos y encontrar una solución.

Estos correctivos cambian lentamente cómo evaluamos los detonantes de un modo. Las acostumbradas respuestas automáticas se debilitan cuando empezamos a ver las cosas con claridad en vez de a través de la lente distorsionada de un modo. Y al debilitarse la respuesta habitual del modo, podemos neutralizarlo con su antídoto.

Cuanto más se repiten las experiencias correctivas, más fácilmente podemos asentarnos lo suficiente en el modo seguro como para hacer frente a los que hasta ahora habían sido desencadenantes de un modo sin desestabilizarnos. Esto supone una alteración sustancial de las creencias básicas de un modo disfuncional, un cambio a la hora de responder y una desactivación de sus desencadenantes.

Al reevaluar los sucesos con atención plena, nuestro cerebro experimenta cambios semejantes a los que se producen cuando apretamos el botón «actualizar» en un portátil. Claro que los hábitos emocionales profundamente arraigados no cambian de la noche a la mañana. Cuando trabajamos con los modos puede parecer a veces que damos un paso adelante y otro atrás, como bailarines de rap que se menean sin moverse del sitio.

Cada modo tiene su serie específica de antídotos, de correctivos que nos ayudan en el camino hacia la integración y la transformación. Los antídotos para nuestros modos negativos son muy distintos de lo que el modo «quiere».

Por ejemplo, el modo de evasión trata de apartarnos de las emociones fuertes temiendo que nos abrumen. Pero para sanar el modo tenemos que aprender a abrirnos a esas emociones y a sentirnos tranquilos al hacerlo. Tenemos que aprender y dominar nuevos hábitos de respuesta que reemplacen a los antiguos hábitos del modo disfuncional.

Para los modos de apego y aversión, la pregunta que hemos de plantear es: ¿Puedes experimentar placer sin apegarte, o malestar sin sentir aversión? El generador de problemas se aferra, o a querer, o a no querer.

Una vez más, no hay una lista universal de antídotos para cada modo. En primer lugar, todos los experimentamos de la forma que nos es propia. Aun así, hay unas advertencias generales que puede sernos útil tener presentes, sobre todo cuando en el acaloramiento del momento intentamos recordar qué podría necesitar aprender un determinado modo:

De apego: refrenar el impulso; ser independientes y estar satisfechos; ser generosos y liberarnos de las percepciones engañosas.

De aversión: ser pacientes, aceptar las cosas como son, y empatizar y ser comprensivos con los demás.

De aturdimiento: afrontar con claridad, indagación investigativa y atención discernidora las situaciones.

Ansioso: cuestionar los temores exagerados –sobre todo el de que la distancia significa perder la conexión con una persona– y ser más independientes en las relaciones.

De evasión: sentirnos seguros al afrontar emociones intensas, y empezar a sentirnos cómodos con la intimidad y el afecto.

De estilo depredador: empatizar y ser considerados con las necesidades y deseos de los demás, en vez de imponer los nuestros; estar abiertos a las críticas constructivas y asumir responsabilidades, en vez de culpar a otros.

De estilo presa: expresar nuestras necesidades y derechos con firmeza y claridad, y conectar con nuestras preferencias.

Perfeccionista: relajarnos, y ser más transigentes con nosotros mismos y con los demás, ser más espontáneos y equilibrar la productividad con cuidar de nosotros.

Saber lo que un modo necesita para sanarse nos da ciertas pautas a la hora de tomar decisiones favorables y sensatas, un paso clave en el cambio consciente de hábitos.

12. Alentar nuestra base segura

Cuando tenía diecisiete años, una pareja me contrató para que les ayudara a cuidar de su hija pequeña. Una noche los padres salieron, y la niña y yo nos quedamos dormidas temprano.

Unas horas más tarde el llanto histérico del bebé me despertó. Cuando fui a su habitación y la tomé en brazos, sentí cómo su cuerpecito tenso temblaba de tanto llorar. Mientras la mantenía abrazada, sentí una fuerte empatía con esta niñita a la que quería tanto, e intenté calmarla con mi voz. De repente, me recorrió una intensa oleada de compasión, casi como un chorro de energía que parecía emanar de mi corazón y entrar en su cuerpo. En cuanto ocurrió, la niña se derritió en mis brazos. Su cuerpecito diminuto era ahora blando y pesado, y se quedó profundamente dormida.

Hay innumerables momentos como este en la vida cotidiana de los padres, pero yo que era todavía adolescente había aprendido algo nuevo sobre la compasión. Aquella fue la primera vez que sentí de forma vívida que expresar un amor tierno y sincero podía ayudar a alguien a encontrar su modo seguro.

La idea en sí de la base segura proviene del modelo de un padre o madre entregados que sintonizan con las necesidades de su bebé y le hacen sentirse comprendido, querido, apoyado, y seguro en el mundo. Aquellos que nos quieren y se interesan por nosotros pueden alentar este modo.

Si encontramos parejas o amigos que sean sensibles, receptivos y afectuosos, tener cotidianamente experiencias de base segura con ellos puede ser reparador, hacernos más capaces de ofrecer ayuda a otras personas de nuestra vida. La opinión que tenemos de la naturaleza humana adopta una perspectiva más positiva a medida que los modos negativos pierden fuerza.

Lo cambia todo tener a alguien que se interese por nosotros y nos brinde su afecto cuando nuestras necesidades básicas están insatisfechas. Pero si no contamos con alguien así, no es demasiado tarde para conectar con esas mismas cualidades que están presentes también en nuestro corazón y nuestra mente.

Hay dos entradas al modo seguro, una interior y otra exterior. Si bien es cierto que podemos recurrir a quienes nos aprecian para alentar este modo, también podemos mirar en nuestro interior. Hay muchas formas en que podemos sentar los cimientos para un modo seguro nosotros solos, y empezar a ser esa fuente de confianza y afecto para nosotros mismos.

Cuando un jardinero se ocupa de su jardín, han de cumplirse toda una serie de condiciones para que las plantas florezcan, entre ellas: labrar y abonar la tierra, hacer arriates, sembrar las semillas, regar, quitar las malas hierbas y proteger las plántulas. Cuanta más atención y cuidados les dedique, más prosperarán las plantas. La fuerza vivificante que dedicamos a cuidar las plantas a su vez potencia su crecimiento.

Asimismo, podemos cultivar las cualidades de nuestro modo seguro creando las condiciones que permiten que este refugio interior florezca. Unirnos con personas enriquecedoras con las que se establece una conexión puede ser una de ellas, y también puede serlo unirnos con nosotros mismos. Hay diferentes niveles de unión. Nuestros modos distorsionados son patrones que nos desconectan; el modo seguro nos conecta.

Los actos de amabilidad, comunicación clara, interés sincero y sintonía empática alimentan todos ellos nuestra base segura. Y el mismo efecto tiene cultivar nuestras cualidades positivas: encontrar sentido a nuestra vida, ver las cosas con precisión y discernimiento (y no a través de una lente distorsionada), y crear refugios interiores seguros. Cuanto más transitemos estos caminos internos, más confianza tendremos en nuestros recursos interiores.

Trabajar con los modos libera de por sí la mente y el corazón y deja que el modo seguro y enriquecedor de nuestra vida emerja y sea nuestro hogar por excelencia, el lugar interior al que regresamos una y otra vez.

Además de reparar los modos individuales, este trabajo trata también sobre aprender a ver las cosas desde la perspectiva de la interconexión; es una visión que nuestros modos confusos eclipsan. A medida que transformamos nuestras perspectivas, podemos vivir más a menudo de una manera que exprese esa visión.

Un refugio seguro

La epifanía que experimenté con el bebé que lloraba sucedió en la misma época en que mi primer novio me regaló un ejemplar de *Siddhartha* de Herman Hesse –novela basada en un buscador espiritual que encuentra al Buda–, y luego se fue a estudiar a la universidad y rompió conmigo. En aquel tiempo, no podía imaginarme vivir sin él; fue mi primer desengaño amoroso, y activó todos mis miedos al abandono.

Me sumergí en la novela, de pronto un sólido refugio para mí. Encontré solaz en pasajes como ese en el que el buscador

Siddhartha llega a un río y una voz interior le dice que se siente y aprenda de él. Y él «vio que el agua corría y corría, corría sin cesar, y sin embargo siempre estaba allí, siempre era la misma y, no obstante, ¡siempre era nueva!».[1]

Apreciaciones de esta naturaleza me ayudaron a reubicar el dolor dentro de una dimensión más extensa, que establecía con firmeza la permanencia del cambio, la naturaleza del sufrimiento y el apego que lo origina, que a su vez me ayudaron a superar la ruptura de esta relación tan importante.

Años más tarde, durante una temporada en que volví a salir de vez en cuando con aquel primer novio, incluso consideramos la posibilidad de reiniciar la relación.[2] Cuando ahora echo la vista atrás a la época de los diecisiete años y recuerdo el dolor que me produjo aquella separación, veo que en realidad me liberó del apego, lo cual hizo que se me abrieran otros mundos. Si no hubiera estado dispuesta a soltarme, si no hubiera estado abierta al cambio, me habría perdido aquellas oportunidades.

Aquellas semanas y meses tan difíciles encaminaron mi vida en una dirección nueva; la adversidad se transformó en oportunidad. Empecé a meditar por primera vez. Las nociones nuevas que había aprendido de la lectura durante aquel período tan doloroso me hicieron zambullirme sin reservas en la práctica de la meditación. Descubrí que podía conectar con el refugio interior del modo seguro.

Esto me llevó a hacer retiros de meditación intensivos, a viajar a la India, a conocer a magníficos maestros de meditación y, en cierto momento, a inscribirme en un programa de especialización que integraba la psicología oriental y occidental, que a su vez me llevó al trabajo que hago actualmente. A veces tengo la sensación de ser una guía turística interior, que anima a otros a conectar con la aventura interna y a liberar sus mentes y sus corazones.

La práctica de la meditación ha sido un camino hacia la libertad emocional tan asombroso, me ha permitido descubrir y comprender hasta lo más hondo tantas cosas de mi vida, que he sentido la necesidad de hablar de sus beneficios. Entre ellos está el redefinir la idea limitada que tenemos de nosotros mismos y de los demás y abrazar una perspectiva más extensa, más espaciosa de nuestro mundo. Y uno de los frutos de la meditación que puede ser importante para la mayoría de nosotros es encontrar una vía de acceso al refugio íntimo del modo seguro.

Entre los beneficios afianzadores que se derivan de adiestrar la mente está el encontrar valiosos recursos internos, como el sentirnos rebosantes y serenos, o el ser más capaces de aceptar aquello que no podemos cambiar y tener menos necesidad de controlar lo que no podemos. Adquirimos una perspectiva más equilibrada, que nos da una visión más completa de los acontecimientos; vemos el cielo que hay detrás las nubes..., o al menos recordamos que lo hay.

Todas estas son cualidades que tal vez nos gustaría que nuestros cuidadores nos hubieran ofrecido en una época temprana de la vida. Pero estuvieran o no presentes estas cualidades propias del modo seguro en su forma de atendernos y educarnos, son cualidades que aún podemos cultivar y desarrollar en nuestro interior. Por eso digo que practicar la meditación es una forma de recrianza interior.

Entre las muchas otras cualidades del modo seguro que fomenta la meditación, destacan unas pocas. En primer lugar, empezamos a depender menos de que las circunstancias externas determinen nuestro estado interior, pues la atención está anclada en una consciencia más vasta, que no pueden definir las condiciones externas de nuestra vida. El sentimiento de calma y el de seguridad íntima se fortalecen cuando apelamos a la consciencia protectora que hay en nosotros, en vez de depender de otras personas para sentirlas.

La calma puede convertirse en ecuanimidad en los momentos turbulentos de la vida, lo cual nos da una base interior en la que sostenernos en pie, una consciencia no reactiva y una perspectiva equilibrada. Lo que en otro momento hubiera podido desencadenar un modo negativo empieza a ser simplemente una parte neutral del espectáculo pasajero de la vida. Y a esto se añade además todo un abanico de sentimientos positivos, como la generosidad, la resiliencia y el espíritu lúdico.

Desarrollar la concentración y la claridad nos permite acceder a una parte mayor del potencial de nuestra mente. Tenemos más sitio para contemplar, ya sean nuestros problemas emocionales, o las percepciones más penetrantes, como principios naturales que rigen nuestra experiencia. Percibir con más claridad la naturaleza impermanente de las cosas me ayudó a redefinir la ruptura con mi novio como una parte de mi vida, en vez de como una tragedia insoportable. Esto me liberó el espíritu y me abrió otras posibilidades de encontrar mi dirección.

Esa sosegada claridad viene acompañada de comprensión y de un sentimiento de compasión por el sufrimiento que causan las percepciones distorsionadas propias de algunos modos, las nuestras propias y las de los demás. Vemos y admitimos entonces el patetismo de la condición humana que todos compartimos.

Desarrollamos mayor capacidad de sintonización interior y una creciente confianza en que podemos hacernos cargo de nuestros mundos internos...; confianza en que conectarnos con nuestra verdadera naturaleza y liberar así poco a poco nuestras mentes es una posibilidad real. Y esa misma capacidad de sintonización se traduce en conexiones más auténticas con los demás.

El poder del amor

Unos días después del terrible accidente, Robin se despertó en la unidad de cuidados intensivos del hospital y se dio cuenta de que su madre, Diane, estaba a su lado. «Fue una gran ayuda que mi madre estuviera allí; el simple hecho de tenerla cerca era conmovedor. Pensé que habría venido a estar solo unos días, pero acabó quedándose conmigo las cinco semanas enteras que duró la rehabilitación. Me dio su apoyo en todo momento, animándome con sus comentarios positivos durante los ejercicios de terapia física, y haciendo de abogada, encargándose del papeleo, el seguro..., todo lo que yo no podía hacer.»

No hay duda de que la proximidad afectuosa de su madre fortaleció en Robin la presencia del modo seguro. Las personas de nuestra vida a las que queremos –nuestra familia, los amigos íntimos, e incluso nuestros animales de compañía– nos hacen dar un giro hacia el modo seguro.

Ese poder de hacernos cambiar de modo que tiene la mera presencia de un ser querido se descubrió en un experimento que llevó a cabo Richard Davidson en el laboratorio de investigaciones neurológicas de la Universidad de Wisconsin. Se obtenían imágenes del cerebro de una serie de mujeres mientras se les comunicaba que iban a recibir una descarga levemente dolorosa. Su aprensión era claramente visible en la actividad acrecentada de la amígdala y de otras partes de los circuitos cerebrales que responden al peligro y la alarma. Pero si el marido de una mujer le agarraba la mano durante la conversación, la amígdala se aquietaba por completo.[3]

Una clienta me dijo una vez: «Todas las mañanas, en cuanto nos vemos después de despertarnos, mi marido y yo nos abrazamos con ternura. Me transmite un dulce sentimiento de conexión.

–Y añadió–: Pero él lo expresa de forma un poco distinta; dice que nuestro pequeño ritual le inunda de oxitocina, y afirma su base segura para todo el día».

Los efectos de ese abrazo parecen ser el equivalente humano de lo que los investigadores han descubierto que ocurre cuando un roedor hembra lametea y cuida a sus crías, lo cual se ha visto que confiere a los genes de esa crías cualidades propias del modo seguro. Hay muchas formas de conseguir el equivalente de ese lameteo y cuidado en nuestra vida, como por ejemplo abrazar y acariciar a una persona querida, o conectar con nuestros hijos o con cualquier otra persona que nos abra el corazón. La atención afectuosa de un amigo íntimo o confidente puede transmitirnos el sentimiento tranquilizador de que se nos acepta, se nos apoya y se nos quiere. Cuando vivimos momentos desestabilizadores, el simple hecho de hablar con alguien que se interese por nosotros y sentir su apoyo puede reafirmar nuestro modo seguro.

Sentir que otros sintonizan y empatizan con nosotros, que contamos con el apoyo de un corazón generoso, puede favorecer en gran medida el modo seguro. Cuando vemos a alguien que tiene necesidad de una conexión así, está en nuestra mano hacer lo posible por ayudarle a conectar con sus recursos y cualidades positivas internos; somos entonces el uno para el otro algo semejante al sistema inmunitario del corazón.

Los modos, como los estados de ánimo, son contagiosos. Alguien que está conectado con su modo seguro puede ser una influencia calmante con su sola presencia. Eso sí, para transmitir positividad hemos de tener cierta estabilidad nosotros mismos, de lo contrario somos más vulnerables a recibir lo que emane de quienes nos rodean.

A medida que nos familiarizamos con nuestros modos, espontáneamente desarrollamos también una mayor consciencia de los modos de los demás. Ver con más claridad los modos en otra persona nos da la oportunidad de hacer por ella lo que estamos aprendiendo a hacer para ayudarnos a nosotros mismos.

Digamos que un amigo está bajo la influencia de un modo ansioso, enganchado a estar angustiado o a las reacciones exageradas. Podemos ayudarlo simplemente estando plenamente presentes, ofreciéndole el refugio tranquilizador del modo seguro al prestarle toda nuestra atención con sincera empatía.

No es aconsejable decirle: «Estás en un modo ansioso» e intentar sacarle de él; mientras esté atrapado en el modo, le va a servir de muy poco. Responder así a la inquietud de alguien refleja exclusivamente empatía cognitiva, no sintonización emocional.

Podemos apelar, en cambio, a una sensación de serena espaciosidad. La misma disposición de ánimo a la que apelaríamos para soltarnos de nuestros propios enganches mentales; podemos emplearla en este caso para no reaccionar en respuesta a esa persona, sino aceptar intencionadamente las cosas como son. Un interés afable y sincero le permitirá sentir el refugio seguro que le ofrecemos, aunque solo sea en el nivel subliminal de la resonancia neuronal.

Independientemente de lo que le digamos o hagamos durante el tiempo que dure el encuentro, la atmósfera de ese modo positivo surtirá un efecto. Esto le invitará a buscar ese mismo modo dentro de sí. Conectar con un modo interior seguro y mantenerlo, a fin de que sea un punto de referencia del que podemos depender, ayuda a las relaciones de cualquier índole, incluida la que tenemos con nuestra propia mente.

Una amiga me dijo: «Ayer, mientras hacía cola para pagar en el supermercado, con el ánimo por los suelos y la cabeza embotada por el resfriado, la cajera me miró y me preguntó con interés sincero y amabilidad: "¿Qué tal se encuentra hoy?". Me cambió el ánimo por completo, y esto a su vez cambió la manera de estar con mis hijos cuando llegué a casa».

La gente a la que he tenido la fortuna de conocer en los talleres que he impartido a lo largo de los años ha sido para mí una fuente de inspiración..., por su honestidad, su sinceridad, su conmovedora franqueza. Al llegar son todos unos desconocidos, pero es asombroso lo pronto que se revela una sincera confianza y empezamos a sentirnos una comunidad unida.

Es una conexión que se establece una y otra vez entre personas que hablan de sus fracasos y sus vidas, que aprenden unas de otras, que participan del dolor de un corazón ajeno y encuentran inspiración en las reflexiones de las demás. Está tan claro que somos de la misma familia humana, que compartimos la misma esencia.

Y cuando estamos dispuestos a ser nosotros mismos, a hacer una introspección sincera y a hablar con franqueza de nuestras debilidades y también de nuestros triunfos al afrontar la adversidad, se crea un confortante modo seguro basado en nuestra humanidad común. Todo el mundo, en todas partes, gravita hacia una base segura.

En busca de los ayudantes

La cirujana a la que se juzgó por negligencia médica contrarrestó su inevitable estado de ansiedad creando un modo seguro: acurrucándose en la cama con su marido y comiéndose una pizza. Instintivamente supo con exactitud cómo crear un modo seguro: estando con un ser querido en un sitio seguro y acogedor y compartiendo una gratificante comida con sabor a hogar (que, claro está, ¡en estos tiempos debería ser de la variedad baja en calorías!). Hay otra forma interior de conseguir el mismo efecto: trayendo a la mente a personas y situaciones que nos resultan reconfortantes, lo que nos da una tranquilizadora sensación de conexión.

Hay tres tipos de personas en nuestra vida que alientan un modo seguro. Piense en la respuesta a estas preguntas:

- ¿Con quién se siente a gusto?
- ¿A quién acude en busca de consuelo cuando algo le inquieta?
- ¿Con quién siente que puede contar siempre?

Estas son las personas en las que confía, con las que le gusta estar y con las que sabe que puede contar incondicionalmente.[4] Pero no es necesario que esté físicamente en presencia suya para beneficiarse de lo que le aportan; ellas constituyen su base interior segura. El simple hecho de pensar en ellas puede ser reconfortante en momentos de angustia, lo mismo que el recodar una ocasión en que cualquiera de ellas le ayudara de alguna manera. La figura interna puede tener el mismo efecto tranquilizador, calmante, que una persona real.

Un vídeo de YouTube tiene también esta capacidad de alentar la base segura. Un niño se cae del monopatín y, cuando está tendido en el suelo, un hombre que pasa se para y lo ayuda. Unos momentos después el niño ve a una señora mayor cargada con bolsas de comida que intenta con esfuerzo cruzar la calle; el niño la ayuda a llevar las bolsas para que pueda cruzar sin peligro.

Esta sucesión de buenas obras va creando una cadena de amabilidad. Cuando vea a alguien tener un gesto amable sea generoso a su vez; las oportunidades se presentan a cada momento si estamos alerta. La expansión de esta bondad crea lo que equivale a una comunidad de base segura.

Durante décadas Fred Rogers presentó el que en su tiempo fue el programa de televisión favorito de los más pequeños, *El barrio de Mister Roger*. Encarnaba una base segura, a un adulto tierno y bondadoso del que podían beneficiarse cada día millones de niños y niñas.

«Cuando era pequeño y veía en las noticias cosas que me daban miedo –contó mister Roger en una ocasión–, mi madre me decía: "Busca a los ayudantes. Siempre vas a encontrar a personas que te ayuden". Esa confianza redirige la atención, apartándola de los detonantes del modo ansioso y poniéndola en aquello que fomenta la seguridad..., sabio consejo sean cuales sean "las cosas que nos dan miedo".»

Phillip Shaver y su colega Mario Mikulincer han estudiado las múltiples formas de alentar una base segura. En uno de sus estudios, los participantes escuchaban un relato sobre una situación segura, agradable; en otro, visualizaban esa situación de calidez y conexión. Incluso métodos subliminales –destellos ultrarrápidos de palabras con connotaciones de seguridad, como «amor», sobre una pantalla– suscitaban el modo seguro. Pero cuanto más activa era la participación de los sujetos en el método en cuestión, más fuerte era el efecto.[5]

El trascendental mensaje que nos transmite la activación de la base segura es que podemos cultivar ese refugio interior seguro haya o no en nuestra vida personas que puedan ayudarnos a entrar en ese modo.

Piense en el escritorio de alguien del trabajo y en las fotografías que recuerde haber visto encima. Invariablemente, las instantáneas muestran a las personas, animales o lugares que a esa persona más afecto le transmiten. No cumplen la simple función de evocar un sentimentalismo nostálgico, sino algo más: son activadores del modo seguro. Mirar esas fotografías un día de mucha tensión ofrece un oasis interior de paz, aunque solo sea durante un momento, que puede ayudarnos a mantener la calma y la confianza y a seguir conectados aun a distancia.[6]

Puede tener un efecto muy parecido ver o traer a la mente imágenes de asociaciones similares, como una madre acunando a su bebé, una pareja enamorada, o palabras como «abrazo», «amor» o «cariño». Ver o pensar en estos activadores tiene un impacto calmante parecido a la interacción real.

Una mujer se dio cuenta de que había estado intentando establecer una conexión segura con personas en las que no se podía confiar. Darse cuenta de esto la ayudó a encontrar maneras de generar una seguridad interior que no dependieran de otra persona. Una conexión interior puede ser protectora y enriquecedora, independientemente de cómo sean las relación externas.

Crear una base interior segura nosotros solos es como la magia de conectar con un abuelo o una abuela cariñosos, un profesor atento o un padre o madre amorosos y protectores. Nuestra base interior segura no tiene por qué estar fundamentada en una persona real; puede ser un lugar en el que nos encante estar, una figura espiritual, un líder inspirador o incluso recuerdos felices.

Los métodos que trabajan con la energía, como el *taichi* o el *chi kung* (o *qigong*), pueden ser otra puerta al modo seguro. El maestro Yang Yang, profesor de *chi kung* en Manhattan, enseña una postura que puede anclar con fuerza a la persona en un alineamiento equilibrado, analogía de la base segura. Los pies se colocan formando una V, uno de ellos aproximadamente 30 centímetros delante del otro. El peso del cuerpo se equilibra sobre esta base estable.

Para practicar la integración de esta postura en la vida cotidiana, el maestro pone una música con ritmo, un rock suave, y hace a sus alumnos bailar libremente por la sala. Cuando la música se para de repente, tienen que adoptar esta postura equilibrada. El propósito es encontrar nuestra fortaleza interior y equilibrio en mitad de las actividades de nuestra vida.

Podemos encontrar otra fuente activadora del modo seguro en un entorno afable y protector. Una familia con tres niños vivía en una casa vieja de habitaciones pequeñas, sobre todo la cocina. Y como la cocina es siempre el alma de cualquier hogar, acababan todos metidos en aquel espacio reducido, arreglándose como podían, pero resultaba inevitable que hubiese roces y saltasen chispas de vez en cuando.

Finalmente estuvieron en condiciones de remodelar la casa. Se encargaron ellos mismos de gran parte de la obra, pero contrataron a trabajadores especializados para algunas partes. Ampliaron la cocina echando abajo algunas paredes y cambiaron las encimeras y los armarios. Tuvo un efecto transformador en sus mentes. Ahora tenían un nido más acogedor y a la vez más espacioso al que volver, y de inmediato empezaron a llevarse mejor. Se sentían también más creativos y se cocinaban platos nuevos uno al otro. El espacio en sí pareció engendrar un modo seguro.

La naturaleza nos ofrece una vía fundamental para acceder al modo seguro. Cuando la gente está cansada por la presión constante de tener que centrarse en objetivos laborales o en el estudio intensivo, por ejemplo, salir a la naturaleza –incluso dar un paseo por un parque o una arboleda– pone al cerebro en un estado más abierto y relajado. Un paseo por una calle de una ciudad, donde tenemos que estar atentos al tráfico y esquivar a otros peatones, sencillamente no tiene el mismo efecto reparador.[7]

Un asesor empresarial contó que durante años tuvo la ingrata tarea de tener que explicar sistemas muy complejos a empleados que no los entendían, o no los querían entender. Acababa frustrado y hasta perdía los estribos. Así que fue a ver a un terapeuta para que le ayudara a hacer algo con aquella ira. En cierto momento, el terapeuta le aconsejó que se fuera de vacaciones a algún sitio donde pudiera dejar atrás todos sus problemas laborales. Su esposa y él encontraron una casa para alquilar en la cima del monte más alto de Tórtola, una de las Islas Vírgenes Británicas. Durante dos semanas se dedicaron a disfrutar durante horas de la vista espectacular de nubes inmensas, islas lejanas y el mar abierto. Sintió una profunda paz.

Cuando regresó al mundo descubrió que podía evocar aquella misma sensación de tranquilidad interior con solo imaginarse allí, en lo que él llamaba su Tórtola interior.

Cuando la mente se expande

Jan y su marido estaban de vacaciones en Tailandia, en una localidad turística, un día tranquilo a la orilla del océano. De repente, el mar empezó a retirarse misteriosamente de la línea de costa dejando al descubierto el fondo marino. El marido de Jan, al reconocer en lo que acababa de pasar la primera fase de un tsunami, gritó: «¡Tenemos que subir al monte a toda prisa, ya!».

Corrieron sin parar, y se acercaban ya a las tierras más altas cuando la ola gigantesca los alcanzó. Jan se agarró a un árbol para que el agua no la arrastrara mar adentro después de que la primera ola se le echara encima, y aprovechando el reflujo, siguió corriendo ladera arriba hasta sobrepasar la altura a la que las olas rompían.

Era enfermera de profesión y ayudó después a los heridos. Su marido había perdido un dedo por la fuerza del tsunami, y le hizo una cura. Luego acudió al rescate de otros supervivientes, curándoles las heridas con lo que encontraba. Consiguió cortarle la hemorragia a un hombre que si no quizá se hubiera desangrado, y a una mujer que había estado a punto de perder una pierna. Por otros, ya no se podía hacer nada.

Me enteré de la catástrofe y poco después Jan me llamó desde Tailandia para hablarme de lo que pensaba que podían ser síntomas de trastorno por estrés postraumático a medida que iba asimilando el impacto de la tragedia que había vivido y el horror del que había sido testigo.

Tras un momento de reflexión, me dijo: «Haber podido ayudar a la gente me hizo sentirme menos desvalida en medio de la devastación».

Si la gente es capaz de hacer algo en medio de una catástrofe, cualquier cosa que les exija tener control de sí mismos, por pequeña que sea, no lo pasan tan mal a nivel emocional como aquellos que se sienten absolutamente impotentes.

«El espacio de consciencia es pequeño, así que nuestra angustia personal adquiere unas proporciones desmesuradas –dice el Dalai Lama–. Pero en cuanto pensamos en ayudar a otros, la mente se expande y nuestros problemas parecen menores.» La compasión y el ayudar a los demás pueden hacernos dar un giro y entrar en el ámbito del modo seguro, como al parecer le ayudaron a la hora de Jan a la hora de superar una experiencia tan devastadora.

Hasta sobre los sucesos tremendos e imprevisibles se puede tener quizá control, aunque solo sea de cómo reaccionamos ante ellos. Una de las creencias fundamentales más destacadas del modo seguro es la expectativa de que otros responderán a nuestras necesidades y nos ayudarán a sobrellevar el dolor. Las personas a las que la infancia les dio numerosos momentos de base segura en los que esto sucedía con espontaneidad están más predispuestas a tener esta perspectiva de la vida; pero incluso si de niños carecimos de ese apoyo emocional, nunca es tarde para cultivar nuestra base interior segura. No necesitamos depender de las personas queridas para acceder al modo seguro; podemos decidirlo solos. Hay muchas formas de acceder a él, ya sea mediante conexiones emocionales o en el interior de nuestra mente.

Una manera de salir de los modos disfuncionales es realzando los más constructivos.[8] En el tratamiento de la depresión, por ejemplo, los terapeutas cognitivos han obtenido buenos resultados «recetando» actividades que ofrezcan al cliente una experiencia inmediata de dominio o placer, sentimientos ambos que quedan suprimidos en la depresión. Esto le da a la persona una perspectiva nueva, un vislumbre de ella al menos, más vasta que el reducido mundo que definen sus patrones de pensamiento negativos.

Podemos asimismo alentar nuestro modo seguro si cultivamos sus cualidades. La esperanza y la energía positiva pueden tornar los retos en triunfos; nuestra actitud ayuda a dar sentido a nuestra vida. Un interés constante, una atención unidireccional, la reflexión, la perspicacia y la generosidad contribuyen a dar sentido a nuestras experiencias al revelar su significado.

Hacer un planteamiento distinto de los sucesos que nos crean preocupación puede ser una manera de dar un giro hacia el modo interior seguro. Este replanteamiento puede hacerse de muchas formas, como veíamos en el capítulo 11. Podemos, por ejemplo, recordarnos: «Esto no tiene que ver conmigo». Una pausa atenta es suficiente para despertarnos del ensueño en que nos sume aquello que nos resulta angustioso y puede, por tanto, contribuir a que nos acordemos de aplicar el antídoto: buscar las partes positivas de lo que esté sucediendo, en vez de centrarnos solo en lo negativo. Lo bueno es que esos aspectos positivos están siempre presentes, en todo, aunque no aparezcan a diario en los titulares.

A un nivel más sutil, cuando nos tomamos todo como algo personal –es decir, cuando interpretamos que lo que está ocurriendo está centrado en nosotros– solemos distorsionar lo que percibimos. Aunque como lo expresaba el profesor tailandés Achlan Chha: «Si no hay yo, no hay problema».

Corrientes energéticas

Bob y Sandhi me invitan a unirme a ellos en el mundo del ahora, donde Sandhi vive..., y donde también a Bob le gusta estar (le llamo en broma Mister Natural). Pero un día, justo antes de nuestra clase, un incidente bastante molesto me había desatado el modo ansioso. Estaba preocupada y un poco nerviosa, y me costaba concentrarme.

En determinado momento, Bob me pidió que le diera a Sandhi instrucciones de correr alrededor del picadero, tirando ligeramente de la parte izquierda de la cuerda para impulsar a la yegua a avanzar y del extremo final de la cuerda para que no se saliera de su camino. Como me costaba un poco prestar atención, sin querer lancé repetidamente la parte posterior de la cuerda en dirección a ella, a lo que Bob exclamó riendo: «¡No le chilles!».

Me resultó gracioso su comentario sobre mi forma excesivamente agresiva de usar la cuerda. Luego me explicó que se habían interpuesto mis emociones (aunque no le había comentado que estuviera inquieta) y que aquella forma de usar la cuerda podía parecer depredadora a los ojos de un caballo.

Lo tomé como un recordatorio de que debía hacer una pausa de atención y percibir lo que pedía el momento. Entretanto, Sandhi esperaba con paciencia y con ganas a que me uniera a ella para jugar al juego del adiestramiento. Así que presté más atención y el resto de la clase salió a pedir de boca.

Después le hablé a Bob de un concepto tibetano relacionado con lo que me había dicho, el de «viento veloz», o *lung*, que es una corriente de energía sutil que circula por el cuerpo y que refleja el estado anímico. La energía veloz (como la del modo ansioso) se queda atrapada en las partes superiores del cuerpo, y como resultado nos agitamos y preocupamos. Cuando ocurre, tenemos que dirigir la energía hacia abajo, hacia el abdomen, lo cual calma el cuerpo y centra la mente.[9]

–Creo que eso es lo que me acaba de ocurrir durante la sesión –le dije a Bob–. Esa energía nerviosa veloz me estaba distrayendo del presente. Pero cuando me he centrado, y Sandhi se ha desahogado por las dos, he sentido que la energía agitada se desbloqueaba y descendía hasta el plexo solar, como he visto que ocurre al practicar *chi kung*.

–Lo mismo pasa con este trabajo –dijo Bob–. La energía desciende hasta el centro.

Aunque todos tenemos *lung*, a veces puede aumentar, y hay personas propensas a tener esta energía en mayor cantidad que otras. Cuando se desequilibra, reaccionamos a ella de distintas maneras; los diversos modelos de modos disfuncionales que hemos estudiado describen cada uno ellos expresiones particulares de un exceso de *lung*, que alimenta la energía neurótica subyacente a esos modos.

Pero estas mismas corrientes energéticas tienen un aspecto positivo, *lungta*, pues son capaces de fomentar un estado mental que manifieste toda nuestra vitalidad, nuestra fuerza vital, expresión del modo seguro. Varios sistemas curativos orientales relacionan esas corrientes de energía sutil con nuestros estados mentales. He descubierto que practicar *chi kung* nada más levantarme me ayuda a activar y anclar el modo seguro.

Los beneficios pueden ser de carácter biológico. Un cirujano cuenta que al operar a una mujer que acababa de pasar un mes haciendo un retiro intensivo de *mindfulness*, fuerte potenciador del modo seguro, se quedó intrigado al ver que el tejido que rodeaba a la incisión que había practicado era excepcionalmente elástico, sangraba muy poco, ¡y que la mujer se despertaba de la anestesia con una sonrisa!

Cultivar el amor incondicional*

La compasión, explica el Dalai Lama, es el deseo de que otros dejen de sufrir, mientras que el amor incondicional significa querer que sean felices. Tradicionalmente, en el budismo tibetano se ha considerado que el amor incondicional y otros métodos inductores de tranquilidad curan las emociones equívocas, mientras que la visión penetrante y otras prácticas de discernimiento aclaran las confusiones cognitivas.

Cualquier práctica meditativa que nos dé un profundo sentimiento de calma y claridad nos permite generar la sensación de tener una base interior segura, pero la práctica del amor incondicional lo hace con una fuerza singular. Si bien es cierto que pen-

---

* *Lovingkindness* es la traducción al inglés de un concepto difícil de definir con una sola palabra. Es el *jesed* o *chesed* hebreo que encontramos repetidamente en la Biblia, atributo de Dios, y que tradicionalmente se ha traducido por «misericordia», así como la primera de las diez *Sefirot* o emanaciones de Dios en el Árbol Cabalístico de la Vida, en el que es combinación activa de la bondad y el amor. Es *mettā*, en pali, y *maitrī*, en sánscrito, que en el budismo Theravada constituye uno de los diez *Pāramitās* –«perfecciones» que han de cumplirse para purificar el *karma*– y el primero de los cuatro *Brahmavihāras* –«actitudes sublimes» que se han de cultivar por medio de la meditación–. Hace referencia a una bondad sin límites, a un amor activo y desinteresado; podría decirse que a un «amor incondicional». *(N. de la T.)*

sar en nuestros seres queridos puede abrirnos la puerta al modo seguro durante un rato, es un cambio más trascendente el que se deriva de cultivar intencionadamente el cálido afecto de la compasión.

En el laboratorio de Richard Davidson, en la Universidad de Wisconsin, a los voluntarios se les enseñó a practicar una meditación en el amor incondicional. Todos los días dirigían sentimientos de amor a distintos tipos de personas: un ser querido, un amigo, un desconocido y una persona «difícil». Los escáneres realizados antes y dos semanas después de iniciado el experimento mostraron que las partes del cerebro asociadas prioritariamente con los sentimientos positivos estaban en la actualidad más activas.[10] Como dice el Dalai Lama, el primer beneficiario de la compasión es el que la siente.

Los estudios de Barbara Fredrickson muestran que practicar a diario la meditación en el amor incondicional aumenta los sentimientos de conexión social afectuosa, característica del modo seguro.[11] En el encuentro Mind and Life de Dharamsala, donde conocí a Phillip Shaver, sugirió que practicar el amor incondicional hacia uno mismo y hacia los demás podía curar la inseguridad. Le había impresionado lo similar que es esta práctica a otras acciones activadoras de la seguridad y la confianza, como imaginar o ver una foto de un ser querido.[12]

La práctica del amor incondicional suele hacerse justo al final de una sesión de meditación, como forma de dedicar los frutos de la práctica al bien común. Se utilizan frases como: «Que sea feliz», «que esté a salvo», «que tenga salud», «que me libere del sufrimiento», que se repiten en silencio y con sinceridad para uno mismo. Luego les deseamos lo mismo a las personas queridas, a las que viven a nuestro alrededor, a las personas «difíciles» que haya en nuestra vida y, por último, a todo el mundo.

He adaptado aquí la meditación tradicional de amor incondicional como correctivo general de los modos negativos.[13] Esta práctica no solo deja que florezcan con naturalidad nuestras cualidades positivas y virtudes –el interés afectuoso y compasivo–, sino que también se puede hacer de manera que sea reparadora para modos específicos, eliminando los obstáculos internos que entorpecen la autenticidad y el amor imbuido de sabiduría.

Se puede hacer como una práctica independiente o al final de una meditación sentada, o simplemente como una intención de desear el bien a otras personas que tenemos presentes a lo largo del día.

Puede usted idear frases de amor incondicional para enviarse mensajes a sí mismo y a los demás que sean reparadoras de las necesidades concretas de los modos más relevantes, con el sincero deseo de que sean reparadoras.

Haga suya esta práctica; juegue con las frases hasta dar con aquellas que le resulten más idóneas. Diríjase deseos reparadores a sí mismo, luego poco a poco extiéndalos a otras personas, y finalmente al mundo entero.

Algunos ejemplos de frases son:

Que me acepte como soy.
Que esté a salvo y me sienta seguro.
Que sea paciente, tolerante y amable.
Que tenga calma y claridad.
Que me libere de la dependencia ansiosa.
Que me libere de la evasión.
Que experimente este momento con toda la autenticidad posible, sin pretensiones, sin defenderme de él.
Que los modos negativos decrezcan.
Que los modos positivos aumenten.

Que me libere del sufrimiento y de las causas primordiales del sufrimiento: el apego, la aversión y la ignorancia.
Que tenga felicidad y las causas de la felicidad: generosidad, compasión y perspicacia.

Es un trabajo enormemente alentador. Integrar una consciencia afectuosa en el cambio atento de hábitos genera compasión por nosotros mismos y por los demás, lo cual ayuda a reducir el poder de nuestros modos.

13. Adiestrar la mente

Se reunieron una vez dos grandes maestros de meditación, profesor cada uno de ellos de una tradición budista diferente. Yongey Mingyur Rinpoche es un lama de la escuela tibetana Kagyu de Vajrayana, y Sayadaw U Tejaniya es maestro de la tradición Theravada practicada en Myanmar [antes Birmania]. Fue un raro acontecimiento; los maestros de meditación de los caminos Theravada y Vajrayana del budismo tienen pocas oportunidades de reunirse.

Es una coincidencia que ambos maestros hubieran atravesado en su juventud fuertes crisis emocionales que, a su entender, habían influido poderosamente en sus respectivos estudios espirituales. Las dificultades emocionales a las que nos referimos son modos clínicos bien conocidos en Occidente: depresión, en el caso de U Tejaniya, y ataques de pánico, en el caso de Mingyur Rinpoche.[1]

Aunque U Tejaniya había empezado a practicar ocasionalmente la meditación a los catorce años, en aquel tiempo tenía la mente llena de lo que él denominó «asuntos feos». Aquellos episodios vividos en la adolescencia y otros posteriores pasaron, pero en las dos ocasiones el restablecimiento duró poco. La tercera vez que aparecieron, poco antes de cumplir los treinta, la depresión había vuelto con tal fuerza que duró tres años. En aquel tiempo, U Tejaniya regentaba una tienda en Rangún y la depresión lo atormentó, sumiéndolo con frecuencia en el abatimiento absoluto.[2]

U Tejaniya decidió ordenarse monje durante una temporada, una práctica frecuente en Myanmar. Tras una entrevista con el abad del monasterio, empezó a meditar otra vez. Pero esta vez añadió un elemento nuevo: un perspicaz discernimiento. Hizo de la depresión el blanco de un apasionado interés. La vigilaba de continuo para estudiar su forma de operar. Observaba los pensamientos que le venían a la mente y cómo esos pensamientos empeoraban o debilitaban los sentimientos depresivos.

Como él mismo recuerda: «Antes había estado a merced de la depresión, pero aprendí que de verdad podía hacer algo». Investigaba, y fue desarrollando una visión penetrante de su depresión.

Como U Tejaniya explica, cuando se aplican interés e investigación sobreviene la sabiduría. Durante sus temporadas de depresión había intentado meditar, valiéndose únicamente del esfuerzo para batallar contra sus sentimientos, pero solo había obtenido de ello agobio y tensión. Esta vez el planteamiento fue otro: «El esfuerzo acompañado de sabiduría es un deseo sano de conocer y comprender lo que aparezca, sin preferencia alguna en cuanto al resultado».

La depresión empezó a aligerarse, y separarse de aquella forma de pensar negativa le permitió ver la naturaleza impermanente de la depresión; se dio cuenta de que podía librarse de ella. Esto lo convirtió en un practicante aún más serio y le hizo tomar la decisión de seguir siendo monje. Con el tiempo llegó a ser un profesor excepcional.

Los ataques de pánico de Mingyur empezaron en la infancia en forma de episodios de ansiedad extrema. Incluso después de haber empezado a la edad de quince años un retiro de tres años, sintió una intensa ansiedad durante el primer año entero. Cuando los demás participantes se congregaban a diario para entonar cánticos, el estruendo de los tambores y el sonido estridente de las trompas «me volvían loco– recuerda–. El pánico me seguía como una sombra».

Los síntomas de la ansiedad iban desde la tensión física y una opresión en la garganta hasta los mareos y las oleadas de pánico. Al final del primer año de retiro, Mingyur era tan desdichado que tenía la opción de, o pasar los dos años siguientes escondido en su cuarto, o plantar cara a su mente.

De manera que empezó a aplicar lo que le habían enseñado, incluido el utilizar la ansiedad en sí como objeto de meditación. Empezó a ver cómo iban y venían los pensamientos y los sentimientos angustiosos y cómo, lo mismo que la nubes que cruzan el cielo, carecían de solidez duradera.

Empezó a ver «cómo obsesionarse con pequeños problemas los había hecho grandes». Los pensamientos que en un tiempo le habían resultado aterradores eran ahora pasajeros e inconsistentes. El pánico se disolvió.

La depresión y el trastorno de pánico son modos clínicos intensos, estados mentales que se adueñan de nosotros, pero de los que también podemos salir. Desaparecieron en cuanto Mingyur y U Tejaniya conectaron, cada uno por su parte, con un sentimiento de paz y la sabiduría del corazón.

Para estos maestros de meditación, el camino espiritual fue un refugio no solo simbólico, sino también práctico, que les ofreció solaz después de años de dolor. Y sus episodios de sufrimiento parecen haberles permitido a ambos conectar con una gran fuente de sabiduría, lo cual hace que sus enseñanzas sean más accesibles a los alumnos occidentales, que con tanta frecuencia llegan a la práctica contemplativa buscando una solución a su sufrimiento emocional.

U Tejaniya y Mingyur Rinpoche encontraron ambos la puerta a la libertad en la práctica de sus respectivas tradiciones espirituales. Y es que esas prácticas son de por sí formas de cambiar de dirección y entrar en el ámbito positivo.

Hay una conexión decisiva entre las facultades mentales que perfeccionamos durante la sesión de meditación y cómo aplicamos esas facultades después de la meditación, en la intensidad de la vida. Como dice Khandro Tseringma: «Transformar la mente es algo que puede practicarse en cualquier sitio, en cualquier momento y en cualquier circunstancia».

Practicar la meditación nos permite fortalecer las facultades mentales. Luego, estamos más preparados para aplicar lo que hemos comprendido durante las sesiones en el mundo cotidiano de los modos y sus reacciones. Si conservamos el tono de la experiencia meditativa una vez terminada la sesión, cuando hemos de afrontar cualquier reto podemos utilizar instantáneamente esa consciencia..., por ejemplo en forma de ecuanimidad al percibir los detonantes habituales.

«La atención plena me ha cambiado la forma de ver el mundo y me da cuanto necesito para entender los patrones que rigen mis hábitos –decía un estudiante de *mindfulness*–. Aunque a veces me quedo atascado en las reacciones, tengo fe en la posibilidad de ver las cosas con claridad. Aunque las dudas y el miedo, los gustos y aversiones, las críticas, la desesperación y la codicia siguen asomando en mi mente, estoy dispuesto a afrontarlos, dispuesto a tener paciencia y dispuesto a seguir explorando.»

Para poder utilizar la atención plena de esta manera, conviene fortalecer nuestras facultades practicando el método a diario y, si es posible, haciendo quizá un retiro prolongado una vez al año para reforzar la capacidad de estar presentes en vez de ausentes.

En otras palabras, practique mucho sentado en el cojín para que pueda estar plenamente atento cuando más lo necesite: en medio del caos de la vida.

La atención plena es uno de los muchos métodos de adiestramiento mental utilizados desde hace miles de años en la práctica budista. Aunque respeto la efectividad y autenticidad de esos métodos en su contexto tradicional, en este momento estoy adaptando estas prácticas y principios, extrapolándolos de ese contexto para que pueda beneficiarse de ellos cualquiera que lo necesite.

No hace falta ser budista para aplicarlos al trabajo que proponemos con los modos; se trata de concepciones y métodos de utilidad universal. Aplicar técnicas tradicionales de una forma no tradicional da lugar a métodos que nos pueden ayudar a liberarnos del poder de los modos inadaptados.

Calmar la mente

La antigua forma que tenían los domadores de caballos de conseguir que un caballo salvaje obedeciera era haciendo uso de la fuerza, el miedo, e incluso cuerdas para someterlo. El instinto de presa que tienen los caballos les hacía resistirse, aterrorizados, hasta quedar exhaustos; entonces se les consideraba «domados».*

En la meditación y el trabajo psicológico, he visto a algunas personas adoptar la misma táctica. Intentan dominar la mente, o se impacientan consigo mismas y se dicen algo del estilo de «¡líbra-

---

* El entrecomillado hace alusión en el original a la acepción principal del término equivalente en inglés *broken*, que es: «roto», «estropeado», y también «vencido», «abatido». (*N. de la T.*)

te ya de eso!». Pero castigarnos con mente enjuiciadora es como intentar domar un caballo.

No podemos forzarnos a ser libres; tenemos que hacer las paces con nosotros mismos. En vez de una superioridad depredadora –pelearnos para obligar a nuestra mente a obedecer un ideal– susurrar a la mente supone usar de la consciencia para colaborar con los funcionamientos y mecanismos de la mente.

En vez de domarla, si ejercitamos la amabilidad y la sintonización sensible, podemos dar a la mente un extenso pastizal para que corra a sus anchas, dejándola que se relaje. En vez de emplear la fuerza de la voluntad, podemos abrir la mente a la voluntad de ser libre.

El término tibetano que con más frecuencia se usa para referirse a la práctica de la meditación significa literalmente «familiarizarse», es decir, repetir la práctica tan a menudo que esas prácticas mentales se conviertan en hábito. La meditación enseña a la mente una serie de detonantes y respuestas nuevos, que tienen generosas recompensas interiores. En este sentido, la meditación se traduce en un cambio de hábitos positivo: practicar estos métodos hasta que formen parte de nuestra naturaleza.

El *Diccionario Oxford* define la meditación como «aplicar atención», o concentración, y «observar con interés», o visión penetrante.

La atención unidireccional, o atención concentrada, nos permite recogernos en un estado mental de serenidad. Investigar los modos, sobre todo en el ámbito de las emociones, es más efectivo si se acompaña de una concentración estable, pues esta crea un equilibrio interior que nos permite observar el funcionamiento de nuestros modos sin juzgarlos o desalentarnos.

Samatha, literalmente «morar en la calma», se refiere a las prácticas que aquietan la mente e intensifican la concentración, nuestra fuerza mental básica, mientras que la atención plena cultiva la facultad de visión penetrante y sabio discernimiento, así como la compasión, que crea empatía con nosotros mismos y con quienes entramos en contacto.

Estos métodos actúan juntos. La presencia consciente mantiene la atención unidireccional al ayudarnos a no distraernos de aquello a lo que atendemos, o sea, a mantener el interés en vez de perderlo. Bob lo explica así: «No quiero montar un caballo que esté distraído o preocupado. Quiero que participe, con interés». Como es el caso de nuestra mente.

Vivir más libres de los patrones que rigen los modos es la recompensa al cambio de hábitos. Poco a poco nos vamos sintiendo menos constreñidos, más a gusto, con más poder de decisión en nuestra vida, y tenemos conexiones más claras donde no las había.

Pero no ocurre de la noche a la mañana. Quienes son propensos al modo perfeccionista suelen emprender el trabajo condicionados por sus patrones de superación obligada, como si hubiera un calendario y unos plazos que cumplir. Se necesita paciencia y una admisión apacible de nuestras debilidades y hábitos mientras trabajamos para librarnos de ellos.

Atención unidireccional

Centrar la atención en una sola cosa calma la mente. A medida que la mente se aquieta y se hace más espaciosa, empezamos a vernos a nosotros mismos con más claridad, a percibir lo que hay auténticamente en ella. Es como dejar que se asiente el agua enfangada; una vez que el lodo baja al fondo, el agua se aclara. La unidireccionalidad de la atención hace eso mismo: asienta la mente, la protege de la distracción.

Aunar la atención y enfocarla en un solo punto reporta beneficios decisivos al trabajo con los modos. Por un lado, calma las emociones inquietantes y, por otro, crea más espacio en torno a las reacciones habituales, gracias a lo cual es menos probable que queramos salir corriendo al afrontar los sentimientos que pueden aflorar cuando cuestionamos los hábitos de un modo.

Si echamos el ancla, el barco sigue recibiendo el empuje de las corrientes marinas, pero las corrientes no lo arrastran sin rumbo, se queda donde está. La unidireccionalidad es como un ancla para la mente.

Encuentre un momento y lugar tranquilos y siéntese tranquilamente, atento a la respiración. No haga nada por controlarla; limítese a ser plenamente consciente de las sensaciones que le produce respirar. Cuando se concentra en la respiración, esta se convierte en otra ancla a la que regresar de continuo. Si se queda centrado en la respiración durante un rato, sentirá que la respiración empieza a ser más estable. Cuanto más estable sea la concentración, más se traducirá esta facultad mental en estar más presente a los sonidos, imágenes y sentimientos..., a todas las experiencias de la vida.

Puede jugar con esta práctica: intentar darse cuenta de cuándo divaga la mente, y luego vuelva a dirigir la atención a lo que esté ocurriendo en el presente. Siempre puede utilizar la unidireccionalidad de la respiración como ancla.

Pruebe esto: nada más despertarse por la mañana, durante unos minutos dirija su atención a la respiración en vez de dejarse llevar por los pensamientos. Al ir surgiendo los pensamientos en su mente, déjelos pasar y vuelva a centrarse en la respiración. Mire a ver si influye en cómo presta atención a otras actividades durante el resto del día.

La atención unidireccional es la base de todas las demás prácticas meditativas. La estabilidad de la mente reduce la tendencia a saltar de inmediato de un pensamiento a otro, olvidándonos así de lo que tenemos entre manos.[3]

El término con el que se denomina en sánscrito la meditación concentrada, *samadhi*, significa reunir o recoger (como cuando se recoge leña para hacer fuego). Para ver las cosas con claridad, lo primero que necesitamos es recoger nuestra mente mediante la atención centrada y la serenidad.

Los modos inseguros son opuestos a la concentración: el de evasión no puede mantener la atención puesta en lo que resulta insoportablemente doloroso; el ansioso se inquieta demasiado. Luego está la mente que funciona con el piloto automático: una atención embotada, dispersa, que se deja llevar por aquello que capte su interés en ese momento. Cuando los pensamientos van a la deriva, nos dejamos dirigir por estímulos aleatorios; la mente nunca está quieta.

Pero para llevar a cabo cualquier cosa en la vida, necesitamos atención constante, el remedio para una mente dispersa. La concentración nos ayuda a trabajar con los modos, y lo hace de diversas maneras. En primer lugar, ser capaces de mantener con continuidad la mente centrada crea una base firme para mantener un estado de atención plena.

Estar absortos en la concentración genera un estado placentero utilizando solo medios mentales –lección del modo seguro, que nos muestra cómo no necesitamos depender solo de circunstancias externas para ser felices–. Esto, a su vez, aligera el peso que el descontento pueda tener en la mente, facilitando así la percepción consciente.

Para ilustrar el impacto que tiene la ansiedad sobre la claridad se ha utilizado el símil de un recipiente de agua: si se agita y forma remolinos, no podemos ver en ella nuestro reflejo. Lo mismo hacen en la mente la inquietud y la preocupación, impidiéndonos la visión de quienes somos. Una mente atrapada por completo en la agitación de un modo tiene pocas posibilidades de conseguir una visión penetrante del modo en sí. Por eso, una práctica calmante, como concentrarnos en la respiración, puede ser un paso previo muy útil antes de tomar consciencia, digamos, del modo ansioso.

Las prácticas integradoras combinan varios métodos para cambiar los hábitos de los modos. Los efectos calmantes de la concentración fueron un salvavidas para Becky, una clienta que sufría de trastorno de pánico, forma extrema del modo ansioso. Hasta salir de su apartamento le resultaba estresante. A continuación se desencadenaban en ella una serie de pensamientos catastrofistas, y se convencía de que no estaba a salvo, de que algo... todo podía pasar. No estaba aún confinada en su apartamento, pero le faltaba poco.

En las sesiones de terapia, Becky aprendió a usar la respiración como ancla para la atención plena. Descubrió que centrarse en el flujo natural de la respiración aplacaba las rumiaciones ansiosas y le permitía sentirse segura. Desde esa isla interior que le daba un centro, era capaz de cuestionar los pensamientos distorsionados, sobre todo el convencimiento de que estaba a punto de pasarle algo malo.

Becky lo hizo con resolución, entendiendo cómo experiencias anteriores de su vida habían contribuido a crear aquella ansiedad. Sus padres se habían preocupado en exceso por su seguridad y reaccionaban exageradamente ante cualquier incidente, creando con ello una atmósfera de vulnerabilidad. Si oían en las noticias que se había desplomado una grúa sobre alguien que pasaba por una zona de obras, se preocupaban por que eso pudiera pasarle a alguien de la familia.

A medida que la atención de Becky a la respiración fue haciéndose más estable, con la práctica pudo replantearse y reestructurar las convicciones distorsionadas de su modo. Se recordaba a sí misma los incidentes que habían grabado la sensación de miedo en su mente, y esto le hizo darse cuenta de que sus temores estaban relacionados con sucesos del pasado, de que no significaban que fuera a morir si salía del edificio.

Este trabajo interior le permitió enfrentarse a sus hábitos temerosos y dar pequeños pasos para librarse de ellos. Al principio se conformaba con llegar a la puerta del portal, mientras infundía calma a su mente centrándose en la respiración y prestaba intensa atención a sus pensamientos y luego los cuestionaba. Cuando se sintió preparada, el siguiente paso fue caminar por la calle de delante del edificio, y el alivio de pasear en calma al aire libre, así como de entregar más poder a su mente que a sus miedos, fue una recompensa inmediata.

Becky aplicó varias prácticas transformadoras: unidireccionalidad, para serenarse, activar el modo seguro y aclarar la atención; una mirada investigativa, penetrante, para ver las cosas con más claridad, y compasión por las perspectivas distorsionadas del modo. Aunque el paso primero y esencial en el cambio consciente de hábitos fue el efecto calmante de meditar en la respiración, la compasión desempeñó un doble papel. Por un lado, le permitió tratarse a sí misma con delicadeza y no forzar el paso siguiente hasta estar preparada; por otro, reconocer con comprensión las influencias que había recibido en su vida y que originariamente habían contribuido a crear este modo paralizador.

Aprender a aplicar la atención plena

Cuando practicamos la visión penetrante –a diferencia de lo que ocurre en la concentración unidireccional–, el objeto concreto de la atención carece en realidad de importancia; mantener la mente en estado de observación es lo que importa. Cualquier cosa que entre en el campo de la consciencia es el blanco «correcto» de la atención. Lo que importa es la disposición con que emprendemos la práctica.

Prestamos atención a la mente de una manera específica. Digamos que nos damos cuenta de un momento de aversión. Somos conscientes de la aversión pero, a la vez que esa consciencia, está presente de fondo la sabiduría del discernimiento. Quitar las malas hierbas de un jardín para poder ver las flores con más claridad equivale a despejar la mente de modos inadaptados para dejar más sitio a los adaptativos.

La consciencia facilita tanto el trabajo con los modos porque aporta una espaciosa ecuanimidad al momento, permitiéndonos así evaluar la situación sin reaccionar a ella antes de intervenir. Los textos clásicos llaman a estas intervenciones «esfuerzo pertinente», o sea, hacer lo que sea necesario para que la mente cumpla su propósito, por ejemplo, hacer un esfuerzo mayor si nos estamos adormeciendo o relajarnos si estamos demasiado tensos.

Sati, el término pali del que es traducción *mindfulness*, la atención plena, significa «no olvidar». Observamos lo que sucede en la mente y, cuando añadimos los pasos de recordar las instrucciones y hacer una elección prudente, comprendemos lo que con tal claridad se ha observado, así como lo que se necesita para que la mente sea más competente.

Al trabajar con los modos, esto significa tanto monitorizar la mente como dirigirla mientras tenemos conocimiento de nuestros hábitos emocionales. La monitorización atenta actúa a modo de guardia de seguridad que con su actitud alerta advierte quién pasa por la puerta, y lo examina mientras pasa. Dirigir la mente va un paso más allá, como un guarda que dirigiera a cada persona hacia un destinto distinto dentro del edificio e impidiera la entrada a quien no corresponde, o recogiera el paquete que le entrega un mensajero, según exijan las circunstancias.

La concentración nos da la capacidad de mantener la mente fija. Por sí sola, impide la visión penetrante, pero cuando se combina con la atención plena, esa capacidad de fijación nos ayuda a observar nuestras emociones, sobre todo si son desagradables, intensas o dolorosas.

La visión penetrante y además unidireccional nos permite serenarnos y mantener la atención lo suficiente como para poder indagar más hondo en nuestras experiencias en el momento presente. Esto hace sitio en la mente abarrotada; abre un espacio de tranquilidad libre del influjo del condicionamiento.[4]

Añadir atención plena a la concentración genera una serena claridad, con la cual es posible tener una visión instantánea y profunda de nuestros modos que puede dar lugar al replanteamiento de una situación. Por ejemplo, si estamos a punto de enfrentarnos a un miedo distorsionado, calmarnos antes nos puede ayudar a ver con más facilidad cómo está ese miedo en nuestra mente, no en la situación en sí.

Aplicar estas prácticas de adiestramiento mental –unidireccionalidad, tranquilidad, investigación, visión penetrante y compasión– al trabajo con los modos añade la cualidad de la atención plena. Por ejemplo, lo mismo que Becky, que sufría de ataques de pánico, utilizó el estar plenamente atenta a la respiración –al tiempo que cuestionaba sus pensamientos distorsionados– para curar el trastorno que padecía, integrar una práctica calmante a la vez que somos conscientes del modo que se ha activado puede ser una tabla de salvación.

Si practicamos la meditación a diario, y en un momento tranquilo, resulta más sencillo apelar a estas facultades mentales en los momentos difíciles de la vida, cuando estamos abrumados o distraídos y cedemos con más facilidad a las reacciones automáticas de nuestros modos.

Podemos utilizar estos métodos para afrontar lo que en otras circunstancias podría convertirse en detonante de un modo. Otra clienta contó que había hecho una pausa atenta cuando su hija estaba en pleno arrebato de frustración: «Sentí que estaba yo también a punto de explotar, pero respiré varias veces con toda la consciencia de que fui capaz en aquel momento, y después pude tener mayor presencia y claridad y estar emocionalmente a disposición de mi hija».

Un día de viento no es favorable para hacer submarinismo: el mar está turbulento, el agua está tan agitada y turbia que no se puede ver con claridad la belleza submarina. Lo mismo pasa cuando la mente está atrapada en un modo: cuando los pensamientos y sentimientos inquietantes agitan la mente y provocan reacciones negativas, no somos capaces de ver con claridad lo que sentimos ni de discernir lo que se necesita.

Identificar los sentimientos

Una meditadora que participaba en un largo retiro de *vipassana* observó cómo la codicia se apoderaba de su mente a la hora de la comida al ver en un plato una fresa de aspecto suculento. En cuanto advirtió la codicia, deliberadamente ignoró el deseo: no tomó la fresa.

Esta secuencia mental –ver la fresa, darse cuenta de la codicia y, a propósito, no alargar la mano hacia la fruta jugosa– se repitió tres veces en cuestión de segundos. A continuación pasó a otros platos. Estaba muy satisfecha de no haber sucumbido a la tentación.

Un rato después le hizo un informe detallado de su fuerza de voluntad a su profesor, U Tejaniya. Su respuesta la sorprendió: «¿Qué? ¿No te has comido la fresa? Pero tú viste con claridad la codicia. La consciencia transforma la codicia, así que no había problema en que te la comieras».

Por supuesto que es necesario contenernos cuando se trata de impulsos más dañinos, pero el maestro hablaba de otra cosa: la experiencia en sí importa menos que con cuánta profundidad observemos cómo reacciona la mente ante ella. Fue utilizar la atención plena lo que a U Tejaniya le ayudó de verdad a liberarse del denso modo de la depresión.[5] Y esto tiene relación directa con monitorizar los modos.

Monitorizar relajadamente las reacciones emocionales que tenemos en la vida cotidiana, reconocerlas de pasada, sin entrar en detalles, confiere a nuestros modos un nivel de sintonización más sutil. Si los pensamientos repetitivos de nuestros modos son semejantes a voces que suenan dentro de la mente, los sentimientos más sutiles asociados con el modo son como susurros.

Vedana, un término pali, significa «conocer» o «sentir». En la práctica de visión interior *vedana*, una de las formas clásicas de atención plena, la atención se mantiene en el ámbito de las meras sensaciones, sin tener en cuenta los pensamientos sobre ellas. Esta contemplación del sentimiento nos permite notar si la experiencia del momento presente está teñida de una sensación agradable o desagradable.

En un poético pasaje, el Buda compara la naturaleza fugaz de nuestros sentimientos con los vientos cambiantes, que soplan en una dirección en este momento, y en otra al momento siguiente. Los sentimientos que vuelan a través de la mente son un poco como el viento, que puede ser fresco o cálido, húmedo o seco, limpio o polvoriento. Lo principal que debemos notar de los sentimientos es bastante simple: ¿son agradables, desagradables o neutros?

Este tipo de atención plena tiene el propósito de advertir las sensaciones sutiles positivas y negativas que acompañan a cualquier pensamiento, imagen o emoción rotunda que surjan en la mente. No importa el contenido de los pensamientos, sino los sentimientos que los envuelven.

Con precisión de consciencia, contemplar sentimientos significa reconocerlos con tal inmediatez y claridad que entren en nuestra consciencia antes de que aparezcan las reacciones, interpretaciones o proyecciones subsiguientes. Pero incluso si solo conseguimos sintonizar de esta manera con nuestros sentimientos una vez que estamos ya bajo la influencia de un modo, el acto mismo de la sintonización puede abrir espacio en la mente.

Se consigue una intensidad máxima en la práctica de este método cuando se hace un retiro de meditación prolongado, pero con una intención clara podemos también reconocer los sentimientos de esta manera en medio de nuestra vida.

Los sentimientos son más fáciles de advertir que la corriente oculta del pensamiento. Ser plenamente conscientes de los sentimientos nos ofrece un modelo para poder captar un modo negativo en sus formas iniciales más sutiles, antes de que se convierta en una trampa mental y nos domine por completo.

Podemos desarrollar el hábito de sintonizar a este nivel practicando con los sentimientos sutiles que están siempre presentes, dándonos cuenta de lo agradable o desagradable que es percibir cualquier experiencia. No se trata de cambiar o arreglar lo que advertimos, sino de estar presentes con lo que ocurra.

Esto significa que cuando observamos con atención plena cualquier malestar, no estamos intentando suavizarlo ni hacerlo desaparecer. Solo observamos las reacciones mentales a esos sentimientos desagradables, lo cual nos permite comprender la conexión que existe entre nuestros pensamientos, sentimientos y las sensaciones físicas en sí. Sentir malestar no es un problema en sí mismo; es simplemente una sensación. El problema lo crean las reacciones emocionales que tenemos frente a él.

Una presencia plenamente atenta al vínculo existente entre lo que entra por nuestros sentidos y el agrado o aversión que surgen como reacción nos permite detectar los patrones originales subyacentes: o evasión, o apego, o indiferencia. La presencia plenamente atenta nos ayuda a estar despiertos cuando nos asalta la imperiosa necesidad de dormirnos para ignorar nuestros patrones.

Puede usted experimentar con esta variante de la atención plena desde el momento en que se despierte con solo tener la intención de advertir sus reacciones emocionales tantas veces como le sea posible a lo largo del día.[6] De vez en cuando, como verá, aparecerá por un instante en su mente un recordatorio de que ha decidido darse cuenta, y sintonizará con cualquier emoción que tenga en ese momento. Recuerde las instrucciones básicas: sea lo que sea lo que vea, oiga, sienta o piense, dese cuenta de las emociones que lo acompañan. Cuanto más recuerde estas sencillas instrucciones, más oportunidades tendrá de experimentar con ello.

El nivel más elemental de la emoción es simplemente el gusto o la aversión. Si no hay, de una forma obvia, ninguna emoción fuerte de la que darse cuenta en un momento dado, sintonice con su experiencia sensorial y sea consciente de si le gusta o le disgusta. Tal vez reconozca apego, aversión o aturdimiento, esperanza o decepción, o una infinidad de sentimientos. Sean cuales sean, limítese a darse cuenta de sus reacciones.

Relájese. Acepte su experiencia como es, sea la que sea.

Tal vez note que la mente vaga o que hay sonidos que la distraen. Si le molestan, note el tono de sentimiento que hay en su actitud de: «No me gusta esto».

Reconózcalo y esté plenamente presente y atento ocurra lo que ocurra. Si la mente se nubla por el deseo de que las cosas duren o desaparezcan, limítese a darse cuenta de estas formas sutiles de apego o aversión.

Todas las experiencias que tenga a lo largo del día le ofrecen una oportunidad de aprender a darse cuenta de si la mente acepta las cosas como son, o las juzga en función de si le gustan o no.

Se puede practicar esto en cualquier sitio, en cualquier momento en que recordemos las instrucciones. Simplemente, acuérdese de vez en cuando de ser consciente.

Cuando observemos nuestras reacciones de esta manera, tal vez reconozcamos el aroma familiar de un modo. Si es así, esta tranquila observación de lo que sucede crea espacio para reflexionar y para tomar decisiones más sensatas..., para elegir más sabiamente qué hacer.

El lama y la flor de loto

Un día, durante una estancia de Mingyur Rinpoche en Manhattan este comentó con aire despreocupado que durante tres días no había tenido agua caliente en la habitación del hotel. Cualquiera se habría quejado al gerente o habría cambiado de hotel. Pero él, mientras lo contaba en tono anecdótico, no hacía más que reír.

Mingyur Rinpoche es una especie de hoja de loto humana: se desliza por la vida con tal ligereza que nada se adhiere a él..., ni problemas ni contratiempos ni incomodidades, como no tener agua caliente.[7]

Él enseña un método para cultivar una actitud mental espaciosa –otra técnica útil a la hora de trabajar con los modos–. Explica que el término tibetano *shinay* puede traducirse por «residir en la calma», reposar la mente en la serenidad. Lo compara con meterse en una bañera de agua caliente al final de un día largo y difícil: soltarse de todo y descansar, dejando que la mente se relaje en el presente ilimitado y eterno.[8]

Se trata de dejar que cualquier pensamiento o sentimiento aparezca y desaparezca en nuestra mente, sin obstaculizarlo de ninguna manera. A la vez, no nos dejamos llevar por ellos ni permitimos que la mente divague. Nos limitamos a ser conscientes de lo que suceda, mientras mantenemos una presencia de mente que no se queda fija en ningún pensamiento, sino que está presente en el aquí y el ahora.

El propósito de esto es romper con el hábito de quedarnos atrapados en el deambular de los pensamientos y ser, por el contrario, conscientes de las posibilidades del momento presente. Pase lo que pase por su mente, ni se centre en ello ni lo reprima; solo obsérvelo.[9]

Estar con nuestra mente de esta manera abierta es como reconocer que, sean como sean las nubes que pasan de largo, el cielo en sí es un espacio vasto e infinito.

Pruebe a practicarlo en pequeñas dosis al principio –durante unos segundos o minutos nada más– y luego vaya prolongándolo poco a poco. Hacerlo en mitad del día, mientras estamos ocupados en las actividades cotidianas, favorece los modos positivos.

Una clienta contaba cómo lo hacía ella. «Empezaba a estar cada vez más indignada con alguien con quien tengo una relación laboral y que me resulta controlador y egoísta. Decidí concederle mucho espacio en la mente. No me centré ni en la indignación ni en la persona, sino en una consciencia más extensa que lo abarcaba todo, rodeándolo de mucho espacio.

»Después de unos diez minutos sentí que la mente se expandía... Tenía una perspectiva más amplia sin haberme apartado de la cuestión. Al ir aclarándose la atención vi que el impulso reactivo iba disminuyendo. Recordé un detalle importante que podría serme útil la próxima vez que tuviera que comunicarme con esta persona. Me parecía más posible defender mi terreno mientras hablábamos».

Podemos utilizar las experiencias cotidianas como oportunidades de practicar, comprobando nuestra mente en cualquier circunstancia, sintamos los sintamos: cuando estamos contentos o tristes, cansados o entusiasmados, pletóricos o enfermos, ocupados o aburridos. Se trata de conectar con una consciencia que no está definida ni por las impresiones sensoriales ni por los estados mentales.

Si somos capaces de mantener una consciencia clara y abierta en estos estados mentales –y no solo mientras meditamos tranquilamente–, podemos practicar en cualquier lugar y momento. Esto fortalece la capacidad de estar despiertos mientras nos ocupamos de nuestra vida..., como una flor de loto, flotando sobre los sucesos de la vida en lugar de hundirnos en el fango.

14. La sabiduría del corazón

En un pequeño pueblo de las montañas de Berkshire, en Massachusetts, me encontré con una ancha pradera rodeada de bosque en la que había un laberinto trazado con gran meticulosidad, una versión reducida del famoso laberinto de la catedral de Chartres. La intrincada red de senderos empedrados y adornados con parterres de flores invita a embarcarse en una pequeña peregrinación, un placentero paseo intemporal.

Cerca de la entrada, una placa anima al visitante a dejar atrás los pensamientos y abrirse a lo que experimente al serpentear por los sinuosos senderos del laberinto. Para entrar en él hay que caminar bajo una pérgola. Me hizo recordar los arcos *torii* –arcos de bella curvatura por los que se accede a los templos y a los jardines de té japoneses–* que vi mientras visitaba los jardines de los templos de Kyoto. Son recordatorios simbólicos de dejar atrás lo ordinario y entrar en lo extraordinario.

«¡Estupendo!», pensé. «Es un recordatorio magnífico para aplicar a cualquier experiencia. Voy a hacer la prueba». Y pasé bajo

---

* Los arcos *torii* marcan la frontera entre el espacio profano y el sagrado. Constan de dos columnas sobre las que se sustentan dos travesaños paralelos, frecuentemente coloreados de tonalidades rojas o bermellones. (*N. de la T.*)

la pérgola del laberinto, decidida a dejar atrás los pensamientos interpretativos, así como cualquier juicio sobre la experiencia que estaba a punto de emprender... O eso creía.

Entré en el misterioso camino que conducía a territorio desconocido con la mente abierta, y maravillada por la belleza de las plantas que descendían en cascada adornando las piedras colocadas meticulosamente para marcar el itinerario. Me deleité en la experiencia; pero de pronto la mirada cambió de objeto y se enfocó en el camino que tenía delante, que serpenteaba y se desviaba en una y otra dirección formando una confusa red. Me cruzó la mente el pensamiento «Me siento un poco atrapada en este precioso laberinto». No podía evitar preguntarme qué me iría encontrando y cuánto tardaría en terminar de dar vueltas por aquella *matrix*.

No es de extrañar. El propio diseño de un laberinto provoca esa pregunta, llevándote de un lado a otro, haciéndote caminar largas distancias sin que parezca que te acercas nunca a la meta. Recorrer un laberinto representa una peregrinación, un viaje que, como la vida misma, nos lleva de acá para allá en el camino hacia el despertar.

Los pensamientos vagaron un rato y volvieron luego a la placa de la entrada y a su recordatorio de dejar atrás los pensamientos y estar abierto a la experiencia. Las sensaciones de agrado y desagrado desaparecieron en la tierra que iba dejando atrás bajo mis pies en cuanto me encontré de repente plenamente atenta y presente mientras caminaba, sin prisa por llegar a ninguna parte, y me relajé en la pura sensación de deslizarme por el laberinto, apreciándolo tal como era. Los pensamientos y los sentimientos iban y venían, y el laberinto se fue revelando poco a poco ante mí.

El sol del atardecer jugaba con los robles inmensos que bordeaban aquel sendero trazado en un pasado lejano. La suave luz del crepúsculo iluminaba el espacio que se abría entre las ramas. Las sombras veteaban el camino de piedra, suavizando las aristas de mis modos mentales e invitándome al presente.

Sin ningún sitio adonde ir, nadie que ser, desenredada de la maraña de una mente que construye laberintos en su interior, me sentía libre. Los pensamientos pueden ser un mero espectáculo pasajero en el marco de la mente; o pueden convertirse en convicciones fundamentales que al consolidarse crean nuestros modos negativos, espacios internos claustrofóbicos que nos aprisionan simplemente porque no vemos la salida.

Como dice Bob Marley en la canción «Redemption»: «Emancipaos de la esclavitud mental. Solo nosotros podemos liberar nuestra mente».

La búsqueda de esa libertad es precisamente una razón por la que los laberintos eran comunes en las catedrales medievales, como el de Chartres. Estos instrumentos espirituales se usaban hace miles de años como metáforas externas de la búsqueda interior. Se puede considerar que un laberinto es uno de los incontables métodos encontrados en las tradiciones religiosas del mundo para dejar atrás los estados mentales ordinarios y entrar en el modo de una sabia compasión.

El paso que experimenté de un estado mental mundano a un modo liberado de los gustos y aversiones señaló un grado más alto de libertad interna, señal de haber entrado en contacto con la sabiduría del corazón, un paso más allá del modo seguro. Como atestiguan las grandes tradiciones espirituales del mundo, las cualidades que caracterizan a ese modo son las propias metas del desarrollo interior.

Abrirnos a la sabiduría del corazón da lugar todavía a otro cambio de fase en nuestro ser: la mente se libera de la preocupación y la obsesión egoísta. Nada nos distrae de estar plenamente presentes. Dejan de ser nuestro motor el impulso, el anhelo o la aversión. Nuestras acciones se alinean con lo que en lo más profundo de nosotros tiene sentido, pues en nuestro interior la energía se ha liberado para alcanzar metas más elevadas.

Nos hemos liberado en buena medida de la inflexibilidad y las ideas fijas sobre cómo «tienen que ser» las cosas, y por tanto somos capaces de seguir el fluir natural de la vida con aceptación en vez de reactividad. Tenemos una profunda sensación de bienestar..., y estamos contentos sin razón alguna. Ese bienestar es independiente de cualquier acontecimiento externo en particular –de que alguien nos demuestre su interés, por ejemplo, o de recibir elogios por nuestro trabajo, o de las ganancias financieras–. La compulsión de esforzarnos por conseguir estatus, poder, riqueza o cosas por el estilo desaparece.

Las emociones evolucionan dentro de este modo. Si la vida nos trae dolor, podemos admitir los sentimientos de tristeza o inquietud, pero sin aferrarnos excesivamente a ellos ni evitar esas emociones intranquilizadoras. La resiliencia ante las dificultades se manifiesta en este caso como la capacidad de no perder el equilibrio interior y abrirnos a una perspectiva más vasta (a diferencia de la resiliencia del modo seguro, que no evitaba que reaccionáramos al estrés, pero nos permitía recuperarnos más rápido).

La psicología budista hace una lista detallada de lo que la mente experimenta mientras está en el modo de ecuanimidad. El aspecto mental más importante es la visión penetrante, entendida como percepción clara, acompañada de atención plena, que estabiliza esa claridad.

Este modo expresa sabiduría y amor y es escenario del florecimiento pleno de facultades como: la presencia plenamente consciente, una serenidad basada en la confianza en nosotros mismos, una elegante modestia, una claridad perspicaz, ecuanimidad y compasión. Entre otras cualidades notables están: la ligereza y elasticidad de mente y de cuerpo, acompañadas de una elevada adaptabilidad, y el «efecto red», una sensación de distensión, soltura y alegría naturales, así como una felicidad que no depende de las circunstancias externas.

El profesor tibetano Chögyam Trungpa Rinpoche captó la esencia de este modo al utilizar el término «caballo de viento» para referirse a la fuerza y energía que se derivan de la reconexión con lo que él denomina «sentimiento original de ser de verdad quienes somos». Lo considera fuente de una tremenda vitalidad dentro de «una atmósfera sagrada», una «recarga de energía» que nos hace sentir que «hemos tomado las riendas de nuestra vida en el más pleno sentido».[1]

Entre las señales curiosas de esa profunda inmersión en el ahora están los momentos en que no sentimos ni aburrimiento ni necesidad de que algo nos entretenga, o ninguna necesidad de acallar una vaga sensación de malestar sumergiéndonos, por ejemplo, en alguna actividad sin sentido. Nuestro mundo está lleno de por sí. Incluso el trabajo repetitivo puede ser absorbente; cada minuto es un capítulo nuevo, una fuente de deleite en bruto. La vida parece avanzar constantemente de la manera más satisfactoria.

Es algo que desde tiempos remotos han contemplado las tradiciones espirituales de todo el mundo –en Occidente, desde los estoicos griegos en adelante–. Los monjes y las monjas cristianos, lo mismo que los hinduistas y los practicantes de otras religiones, siguen todos un mapa de desarrollo interior que se basa en debilitar el aferramiento mundano a fin de alcanzar un modo de ser benéfico que trasciende la adaptación psicológica ordinaria.

Si bien mi trayectoria ha estado enmarcada dentro de las tradiciones budistas, son muchos los caminos que nos ayudan a avanzar hacia la sabiduría y la compasión. Los caminos espirituales del mundo ofrecen una rica variedad de métodos para experimentar las transiciones de fase necesarias de cara a un cambio de consciencia.

La mayoría de los modos se derivan indirectamente de las fuerzas evolutivas que nos han ayudado a sobrevivir. Esta sabiduría compasiva abre nuevas dimensiones, expandiendo el ámbito de las capacidades humanas más allá de lo que abarca la psicología, y haciéndonos receptivos a un ámbito trascendental.

Algunos teóricos han reconciliado los modelos de bienestar de la psicología oriental y occidental con la paradoja: «Has de tener un yo antes de poder abandonarlo», o como alguien dijo: «Hacerte pedazos sin desmoronarte».[2]

A mi modo de ver, más que tener un sentimiento de «yo» consolidado, esto significa tener una fuerte confianza en nuestra verdadera naturaleza y saber cómo liberar la mente. En otras palabras, un modo seguro ofrece una plataforma para el siguiente estadio de trabajo interior, en el que disminuyen los apegos.

Aun así, a medida que maduramos hay muchas líneas de desarrollo: biológica, emocional, social, intelectual y espiritual, y no siempre progresamos al mismo ritmo en cada una de ellas. Podemos haber avanzado mucho espiritualmente, por ejemplo, pero menos en lo que concierne al desarrollo social, emocional o físico.

Los tibetanos utilizan la expresión «perros viejos» para referirse a los meditadores experimentados que tienen aspecto de ser practicantes de una meditación profunda, pero esta no ha dado fruto en su interior. Es posible que algunos perros viejos hayan avanzado mucho en sus prácticas meditativas, pero se siguen quedando estancados de vez en cuando en hábitos que dificultan su vida y sus relaciones..., y por tanto podrían beneficiarse de una dosis de los métodos destinados a liberarnos de los modos destructivos persistentes.

Artes meditativas

Ha transcurrido ya la primera semana de abril, y aquí en Nueva Inglaterra la tierra sigue cubierta de un espeso manto de nieve. Esta mañana siento ganas de que llegue ya ese sol que volverá a llenar de vida la naturaleza. Pero una pausa de reflexión me trae de vuelta adonde puedo apreciar el momento tal como es.

Un recuerdo: un retiro de primavera hace diez años en un monasterio Zen, perdido en las montañas, con una niebla gris flotando sobre el valle..., y cómo de la forma más inesperada la mente se abrió a una fuente interior de luz:

> *La consciencia reposa, sustentando el momento tal como es.*
> *La necesidad de reorganizar de cualquier manera posible*
> *las circunstancias para crear una apariencia de contento*
> *se desvanece.*
> *La atención se centra, por el contrario,*
> *en el fulgor interior de la mente.*
> *La nieve recién caída ilumina con suavidad las ramas de los*
> *pinos.*

Me han inspirado los centenarios poemas de Cold Mountain de Han-Shan, un poeta Zen cuyos escritos emanan de un estado contemplativo encarnado en un momento estacional, como la nieve de primavera, que captan a la perfección. Son reflexiones que brotan con total naturalidad cuando nos entregamos a lo que Ralph Waldo Emerson llamó «la oportunidad de ser sabios».

Podemos valernos de las artes para experimentar lo que es tener una percepción nueva, fruto de una transformación y que es señal de un corazón sabio. Los estados meditativos que pueden ayudarnos a entrar en este modo se han expresado por medio de las artes durante siglos.

Gran parte del arte budista expresa ecuanimidad y tranquilidad, o el patetismo del cambio y la impermanencia, o la visión directa que anima a la poesía donde la protagonista es la naturaleza.

Siendo aprendiz del arte de los arreglos florales y la ceremonia del té japoneses, fui testigo de esta transmisión trascendental, capaz de infundir una ingravidez interior que lleva a la persona a una serena presencia compartida.

El Buda habló de la felicidad y el deleite que dimanan de un estado mental integrado y sano, que se manifiesta en alegría, dicha y una sensación de deleite –«vivir serenos e imperturbables», como dice un texto de la época–. Sus seguidores expresaron con frecuencia esa felicidad en poéticas descripciones de la belleza natural.

Un alfarero, que me había oído hablar de las artes meditativas, estaba sentado en su salón de té cuando tuvo una visión de la aurora boreal sobre un lago cercano que le llenó de asombro y admiración. Me hizo un cuenco de té y escribió la historia del cuenco. Termina así:

En aquel momento de admiración y embeleso en la fría oscuridad del invierno, el alfarero tuvo una punzante revelación. Sentado en completa quietud comprendió que si, como la superficie del lago, fuera capaz de dejar que su «corazón» y su «mente inquieta» se quedaran en calma, imperturbables, como testigo interior podría entonces dejar que la gloria de los cielos danzara a través de él y penetrara en la tierra. Cielo y tierra podrían así ser uno por mediación de su presencia consciente y de estar vivo en el mundo.

Tuvo el sentimiento intuitivo de que, igual que meditaba a diario y ponía una silenciosa atención plena en todo lo que hacía, con el tiempo podría aportar más de ese amor y compasión, que él asociaba con los cielos, aun a las más mundanas de sus acciones cotidianas y a todas sus relaciones.

Y lo que es más, al persistir en esa forma de estar en el mundo, las partes oscuras de su consciencia podrían salir a la luz en forma de lecciones o retos, y así todas sus heridas se curarían. Exactamente igual que el cuenco perfecto, moldeado con esmero y solidificado al fuego, podría la vida hacer de él un recipiente digno de servir al mundo.

Seis signos de sabia compasión

Me fijé en aquel anciano sentado sobre una gran roca del Central Park de Manhattan, rodeado de grandes bolsas negras de basura apiladas. Me impactaron su barba descuidada y sus largas rastas grises. Luego vi que las palomas se apiñaban a su alrededor, picoteando con calma cerca de él, como si las tranquilizara su presencia.

Tomó varias jarras de agua de una de las bolsas de basura y caminó en torno a la roca vertiendo agua en sus grietas y concavidades para que los pájaros bebieran. Luego metió la mano en otra de las bolsas y sacó unas barras de pan. Las hizo pedacitos y fue echándoselos a las palomas, llevándose uno a la boca de vez en cuando, como si dijera uno para mí y todos estos para vosotras.

Las palomas revoloteaban a su alrededor, y se posaban sobre la roca en algún punto cercano a él. Parecían sentirse relajados y contentos estando juntos, como si él fuera el padre que había venido a darles de comer. Se acariciaba la barba y, de vez en cuando, daba una calada a un cigarrillo mientras miraba cómo los pájaros disfrutaban del festín. Al cabo de un rato sacó más pan de su bolsa de plástico y echó más pedazos a su bandada.

Con aquellas largas rastas me recordaba a los *saddhus* que había visto en la India, yoguis errantes cuya dedicación al camino espiritual conlleva aceptar lo mínimo indispensable para sobrevivir y compartir lo demás con aquellos que puedan hacer uso de ello. Esta generosidad extrema es una de las características de una sabia compasión, en la que es suficiente recompensa hacer felices a otros.

Martin Luther King Jr. contaba que en la parábola bíblica del Buen Samaritano, que se detuvo al borde del camino para socorrer a un desconocido que necesitaba ayuda mientras otros pasaban de largo, aquellos que *no* se pararon se preguntaban: «Si me paro, ¿qué *me* pasará?». El buen samaritano invirtió la pregunta, se dijo: «Si no me paro a ayudar a este hombre, ¿qué *le* pasará?».

¿Cómo podemos medir el progreso en el camino hacia la sabiduría y la compasión? El budismo describe esta transformación en términos de los seis *paramitas*, o perfecciones, cualidades personales que se fortalecen al «cruzar a la otra orilla», que es el significado literal del término sánscrito *paramita*. «Cruzamos» cuando pasamos de nuestros modos cotidianos al ámbito de la sabiduría interior y la compasión. Cada una de las seis cualidades de este modo se considera expresión de nuestra verdadera naturaleza.[3]

La *generosidad*, que es la primera cualidad, refleja la apertura de corazón; la cualidad de dar está exenta de cualquier expectativa de recibir algo a cambio. La prueba del dar desinteresado no reside en cuánto o en qué damos, sino en la motivación con que lo hacemos: el único motivo debe ser el interés por el bienestar de la otra persona. El regalo no tiene que ser algo material; puede estar simplemente en prestar plena atención a alguien o en la disposición a ayudarle. La generosidad representa un antídoto contra el modo codicioso si damos desinteresadamente, ya sea nuestro tiempo, energía, amabilidad, nuestras posesiones o nuestro dinero.

Un impecable sentido de la *ética* nace de la autodisciplina y la integridad. El compromiso de no hacer daño, ni siquiera de pensamiento, y de ser virtuosos en lo que hacemos nos libera de la negatividad interior –sobre todo de la ira y la hostilidad, pero también del remordimiento o la culpa–. No teniendo nada que ocultar, podemos estar tranquilos y movernos por el mundo con natural confianza.

Lo que entendemos por *paciencia* emana de una insondable cualidad de la que nacen también la tolerancia y la aceptación. Todas ellas son cualidades basadas en una fortaleza subyacente que nos permite mantener la serenidad en medio de las dificultades. Esa tranquilidad íntima no refleja una represión o negación de los sentimientos, sino que brota de una genuina apertura de corazón combinada con la percepción instantánea de la naturaleza transitoria de las cosas.

La *vitalidad* entusiasta nos permite avanzar en pos de nuestras metas espirituales con jovial perseverancia. De esa alegría nos llega, cuando lo necesitamos, el valor para soportar cualquier clase de privación y el vigor para mantener el alto nivel de práctica que el modo exige. Mucha de esta energía nos llega al darnos cuenta del beneficio que podemos ser para los demás.

Una fuerte *concentración* es esencial para la estabilidad mental. Sin ella, en un estado de distracción y ensoñaciones, se repiten en nosotros los mismos modos habituales una y otra vez. Enseñar a la mente a centrarse nos permite hacer lo que queremos hacer en lugar de dejar que nos arrastren los vientos de las circunstancias permanentemente cambiantes. Como veremos, esa presencia de mente puede abrir la puerta al cambio de modos.

El sexto *paramita* se revela cuando accedemos al nivel de *sabiduría* del corazón sabio, y los otros cinco *paramitas* se integran con esa sabiduría. Gozamos entonces de una consciencia que trasciende las palabras, pensamientos y conceptos de cualquier índole, entre ellos las lentes de los modos que cubren la percepción cristalina.

Aquel hombre que daba de comer a las palomas en el parque me recordó a lo que mi profesor Tulku Urgyen Rinpoche llamaba «yoguis ocultos», personas que se dedicaban a labrar los campos o a cocinar al tiempo que mantenían un nivel muy alto de práctica meditativa. Desde luego, no doy por hecho que el hombre del parque fuera uno de ellos, pero le vi expresar una inmensa compasión desinteresada.

Los seis *paramitas* tienen en común una profunda humildad; alardear de las propias virtudes es contrario al espíritu que encarnan. En algunos monasterios japoneses se anima a los monjes a hacer buenas obras por los demás desde el anonimato, a hacer de ayudantes secretos. «El revés de su práctica –dice el dicho Zen– es igual de importante que el frente»; o lo que es lo mismo, no es el aspecto que tienes sentado sobre un cojín lo que cuenta, sino lo que haces cuando no estás sentado.

El despertar

Mi difunto profesor Adeu Rinpoche era uno de esos sabios guías que recorren el camino y que encarnaba la ingravidez del ser. Una vez pasó varios días hablándonos de los diecisiete años que había pasado en un campo de concentración chino.[4]

A pesar de la brutalidad, los días interminables de trabajos forzados y de vivir al borde de la inanición, lo soportó con ecuanimidad.

«Nuestro estado mental no puede ser prisionero de nadie, solo nuestro "yo" –dijo–. Los carceleros no tenían ni idea de lo que pensaba o imaginaba. Era libre de recordar a mi gurú raíz y de hacer cualquier práctica.* No había nada que los guardias pudieran hacer para controlar eso. Podían tener control sobre mi cuerpo pero no sobre mi mente.»

Tal ligereza de ser indica que la sabiduría compasiva es el modo predeterminado en que vive la persona. Esa libertad interior es representativa del efecto loto en todo su esplendor. En toda Asia, la flor de loto simboliza la pureza de una mente que flota libre de las condiciones y restricciones mundanas. Cuenta la leyenda que cuando Gautama Buda nació, dio unos pasos, y una flor de loto brotó en cada uno de ellos.

La hoja de loto, como revela un microscopio electrónico, está cubierta de bultitos diminutos, de unas micras nada más (una micra es la millonésima parte de un metro). Y estas pequeñísimas puntitas, como recordarás, asoman hacia arriba para entrar suavemente en contacto con lo que se aproxime a la hoja, haciendo, por tanto, que lo que toque la superficie de la hoja apenas tenga donde sostenerse.

Las gotas de lluvia ruedan al entrar en contacto con las suaves púas como si fueran rodamientos de bolas. Y así es también como nuestro ser se aligera cuando a través del modo seguro desarrollamos, primero, un corazón sabio y, luego, una perspectiva despierta. El efecto loto se intensifica, y al hacerse predominante esa ligereza semejante a la del loto los detonantes de los modos ruedan por la mente hasta perderse de vista, en vez de atenazarnos.

«Al ir progresando la práctica, las cosas dejan de adherirse a la mente –dice el profesor de meditación U Vivekananda–. Tiene una resistencia repelente –una cualidad semejante al teflón– que

* Gurú raíz es el guía espiritual principal del practicante budista, de quien recibe las iniciaciones, instrucciones y transmisiones orales. (*N. de la T.*)

la hace indiferente a lo que ocurra. La mente da un bote hacia atrás ante los pensamientos negativos. No quiere entrar en contacto con ellos.»

El 17.º Karmapa lo plantea desde la perspectiva de si las situaciones difíciles pueden perturbar la paz de la mente: «Imagina un espejo. Si pones algo pesado delante de él, el espejo lo refleja con claridad, pero no adquiere su peso. Es posible vivir las dificultades a la manera del espejo, sin que se nos vengan encima».

Piense en una oruga antes de salir de la crisálida y revelar sus alas. Reptar y volar son modos de ser. Un ser se arrastra despacio, ondulándose para impulsar el cuerpo hacia delante; el otro planea sobre nuestras cabezas, sin nada que lo lastre. Esta transformación de la oruga en mariposa se produce dentro de un mismo y único organismo; salir de su capullo es lo que crea la inmensa diferencia entre arrastrarse y volar. En el caso de la oruga, es cuestión de tiempo.

También nosotros podemos, o arrastrarnos aferrados al suelo, o planear con la ligereza de un ser ingrávido. ¿Qué nos permite conectar con la libertad interior? Como pajaritos recién nacidos a los que el nido protege de la fuerza de gravedad, ¿hasta qué punto depende nuestro despertar de que estemos preparados, y hasta qué punto de cómo percibimos las cosas?

El estado del despertar representa una dimensión de ser que no contemplan las teorías psicológicas del desarrollo modernas. La idea en sí de una consciencia no conceptual escapa en gran medida a los conocimientos de la ciencia moderna. La teoría psicológica pertenece al ámbito de las ideas, mientras que el estado del despertar deconstruye toda clase de modelos mentales.

Los enganches de nuestros modos operan en el nivel de las emociones; pero hay otro enganche a nivel mental más sutil que es a lo que los tibetanos llaman *dzinpa*, que significa adherirse o aferrarse a un pensamiento…, cualquier pensamiento. De ordinario, la mente nos ofrenda un torrente interminable de pensamientos encadenados uno tras otro y tras otro, y que nos catapultan en una línea de asociaciones consecutivas.

Pero la ligereza interior va acompañada de una perspectiva despierta, en la que la mente flota enteramente desligada de tales fijaciones. Podemos dejar que los pensamientos vayan y vengan a su voluntad sin la menor tentativa de aprehenderlos. Cuando lo hacemos, los pensamientos tienden a desintegrarse sin más. Observe cómo una ola avanza por el mar, tomando impulso, y al final rompe con estruendo ocultando momentáneamente su transparencia antes de disolverse de nuevo en las aguas claras. Los pensamientos son como olas en el mar abierto de la consciencia.

La ingravidez mental transforma por completo nuestras experiencias, cambiando la manera de relacionarnos con lo que esté ocurriendo. Cuando se le preguntó al sabio tibetano Padmasambhava cuáles eran las señales de un gran progreso espiritual, entre las que mencionó estaba que dejaban de surgir en la mente emociones destructivas; pero una señal aún más clara, dijo, era que «la mente no se dirige hacia ningún objeto en particular»; en otras palabras, una atención absolutamente abierta y libre de todo apego.[5]

La línea que separa al corazón sabio del despertar pleno está en liberar así la mente de toda clase de fijaciones. Si cultivamos la virtud y el desapego, se despeja el camino para acceder a un modo de plena sabiduría. Aunque para entrar en el nivel del despertar hemos de pasar aún por otra fase de transición: liberar la mente por completo del poder que ejercen sobre ella los patrones de pensamiento que nos llevan a apegarnos al «yo» haciéndonos creer que es nuestra verdadera naturaleza. En ese momento, nos estabilizamos en un despertar libre de pensamientos.

Desde una perspectiva budista, podemos enmarcar las experiencias de nuestra vida atendiendo a dos verdades: relativa y suprema. La verdad relativa abarca el entendimiento convencional, la historia personal y los modos. Desde una perspectiva suprema, los modos se desvanecen y no son más reales que el reflejo de la luna en un estanque de agua clara.

El corazón sabio reside en el ámbito de lo relativo, el de los pensamientos y conceptos ordinarios. La perspectiva del estado del despertar nos permite, en cambio, acceder a un ámbito que trasciende todos los conceptos, a los dominios de una realidad suprema que trasciende incluso las categorías mentales que definen nuestro mundo ordinario de experiencia.

Lo mismo que el dedo que señala la luna no es la luna, cualquier descripción que hagamos será en el mejor de los casos un burdo indicador de la forma de ser de una mente despierta. Dado que el estado de despertar opera en un ámbito no dual, exento de cualquier categoría mental, el hecho en sí de intentar ponerlo en palabras es ya un despropósito, no puede hacerle justicia a la verdad de esa experiencia.

En el estado del despertar, la mente se relaciona con el mundo sin oponer la menor resistencia. Tulku Urgyen Rinpoche fue otro de los seres que encarnó las cualidades de esta sabiduría. Una vez dijo: «En un momento de entrega, lo que sea que *es* tiene relevancia». Su traductor tibetano, Erik Pema Kunsang, aclara el significado de esta frase diciendo: «Hacen falta cierto valor y compasión para entregarse a las cosas como son. Normalmente de ello nace algún tipo de revelación súbita de la naturaleza de las cosas».

Al pasar nuestros modos de ser densos a ultrasutiles, entramos en un estado de lo que se denomina «percepción pura», desprovista, según se dice, de las lentes distorsionadoras de la mente cotidiana y que trasciende la propia categoría del «modo».

Nos relacionamos entonces con la idas y venidas que se producen en nuestra mente con desapego absoluto. Comprendemos que nuestros modelos mentales son formas sutiles de fijación. Una vez percibido esto con toda claridad, lo que era sólido se volatiliza.

Esta profunda re-percepción de la percepción en sí diferencia la perspectiva del estado del despertar de la de una sabiduría compasiva, en la que los apegos se debilitan, pero siguen operando dentro del modo de pensamiento. La mente de un ser despierto se libera de todas las fijaciones.

La oscuridad de la confusión, en sus formas de aceptación y rechazo, apego y evasión –y todos los enganches que nos tienen sujetos al modo disfuncional que en Oriente se conocen por el nombre de *samsara*– se desvanece a la luz de la consciencia. De la transparencia resultante nace el profundo deseo de que todos los seres comprendan la verdadera naturaleza de sus mentes.

Algunos dicen que el sufrimiento de la mente atestada se debe a la falta de espacio, que le impide ver su naturaleza genuina. Extenuar a la mente anhelante y ansiosa hace que se tambalee el imperio del «yo». En la espaciosidad del despertar, los pensamientos pierden su solidez; las proyecciones, convicciones y reacciones se desmoronan.

Cuando se mira la vida a través de esta lente, qué triste es la condición humana, siempre persiguiendo efímeros arcoíris y construyendo castillos en la arena. A la vez, desde esta perspectiva, la compasión ordinaria contribuye al incansable condicionamiento que perpetúa *samsara*.

Pensemos en la compasión. Los modos negativos suelen ponerle obstáculos, como el egocentrismo, la falta de empatía o la confusión sobre cómo prestar ayuda. En el modo seguro sentimos compasión, pero lo normal es que expresemos mayor interés y preocupación por aquellos a quienes más amamos.

A medida que profundizamos en este modo, esa compasión puede empezar a ser más imparcial, hasta llegar a extenderse a un círculo de seres humanos considerablemente mayor. Y finalmente, en la percepción despierta adopta la forma denominada «gran compasión», en la que sentimos una preocupación constante y espontánea por el sufrimiento que el propio *samsara* crea en los seres humanos del mundo entero.

Un espejo compasivo refleja las cosas con amabilidad. De la autenticidad verdadera emana, en cambio, una sabiduría afable y comprensiva, que acepta a las personas como son y empatiza con su forma de percibir la realidad. Una sabia compasión no tiene favoritos, pues ve a todos con ecuanimidad a través de la lente del amor.

«La compasión parcial está mezclada con el apego –dice el Dalai Lama–. La compasión imparcial está mezclada con la sabiduría.» Esta última trae consigo, sin ningún esfuerzo por nuestra parte, el florecimiento espontáneo de cualidades como la paciencia, la generosidad, el perdón, la autodisciplina y el contento, entre otras.[6]

Muchos pensaban que el difunto Dilgo Khyentse Rinpoche, reverenciado profesor tibetano, encarnaba el estado del despertar. Era famoso por su receptividad y entrega a todo el mundo sin excepción. Durante todo el día y hasta bien entrada la noche recibía una sucesión constante de personas; no había nadie a quien dejara de atender.

En una ocasión dijo: «La práctica diaria tiene el simple propósito de abrirnos a todas las situaciones y emociones, y a toda la gente, experimentándolo todo y sin reservas ni obstáculos mentales, a fin de no retraernos o centrarnos en nosotros mismos. Esto produce una enorme energía, que normalmente se estanca en el proceso de evadirnos mentalmente y escapar en general de las experiencias de la vida».[7]

La naturaleza humana alberga en el núcleo de nuestro ser una esencial bondad. Esta naturaleza esencial es nuestra base segura por excelencia.

Aprender de la experiencia de la vida

Aun de madrugada, en la cuadra donde guardaba a mi viejo caballo Bodhi, mientras su vida estaba llegando a su fin, me mantenía conectada a él intentando percibir en cada momento lo que necesitaba. Estaba a su lado quieta para que pudiera apoyar el hocico contra mi cuerpo al tiempo que le acariciaba la frente para reconfortarlo. Noté cuando llegó el momento de dejarle el espacio que necesitaba al verlo empezar a andar de un lado a otro del establo para aliviar el dolor.

Era un desafío necesario, el de equilibrar una presencia amorosa y serena sin dejar que se interpusieran mis sentimientos. Cuando un ser querido sufre de esa manera, es muy difícil; pero intenté mantener la claridad y la atención, preparada para hacer lo que fuera necesario.

Todo sucedió muy deprisa. No hubo tiempo para preparativos..., solo para estar totalmente en el presente, despierta a lo que sucedía. Mirándole a los ojos, sentí la profunda ternura de nuestro amor.

Empezó a tambalearse, como si quisiera evitar caer encima de mí, y luego se desplomó. Me arrodillé a su lado intentando consolarlo. Con el último ápice de fuerza, acercó la cabeza a mi cara. Le besé el hocico como había hecho siempre en los muchos años que pasamos juntos, y le sostuve la cabeza con suavidad.

Vi asombrada cómo la fuerza vital se esfumaba de sus ojos revelando una mirada luminosa. Los ojos se fundieron en la transparencia. Su fuerza vital, el tierno amor que nos teníamos, su forma de ser tan deliciosa se disolvieron en una esencia clara, vacía, apacible. Fue uno de esos momentos en que la naturaleza relativa de las cosas se disuelve en la vastedad infinita de luminosa transparencia.

Sentada con él, experimentando en silencio una sobrecogedora presencia vacía, sentí una profunda humildad ante la fuerza natural del cambio. Una cálida oleada de amor me llenó el corazón; fue como sentir su espíritu desde dentro.

Hasta el día siguiente, no hicieron mella en mí el impacto de haberlo perdido y el sentimiento de pérdida personal. Lleva tiempo integrar la pérdida de aquellos a quienes hemos querido con todo el corazón. Hay muchas capas de asociaciones, tiernos abrazos, pequeños hábitos de relación, y un amor que en un tiempo estuvo definido por una conexión personal, que ahora necesita redefinirse como conexión eterna, sin forma, como una conexión invisible.

En los días que siguieron, recibí un sinfín de condolencias sinceras de amigos y familiares, que participaron de esa experiencia que nos es común, la de decir adiós a alguien a quien hemos querido profundamente. El amor y la compasión suavizan la verdad de la impermanencia. El profesor tibetano Chökyi Nyima Rinpoche dice: «Cuando perdemos a alguien a quien amamos, sufrimos una conmoción y nos damos cuenta de lo frágil que es la vida. Pero todo lo que sucede, a cada instante, es fugaz, un cambio instantáneo, pasajero. Todo está en movimiento. Todo cambia. Tenemos que aceptar que es así.»

Las experiencias de nuestra vida pueden revelarnos directamente vislumbres de la sabiduría de las verdades universales. Son el aroma de la perspectiva que se tiene desde un modo de sabia compasión.

En la tradición tibetana se denomina a esto el «profesor simbólico que es la experiencia de la vida», y consiste en encontrar un significado profundo y trascendente a los sucesos de nuestra vida. Todo lo que sucede es un mensaje si estamos abiertos a recibirlo. Podemos elegir a través de qué lente percibir. El marco en el que situamos nuestras experiencias lo cambia todo.

En *Siddhartha* de Herman Hesse, una historia del Buda, la corriente del río se convierte en símbolo de esa misma sabia enseñanza, la naturaleza transitoria de las cosas: el río nunca era el mismo, sino que cambiaba constantemente, a cada momento.

Contemple una puesta de sol y reflexione sobre la verdad de la impermanencia a medida que la bola dorada va desapareciendo en el horizonte. Podemos aprender de cualquier cosa si lo orientamos de esa manera. Los momentos de la vida son entonces recordatorios de una perspectiva más vasta, que no se encierra en el pequeño mundo de un estado mental limitado.

Encuentro una escueta entrada de Facebook de un amigo que se muda a un piso nuevo: «La habitación está llena de cajas, pero todavía queda sitio».[8] Reflexiono sobre el significado de «todavía queda sitio» y de cómo es aplicable a todo. Incluso la física nos cuenta que un átomo es en su mayor parte espacio. Una sabia compasión refleja una mente espaciosa.

La intención de mantener todo lo posible una perspectiva así de amplia está expresada con mucha belleza en una oración:[9]

Que mi mente se vuelva hacia el Dharma.
Que la práctica del Dharma sea mi camino.
Que el camino aclare mi confusión.
Que mi confusión se transforme en sabiduría.

15. La física de la emoción

En una pequeña isla del Caribe, mientras estoy sentada apaciblemente en el porche con un cuaderno entre las manos, veo a un perseverante mosquito iluminado en medio de la página. Reflexiono sobre el narcisismo de los mosquitos mientras lo observo intentar aterrizar sobre una ofrenda más jugosa para darse un banquete (que en este caso sería yo), con la esperanza de poder dejar tras de sí su venenosa picadura. Noto que el enfado va creciendo en mí poco a poco y llenando por completo el espacio mental cada vez más reducido, que hasta hace unos momentos había sido una gran extensión abierta.

No tengo la opción de aplastar al maldito bicho, pues estoy decidida a no quitar la vida, ni siquiera a sus manifestaciones menos atractivas. Podría irme del porche con la esperanza de que no me siga a la habitación. Podría echarme alrededor la mosquitera con la esperanza de que no se quede atrapado dentro de ella conmigo.

Como ya me he pulverizado el repelente de insectos sin parabenos en cada centímetro cuadrado del cuerpo, contemplo incluso la posibilidad de dejar que me pique, con la esperanza de que entonces se vaya. Pero probablemente sería bastante temerario considerando que aquí algunos mosquitos son portadores del virus del dengue.

Así que, de puntillas, salgo al exterior confiando en que no se dé cuenta de que me he movido y me siga a un sitio donde dé el sol, que quizá sea demasiado tórrido para él. Ahora estoy fuera, contemplando de nuevo la vasta extensión de agua, y esto me recuerda que la naturaleza abierta y clara de la mente está siempre presente, justo detrás de las experiencias desagradables.

Ha empezado a formarse una nube de tormenta justo encima de la que hasta hace un momento era la zona soleada y a salvo de los mosquitos. Observo cómo la mente vuelve a ponerse en funcionamiento en busca del siguiente sitio adonde escapar. Quiero un sitio que esté a salvo de las picaduras y a salvo de la lluvia. Debería simplemente ser un poco sensata y estar agradecida de poder escribir en un marco tan maravilloso.

Y luego el cálido y radiante sol del trópico atraviesa las nubes amenazadoras, y me relajo... hasta que de repente me acuerdo de esas advertencias sobre la disminución de la capa de ozono: ¡me doy cuenta de que se me ha olvidado traer la crema de protección solar!

Y así sigue y sigue mientras observo con atención esta actividad incansable, la mente que se retira de lo desagradable y anhela que lo placentero dure más, deseando que no sea tan frágil e impermanente. Atenta a todos los cambios que va experimentando la mente, al final me quedo contemplando una palma gigantesca que se balancea con el viento danzando por el espacio, y me deleito en la elegante belleza del follaje exuberante. A través de las hojas ondulantes de los helechos miro de nuevo la inmensa extensión de agua turquesa. Al asentarse la mente, el deseo de que los gallos dejen de agredirme los sentidos con su canto que había ido creciendo en mi interior cede y lo sustituye una silenciosa apreciación de la sinfonía del sonido.

Nuestra mente corre inmersa en una cascada de percepciones y reacciones en cada momento. Un sentimiento se abalanza sobre otro en una corriente interminable de sutil (y no tan sutil) reactividad. Nos enfrentamos al reto constante de someter un mundo persistentemente tumultuoso a algo que tiene cierta apariencia de control.

La psicología budista ofrece un modelo bastante útil para organizar este torrente continuo de pensamientos, sentimientos y percepciones y ver cómo crean nuestra realidad... y nuestros modos de ser. Se le ha dado el nombre de «cadena de generación dependiente»,* es decir, que cada eslabón depende del anterior.

La cadena mental formada por eslabones de causa y efecto va, en pocas palabras, de la percepción a la aprobación o desaprobación de lo que percibimos. Las emociones y pensamientos resultantes provocan a continuación, o apego, o rechazo, y moldean las intenciones y acciones subsiguientes. Curiosamente, un profesor de *chi kung* dice que *yee*, término chino equivalente a *mindfulness* o atención plena, significa también intención.

La ciencia cognitiva dice más o menos lo mismo, solo que con distintos términos. El cerebro recibe información a través de los sentidos y, casi de inmediato, esta llega a los centros emocionales que emiten una evaluación de aprobación o desaprobación. De aquí sigue una secuencia que nos lleva a una serie de pensamientos, emociones y acciones, que con frecuencia son meras repeticiones de hábitos que hemos representado una y otra vez. Nuestros modos no son sino una serie estructurada de dichos hábitos.

Esto me recuerda a un comentario que hizo el Dalai Lama sobre cómo una indagación perspicaz en la generación dependiente explica «cómo el individuo da vueltas y vueltas dentro del ciclo

---

* *Pratītya-samutpāda* en sánscrito, o *Paticca-samuppāda* en pali. También traducido por «génesis condicionada», «cosurgimiento dependiente», «surgimiento interdependiente», entre otros. (*N. de la T.*)

de la existencia». Caemos en los modos negativos una vez tras otra, dando vueltas entre los mismos patrones de siempre.

Cada vez que nos encontremos en cualquiera de esos modos por enésima vez, lo más probable es que los hábitos mentales profundamente arraigados tomen las riendas. Entonces vemos el mundo a través de una determinada lente borrosa y lo interpretamos todo en función de los patrones de pensamientos distorsionados que se derivan de esa forma tan poco fiable de ver el mundo.

Las secuencias de causa y efecto que están presentes un momento tras otro son, en su mayor parte, benignas: la sensación de picor genera un sentimiento de desagrado que, a su vez, se traduce en rascar aliviados la zona del cuerpo que nos pica.

Pero otras no son tan benignas. Pongamos un ejemplo clásico: si a los sentidos les resulta placentero aquello con lo que entramos en contacto, el leve agrado inicial puede a veces convertirse en codicia y ansia insaciable. Asimismo, si la secuencia empieza por una reacción y esta desencadena un modo negativo, acabamos en una auténtica cárcel mental y emocional sin saber cómo hemos llegado a ella.

Los modos problemáticos empiezan por secuencias inconscientes de causa y efecto, surcos de la mente que han acabado convirtiéndose en transitadas autopistas de cuatro carriles con destino a nuestros ámbitos de dolor. En la medida en que actúan en perjuicio nuestro, esos hábitos mentales son lo que la psicología budista denomina «sufrimiento condicionado». Lo bueno del caso es la parte «condicionada»: si en principio son hábitos que hemos aprendido, los podemos desaprender.[1]

La secuencia de causa y efecto que se produce en cada una de nuestras percepciones podría decirse que constituye una especie de física de la emoción. Las opciones, en definitiva, son dejar que las causas y sus efectos refuercen nuestros modos indeseables o hacer cambios intencionados para librarnos de ellos.

Puede ser más fácil observar estas secuencias sutiles, generalmente inconscientes, en un retiro intensivo de meditación organizado con ese fin. El propósito de estos retiros es conducirnos hacia una sabia compasión.

Pero podemos extender esa consciencia a la vida cotidiana para detectar las causas sutiles –los detonantes– de nuestros modos negativos. Y en el instante en que aplicamos este atento discernimiento a un modo problemático, tenemos la posibilidad de romper los eslabones de la cadena que le dan vida.

Atención plena al chocolate

Una clienta a la que le encantaba el chocolate había empezado a tener síntomas de hipoglucemia, como dolores de cabeza, cada vez que lo comía. Decidió utilizar su pasión por el chocolate como oportunidad de práctica.

En cuanto se daba cuenta de que tenía ganas de comer chocolate, dirigía su atención al deseo en sí en vez de al objeto del deseo. Empezó a tomar consciencia de cómo operaba la mente del querer, que crecía en intensidad desde un leve apego hasta el ansia absoluta. Refrenó conscientemente la intención creciente de echar mano al chocolate y se mantuvo conectada con las sensaciones corporales y los pensamientos.

Al observar con más atención sus deseos vehementes –ni cediendo a ellos ni dándoles la espalda– notó una ligera tristeza por debajo de los demás sentimientos. Investigar por qué podría el ansia de chocolate evocar tristeza en ella reveló que este estaba ligado al patrón de un modo: el ansia de cuidados y afecto.

Reconoció sentimientos de privación emocional, un tema recurrente en su vida. Mientras continuó investigando atentamente el malestar oculto tras el ansia y la tristeza que le producía su necesidad insatisfecha de afecto, mantuvo una presencia plenamente atenta que acogía con dulzura el malestar. Sintió crecer en su interior una consciencia amorosa y paciente. Los sentimientos de intranquilidad se fueron disolviendo hasta desaparecer, y los reemplazó la sensación cada vez más intensa de una consciencia cálida y protectora. Comprendió que la satisfacción de este cálido afecto interior podía ser más fuerte y también más accesible que la que intentaba conseguir con su ansia. Hasta el chocolate parecía insignificante comparado con la reconfortante fuerza de la consciencia.

Cuando mi clienta investigó su modo de apego, aplicó varias prácticas del susurrar a la mente: reconoció el modo que estaba operando y rastreó los pensamientos, sentimientos e impulsos que lo caracterizaban. Utilizó la contención como antídoto contra el apego. Conectó con la fuerza sustentadora y protectora que entraña la consciencia en sí; y puso en práctica el cambio consciente de modos.

Rastrear la cadena

A Samuel Johnson, el literato que en el siglo XVIII compiló el primer diccionario de la lengua inglesa, se le conocía por sus ingeniosos aforismos. En una ocasión dijo que siempre había tratado de «ver las cosas como son, y preguntarse luego si hay motivo para quejarse».

Una emoción empieza en cuanto evaluamos lo que percibimos, lo cual o nos atrae o nos repele (o, como diría Johnson, nos da «motivo para quejarnos»). La gran dualidad emocional –gusto/aversión, deseo/rechazo, esperanza/miedo– se da en los circuitos asociados con la amígdala dentro de las partes más primitivas del cerebro.[2] Son decisiones que se toman al instante en estos circuitos inconscientes.

Los centros de pensamiento radicados en el neocórtex, la corteza cerebral más reciente, no tienen control directo sobre lo que deseamos o rechazamos, sino solo sobre cómo respondemos a esos impulsos una vez que los sentimos. El diseño del cerebro hace que nos sea imposible detener el impulso continuo de querer esto y evitar aquello..., solo nos permite elegir no hacer caso al impulso. Ahora bien, si somos capaces de reconocer o tomar nota de estos sentimientos, podemos interceptar las subsiguientes proyecciones, deseos, arrebatos y reacciones que podrían, de lo contrario, consolidarse y convertirse en las convicciones esenciales de un modo negativo. Podemos limitarnos a reconocer que así es como funciona la mente, en vez de creernos todas esas evaluaciones.

Así es como aplicó la atención plena una alumna de uno de mis talleres para rastrear sus gustos y aversiones sutiles:

En la mayoría de las meditaciones percibía aversión (también llamada hostilidad, rechazo, aborrecimiento)... Veo que el «no me gusta» es tan rápido que apenas me doy cuenta cuando ocurre, y la mayor parte del tiempo no me doy cuenta en absoluto. Por ejemplo, hace frío en la habitación. Me cubro la cabeza con la capucha del jersey y dirijo la mirada hacia mi interior mientras lo hago. Noto que al mismo tiempo hay un susurro de pensamiento muy muy sutil, y también una sensación sutil de irritación.

En ese momento planteo preguntas para que los susurros se hagan visibles, si es posible: *¿Por qué hago esto? ¿Cómo lo estoy haciendo? ¿Cuál es la causa? ¿Cómo me siento? ¿Qué pienso?*

Me siento a disgusto es una respuesta. *Quiero tener calor. No me gusta tener frío* es otra. Así que reconozco el rechazo, la aversión, y decido observarlo más atentamente. Veo qué es lo desagradable de tener frío, de estar a disgusto. Consigo ver también algunos de los pasos anteriores y posteriores a ese pensamiento sutil. El estado de ánimo provenía en principio de la incomodidad física, después había pasado a la irritabilidad, al enfado, y habría podido convertirse en cólera si no hubiera encontrado el origen..., y si no hubiera tenido un jersey.

Observaba con atención sus «juicios automáticos», esa evaluación inicial de un suceso que lo califica de bueno o malo, que se registra en milésimas de segundo..., por lo común, sin que seamos conscientes de ello. Si dejamos que esos pensamientos sigan su curso sin restricciones, las semillas de las que son portadores pueden florecer dando lugar a modos plenamente maduros. Pero si les prestamos más atención, los vientos de nuestra mente los arrastran sin más.

Recuerde el nivel de micras del efecto loto, en el cual una gota entra en contacto solo con una diminuta púa de la hoja de loto en vez de con la superficie plana a la que podría extenderse y adherirse. Esa púa es similar a la cualidad repelente de la consciencia.

Ceñirnos a los hechos

A lo largo de los años he hecho retiros intensivos de meditación con Sayadaw U Pandita, uno de los más respetados maestros de *vipassana* –en pali, meditación de visión penetrante– de todo Myanmar. Entre sus alumnos está Aung San Suu Kyi.*

---

* Activista política birmana que recibió el Premio Nobel de la Paz en 1991. (*N. de la T.*)

Durante los retiros –que duran desde unas semanas hasta un par de meses– me acostumbré a la forma de estar intensamente centrado y presente de U Pandita, con una precisión y consciencia investigativa como de rayo láser. Sayadaw tiene un apasionado interés por la ciencia, y en una ocasión en que impartía un curso en la zona de Washington D.C., le llevamos al museo de historia natural del Instituto Smithsonian.

Una vez allí, Sayadaw utilizó esa precisión de su atención plena para investigar cada vitrina y cada sala. En cada una de ellas, ya se tratara del tocado propio de una tribu indígena de Norteamérica o el esqueleto de un brontosauro, inspeccionaba cada detalle y leía todas las explicaciones para asegurarse de que lo entendía todo. Tardamos horas en recorrer solo unas alas del museo, pues tan apasionado era su interés por *todo*; quería saber cómo funcionaba, las leyes naturales que ilustraba…, y establecía conexiones con los principios budistas.

Luego llegamos a un compartimento acristalado en el que dos insectos habían originado lo que había llegado a ser un gigantesco enjambre de cientos de miles de descendientes. Estaba absolutamente fascinado, mientras que yo sentía absoluta aversión. Examinaba cómo se relacionaban los insectos, cuáles eran sus patrones de movimiento, mientras yo buscaba por todos los medios posibles la manera de no tener que mirar.

En el susurrar a los caballos, el modo de aversión se ha de someter a la misma investigación pormenorizada que cualquier otro pensamiento o sentimiento. ¡Aunque no puedo decir que tuviera mucho éxito al tratar de examinar la naturaleza de mi aversión a aquellos bichos reptantes!

«Vipassana» significa ver con sabiduría en un estado de intensa consciencia de la mente en sí. La concentración es semejante a quedarse en casa: bastante apacible y relajada. «Vipassana –explica Sayadaw U Pandita– es como salir de casa para aventurarse a explorar, para aprender más.»

La meditación *vipassana*, o práctica de la visión penetrante, empieza normalmente estableciendo una intensa concentración, para lo que utilizamos la respiración como centro. La posterior transición a la atención plena expande esa atención a todo lo que nos pasa por la mente –cualquier pensamiento, sonido, imagen, sean los que sean– y advierte la presencia de ese objeto de nuestra percepción consciente sin involucrarse en él.

En un retiro de *vipassana* aplicamos esta «percepción consciente sin elección» a todo lo que experimentamos a lo largo del día, no solo mientras estamos sentados sobre el cojín. Mantener esa presencia atenta significa, en teoría, ser consciente de cada momento con precisión absoluta y de forma ininterrumpida. Con el tiempo, la atención plena desciende a mayor profundidad, ahondando entonces en la naturaleza de la consciencia en sí.

Siempre que informaba de mi práctica de meditación a Sayadaw, sentía que este hombre tenía un conocimiento tan exhaustivo del mapa de la consciencia que sabía exactamente cómo orientarme; aprender de un maestro como él ha cambiado mi vida. Aprendí a ceñirme a los hechos con toda la precisión posible en aquellos informes –sin adornos ni embellecimientos creativos– incluyendo cualquier percepción penetrante y directa de la relación causa y efecto, la impermanencia o la ausencia de yo.

La meta es comprender por experiencia propia a qué se refiere el budismo al hablar de «las cosas con son»: la interdependencia de causa y efecto que nace y muere continuamente, y el sentimiento de insatisfacción cuando aparece –o desaparece– en contra de nuestros deseos. Cuando empezamos a ver surgir y desvanecerse los fenómenos de acuerdo con la relación causa-efecto, vislumbramos su naturaleza impersonal, sin un «yo» al que hagan referencia.

Estas prácticas están dirigidas a desarrollar una sabiduría compasiva, pero también pueden aplicarse para cambiar los hábitos de nuestros modos.

Hábitos cotidianos

Podemos hacer de cada experiencia una oportunidad de practicar.

Intentar cambiar un hábito cotidiano es particularmente creativo. Supongamos que no bebe usted suficiente agua y quiere adquirir el hábito de beber más. De vez en cuando, a lo largo del día observaría con mucha atención las distintas sensaciones físicas. Esto le permite ser más consciente de las diversas señales de deshidratación, como una sed sutil. Note cómo la sensación de sed provoca el deseo de querer saciarla y el impulso de ir a buscar un vaso de agua.

Esto nos da la ocasión de desarrollar una observación más minuciosa a la vez que cambiamos un hábito físico. Puede observar con atención plena los detalles sutiles y las secuencias de causa y efecto que constituyen el sencillo acto de beber un vaso de agua. Con una observación atenta y meticulosa puede ralentizar la secuencia para examinar fotograma a fotograma las actividades físicas y mentales que intervienen:

Nota la sensación física de sed..., la intención mental de ir a buscar un vaso de agua..., los cambios musculares y de postura al alargar el brazo y llevárselo a los labios..., la intención de beber..., el acto físico de beber..., la sensación que produce el agua al pasar por la garganta..., las señales de haber saciado la sed.

Al observar atentamente las intenciones y acciones que intervienen, vemos cómo los procesos mente-cuerpo representan sus habituales actos rutinarios sin un solo momento de pensamiento. Lo que hasta ahora han sido hábitos automáticos e inconscientes se sitúan ahora bajo el foco de la consciencia.

Esta consciencia intensificada puede ayudarle a sintonizar con señales de la sed que quizá en otras circunstancias habría ignorado, y hacerle así beber más agua a lo largo del día. Pero esto mismo puede extenderse a otros niveles del cambio de hábitos, desde la forma automática de realizar los quehaceres diarios hasta el trabajo con los modos.

Cualquier despertar de la consciencia por pequeño que parezca nos ayuda a salir del trance de los hábitos automáticos. El cambio consciente de hábitos puede aplicarse a cualquier modo. Cuando trabaje con un modo negativo, puede serle de ayuda centrar el cambio de hábitos en aquellos patrones de pensamiento y comportamiento que más destaquen dentro del modo.

En el caso del modo ansioso, puede ser que los pensamientos entren en un bucle de preocupación una vez más; en el modo perfeccionista, que trabaje más horas de lo necesario; en el modo de estilo depredador, que emita mensajes de «yo-ello». En cada caso daría el giro apropiado para plantar cara a sus pensamientos, calmarse, sintonizar con la otra persona, o reírse más.

Además de esto, el despertar de una consciencia más intensa hace que esas percepciones penetrantes de los principios que actúan en nuestra vida y en nuestra mente contribuyan a que veamos con más claridad la naturaleza transitoria, de causa y efecto, de una experiencia tan simple como tener sed y saciarla.

Como hábitos de pensamiento y de sentimiento, de acción e interacción que son, nuestros modos negativos se ajustan a lo que el budismo denomina «sufrimiento condicionado», hábitos aprendidos que se pueden modificar; pero son hábitos que se resisten con tenacidad al cambio. De entrada, son difíciles de ver con claridad porque se confunden con el telón de fondo de quienes estamos acostumbrados a ser y de cómo solemos actuar.

Los hábitos de nuestros modos residen en el aspecto aturdido que se oculta en nuestra mente. Una consciencia plenamente atenta detecta estos hábitos, los alumbra con su foco y rompe así el trance del hábito. La atención plena debilita los hábitos de los modos a medida que nos conectamos cada vez más con una consciencia más vasta y nos identificamos menos con esas formas de ser y de comportarnos en el mundo, puesto que vamos reemplazando la confusión por claridad.

Como la vasta extensión del cielo que perfila las nubes pasajeras, nuestros hábitos emocionales pasan por nosotros y se disuelven en una dimensión más vasta de nuestro ser. «Eres el cielo –dice Pema Chödron–. Todo lo demás no es más que el tiempo atmosférico.»

Desengancharse

Al hablar de «enganches» me refiero a la disposición que tenemos a activar un modo. Los tibetanos hablan de «la carga oculta detrás de nuestros pensamientos, palabras y actos; la carga oculta tras nuestros gustos y aversiones».[3] Esa misma carga energiza nuestros impulsos, anima los momentos de tensión e inspira los argumentos que esgrimimos para justificar lo que hacemos; alimenta nuestros modos negativos y determina con qué prontitud nos sentimos provocados.[4]

Cuando los enganches nos atrapan y nos arrastran a un modo negativo, operamos con el piloto automático. Nos sumimos en la realidad que el modo nos dicta y repetimos los consabidos deseos, esperanzas y miedos como voluntariosos animales de costumbres.

Los pequeños enfados o impulsos que nos pasan por la mente mientras nos afanamos en nuestros quehaceres cotidianos son momentos de enganche. Cada uno de ellos nos ofrece una preciosa oportunidad de practicar el *des*enganche, de soltarnos de su carga energética. Si practicamos el desengancharnos de las pequeñas cosas que nos atrapan, estaremos más preparados para desengancharnos de otras mayores.

Ser conscientes puede impedir que un modo nos enganche, cuando todavía no nos ha hecho reaccionar. Los modos negativos necesitan que haya algo en el extremo receptor a lo que adherirse; si no hay aferramiento, no hay enganche..., como cuando uno de los lados del velcro se desprende. Cuando la atención plena y discernidora cobra fuerza, podemos dirigir la consciencia hacia aquello que está a punto de quedar atrapado. La consciencia empieza entonces a aflojar la garra que está a punto de apoderarse de ello.

Y si el modo llega a desatarse de lleno, una vez que nos damos cuenta de que estamos atrapados, y reconocemos lo que está pasando, todavía tenemos la opción de prestar atención a lo que se siente al reaccionar a esa provocación, de experimentar los pensamientos, sentimientos e impulsos de actuar.

En ese momento, dice el profesor tibetano Dzigar Kongtrul Rinpoche, estamos en contacto con la esencia de la condición humana, la necesidad de aprender a conducirnos en un mundo que cambia continuamente a nuestro alrededor. Este malestar de fondo está desde el comienzo en la base de nuestra susceptibilidad a engancharnos. Es como si engancharnos nos diera algo a lo que agarrarnos en medio del desasosiego de la existencia.

¿En qué parte de la cadena nos enganchamos? La respuesta sugiere la que podría ser una opción más sensata. Cuando el enganche es sobre todo cognitivo, podemos trabajar con nuestras percepciones y pensamientos; pero cuando es de carácter más bien emocional, quizá nos sea más útil un método distinto, que pueda ayudarnos a llegar al enganche: empatía, aceptación, indagación o reconocer recuerdos subyacentes que actúan a modo de detonantes, así como fijaciones psicológicas.

Podemos adquirir destreza en permanecer quietos con lo que el enganche desate en nosotros. Si somos capaces de identificar simplemente los pensamientos con un leve susurro en la mente, «pensamiento», y luego soltarnos de ellos, mientras se disuelven podemos volver a poner la atención en el momento presente.

Cuando falta la presencia consciente, los modos negativos nos pueden hacer, o que queramos escapar, o que nos aferremos desesperadamente, o que nos disociemos. El discernimiento atento nos permite interrumpir las cadenas de pensamientos y sentimientos habituales, los impulsos y reacciones automáticos..., con el tiempo, incluso después de que hayan hecho su aparición los fuertes modos que a veces gobiernan nuestra mente.

Los modos pueden ser sutiles. Pero en un momento de reflexión quizá atrape usted al vuelo un pensamiento que tiene el aroma de un modo concreto y se recuerde a sí mismo: «Ese es un modo de aversión».

Y quizá mantenga ese estado de consciencia para observar cómo la fuerza impulsiva de ese pensamiento se desvanece, y lo vea desarrollar su ciclo. En cuanto sea capaz de hacer esto, verá que puede tener un pensamiento, pero esta vez –si es consciente de él– no tiene por qué quedarse enganchado y creérselo.

La consciencia que reconoce lo que está pasando puede muchas veces cortar el modo de raíz. A medida que fortalecemos esta facultad y hacemos de ella un hábito mental familiar, la consciencia se hace más fuerte que los enganches y tenemos la capacidad de detener la habitual reacción en cadena..., es como si pulsáramos la tecla *eliminar* en vez de *guardar*.

Nuestros modos son oportunidades.

Des-vincular

Sentada junto a un lago, practicando y escribiendo, noto que se generan menos pensamientos mientras contemplo las ondas que se forman sobre la superficie del agua, cómo se expanden y se disuelven en un movimiento continuo. Como el flujo y reflujo de los movimientos ondulatorios, la profunda quietud de la mente enmarca el ritmo natural de la aparición y disolución de los pensamientos.

La temperatura había descendido bruscamente ese día y una fina capa de hielo empezaba a helar las ondas superpuestas, justo igual a como solidifican la mente los patrones de pensamiento. Había una corriente de agua debajo de la fina capa de hielo que se iba formando, como la corriente constante de pensamientos de fondo en nuestra mente.

Como las ondas heladas, nuestros pensamientos y emociones son tan dados a fijarse que pueden parecer permanentes. Al igual que el agua se convierte en hielo, la mente se solidifica por su tendencia a quedarse fija en la apariencia de las cosas.

La consciencia se ha equiparado con un cielo radiante. La calidez de la consciencia derrite los pensamientos y emociones solidificados, igual que el sol derrite los patrones ondulatorios del agua temporalmente convertida en hielo. Y al igual que el hielo se derrite y vuelve a ser agua, por la acción de la consciencia el hielo de nuestros estados mentales solidificados puede transformarse, permitiendo así que las fijaciones temporales se derritan en la vasta extensión de la consciencia.

Por lo que respecta a los hábitos de percepción y reacción de un modo que se han ido congelando, el desencanto con la forma en que derrochamos nuestra fuerza vital para alimentar esa actividad incansable puede provocar el deshielo. Estar desilusionados con los estados mentales que nos llevan a aferrarnos a aquello que no nos reporta satisfacción, o a esforzarnos por poseerlo..., o con la ineptitud para sencillamente apreciar los placeres sin engancharnos a ellos puede ayudarnos a encontrar contento en las cosas como son.[5]

Cuando conseguimos soltarnos de la mente que se apega a todo, esa liberación significa estar presentes, ser conscientes, y mirar por tanto desde una perspectiva nueva cada momento. Es la mente, la perceptora, y no las experiencias externas la que puede traer a nuestra vida un contento verdadero y duradero.

Podemos estar más agradecidos a los demás, más atentos a las personas que hay en nuestra vida y más a disposición de quienes nos necesitan. Una forma de medir el progreso es hacernos preguntas como: «¿Tengo menos ansia? ¿Reacciono menos? ¿Me dejo llevar menos por las emociones inquietantes?».

Un hombre que participaba en uno de mis talleres me dijo que había tenido adicción a una serie de sustancias durante años. Luego, cuando supo de este método, su vida cambió.

–¿Qué había cambiado? –le pregunté.

–Sin espacio, cuando se desata esa ansia, no hay elección. Pero luego, cada vez que sentía el ansia le daba mucho espacio, y me di cuenta de que ya no necesitaba reaccionar. La atención plena me permitió alejarme de esos sentimientos y ser consciente de mis reacciones... Y el ansia pasaba.

Parece que hay más probabilidades de que los modos negativos se introduzcan cuando buscamos fuera de nosotros algo con lo que satisfacer nuestras necesidades, una droga por ejemplo, o cuando la vida nos decepciona, o cuando nos agotamos intentando tener control sobre nuestro mundo o cambiar a los demás. Si intentamos cambiar las circunstancias externas para encontrar contento interior, la frustración está asegurada.

Hay un punto de inflexión que llega cuando reducimos el poder de los comportamientos habituales a los que nos aferramos para evitar una determinada experiencia. Resistirnos al tirón gravitatorio de nuestros modos despierta una libertad momentánea. Una vez que vemos lo que son en realidad esos hábitos mentales aprendidos, la identificación con ellos puede empezar a disolverse.

Al hacer esto, se produce un cambio sustancial en nuestro ser. Descubrimos una paciencia cada vez mayor a medida que nuestra mente enjuiciadora se disuelve en una consciencia más discernidora y tolerante. Empezamos a ver las cosas con una mirada un poco más independiente de las lentes distorsionadoras, y entre las cosas que descubrimos está la patética realidad de que, tanto nosotros como la gente que hay en nuestra vida, sin darnos cuenta podemos perpetuar el sufrimiento.

Todo esto puede producirnos un sentimiento de dolor, una desilusión con nuestros modos de condicionamiento, con sus hábitos limitadores y la visión de nosotros mismos y de los demás que nos imponen, con cómo reaccionamos y nos sentimos. Cuando el pintor surrealista Magritte describió el misterio de su arte con la frase «los absurdos hábitos mentales que reemplazan a un auténtico sentimiento de la existencia», podía haber estado hablando de nuestros modos negativos.

Tan terrible desencanto pone de relieve en realidad el gran alivio que sentimos cuando hacemos lo necesario para liberarnos de los hábitos de nuestros modos negativos. A medida que se hacen más transparentes, disminuye el poder de los patrones egoístas que hasta ahora han aprisionado nuestra mente.

Los dos niveles

Un profesor de *vipassana* a quien conozco bien pasa varios meses al año en un retiro de meditación en solitario; tiene una deliciosa ligereza cuando vuelve al mundo. Una vez dijo: «Últimamente he disfrutado atrapando al vuelo la primera señal del "yo", algo como un ligero asomo de orgullo».

Ese radar capaz de captar los componentes del «yo» es uno de los frutos de la meditación: la capacidad de reconocer las causas y efectos que constituyen nuestras experiencias. En la práctica tradicional de la meditación indagamos en las causas de nuestro descontento más sutil. Como dice Khandro Tseringma: «El ego-centrismo y el apego al "yo" son los verdaderos culpables». Po-demos distinguir dos formas de aplicar estos métodos para al-canzar la liberación: al nivel relativo (por ejemplo, utilizando la adaptación que he hecho de los métodos para trabajar con los mo-dos), y a nivel supremo, al realizar la ligereza del ser.

La atención plena no es de por sí sabiduría, sino que desempe-ña un papel preparatorio, disponiendo el escenario de la mente para que la sabiduría pueda aflorar en ella. En el nivel relativo, con una indagación atenta podemos reconocer nuestros patrones negativos y crear así un espacio interno que nos sirva de platafor-ma para reducir el poder de esos patrones. En un nivel de *vipassa-na* más sutil, existe otra posibilidad: dejar que la mente perspicaz, lúcida, indague en su propia naturaleza suprema.

Una vez que percibimos este nivel de funcionamiento mental minuciosamente detallado, se presenta una fascinante posibilidad: podemos «desautomatizar» nuestros hábitos de percepción sacán-dolos a la plena luz de la consciencia.

No hace falta que hagamos nada por librarnos de las olas del océano; basta con dejar que se disuelvan de nuevo en su naturaleza original, el mar inmenso. Y lo mismo ocurre con los pensamientos y emociones; aparecen, y se disuelven en el gran espacio abierto de la consciencia.

Cuando este estado de atención estable contempla los movimientos de la mente en sí, podemos comprender tres verdades sobre la naturaleza de la mente. Los principios que revelan la atención plena y el discernimiento intensos y continuados son:

- la inconstancia o impermanencia de todas las cosas;
- el desasosiego de la existencia, o la naturaleza del sufrimiento, y
- la «vacuidad» de lo que solemos considerar que es un «yo» sólido e inamovible.

Estos tres principios existen asimismo en la física (en la dinámica universal del cambio constante) y en la ciencia cognitiva (en la deconstrucción del «yo» en procesos mentales). Pero el budismo añade la práctica a la teoría: experimentar estas verdades en la más profundo de nuestro ser.

No hay un único camino establecido. Tradiciones muy diversas –en este caso, desde las prácticas meditativas hasta la psicoterapia, o los principios en que se basa el susurrar a los caballos– pueden contribuir todas ellas a guiarnos a nuestro hogar interior despejando los patrones emocionales y cognitivos que ocultan nuestra verdadera naturaleza.

Si las teorías psicológicas de los modos se centran en cómo deforman las fijaciones mentales nuestras percepciones y relaciones, Oriente se concentra en nuestra relación última: la que existe entre la consciencia y los propios pensamientos. Los practicantes toman consciencia del proceso que construye los modelos mentales que tenemos de nosotros mismos y del mundo y reconocen que son meras construcciones.

La clave de la libertad interior reside en darse cuenta de la «vacuidad», el «vacío», la falta esencial de solidez de las cosas, incluidos los pensamientos, y de que dependen de la acción de otras muchas fuerzas.[6] Lo que consideramos sólido –los objetos, los pensamientos, a nosotros mismos– son entidades *aparentes* que se manifiestan como parte de una red de conexiones mucho mayor. Todo objeto puede descomponerse en sus partes integrantes. Todo pensamiento aparece y se disuelve. Incluso el propio sentimiento que tenemos de ser quienes somos es resultado de decenas de procesos mentales distintos.

Podemos considerar la vacuidad en términos de transiciones de fase, como hace la física. El agua, por ejemplo, puede adoptar diferentes formas: agua líquida, vapor, hielo, nubes o nieve.[7] Todas ellas son H_2O, pero esos dos átomos de hidrógeno y el átomo de oxígeno se descomponen a su vez en partículas subatómicas, que están en esencia vacías, y que dependen de otras fuerzas.

Sabia reflexión

En la base de las enseñanzas budistas están el hecho incondicional del sufrimiento –de nuestra realidad cotidiana insatisfactoria porque las cosas no son como nos gustaría– y la posibilidad de liberarnos de él. Visto así, en la medida en que podamos disminuir el poder que tienen sobre nosotros los hábitos de nuestros modos disfuncionales, será posible reducir una de las fuentes de ese sufrimiento.

El camino que indicó el Buda para reducir el sufrimiento entraña cuatro tipos de atención plena. El primero es la atención plena al cuerpo. En segundo lugar, la atención plena a los sentimientos (que estudiamos en el capítulo anterior) nos da una consciencia alerta e imparcial de nuestras emociones. Y en tercer lugar, la atención plena a los pensamientos hace lo mismo con respecto a la corriente de pensamiento.

La cuarta variante de la atención plena nos hace tomar consciencia de cómo son las cosas, de las leyes naturales que rigen nuestras experiencias. Así, por ejemplo, cuando prestamos atención plena a una emoción y examinamos si tiene esta o aquella cualidad, estamos meditando en los sentimientos. Pero cuando sabemos que *esto es un sentimiento y solo eso*, somos conscientes de cómo operan nuestras experiencias.

Contrastamos esa percepción clara con la forma en que vemos las cosas cuando las miramos a través de nuestros modos habituales, del tupido velo de nuestras proyecciones, esperanzas y miedos y de todas las demás distorsiones que nos imponen los modos; y una sabia reflexión nos permite distinguir una y otra forma de ver. La primera nos permite ver cómo los modos distorsionan nuestra percepción; la segunda consiste en ver a través de esa lente distorsionada.

El hecho en sí de estar plenamente atentos nos limpia las ventanas de la percepción y abre el camino al cambio. Aplicado a la tendencia a atracarnos compulsivamente de comida basura, por ejemplo, nos permite darnos cuenta de cuándo estamos dominados por el ansia y nos da la oportunidad de reemplazar ese hábito por uno más sensato, como la moderación y la sobriedad.

O pongamos por caso el otro curso de acción: la animadversión, el resentimiento y la ira, que pueden también manifestarse como ansiedad, tensión, frustración o impaciencia. Con una sabia reflexión podemos reconocer los momentos en que cualquiera de ellos aromatiza nuestras percepciones y los momentos en que están ausentes, Luego, en el instante en que empiecen a surgir en nuestra mente, si somos capaces de colocarlos bajo el foco de la atención plena, se disiparán.

Hay además otras verdades esenciales, como la impermanencia. Cuando reflexionamos con perspicacia sobre ello, nuestra relación con la ira –o el ansia– cambia. A diferencia de lo que hacen los modos, que intensifican esta clase de sentimientos, recordar el hecho de la impermanencia puede debilitarlos.

Una sabia reflexión supone también centrarse en los antídotos contra las reacciones de los modos. Luego si, por ejemplo, un modo favorece que estemos irritados o furiosos, recordar la práctica del amor incondicional puede alterar la ecuación emocional.

El principio básico es que cuando la sabiduría reina en la mente, la desilusión no tiene cabida. La sabiduría, entendida como claridad de visión, nos permite saber cuándo la percepción consciente está influenciada por la aversión o el ansia, o aturdida por las distorsiones propias de un modo.

Señales de progreso

Lo único permanente de nuestro comportamiento, dice el dicho, es la creencia de que lo es. A medida que el poder de los modos negativos empieza a debilitarse, comenzamos a sentirnos más libres en diversos aspectos de nuestra vida…, sobre todo en aquellos terrenos en que esos modos nos retenían con más fuerza. Nos descubrimos respondiendo más espontáneamente en situaciones en las que antes nos habíamos sentido aprisionados.

Los hábitos emocionales no cambian de la noche a la mañana, pero el trabajo constante por modificarlos hace que poco a poco pierdan fuerza. Podemos tener una idea aproximada de si vamos progresando haciéndonos preguntas como:

¿Reacciono menos y soy más flexible?, ¿más comprensivo, amable y tolerante?; ¿tengo más claridad?

¿Paso menos tiempo preocupado por todo y obsesionado con el enfoque egocéntrico de las cosas y dedico más tiempo a los demás?

¿Tengo menos conflictos o tensiones con las personas que hay en mi vida?

Cuando un modo negativo empieza a cobrar vida, ¿soy capaz de reconocerlo en mí?, ¿y en los demás?

¿Me identifico menos con los modos que me limitan y soy más comprensivo con los demás cuando están bajo la influencia de sus modos?

¿Me sirve más a menudo de punto de referencia el modo seguro que los modos inseguros?

¿Tengo más libertad de poner la atención en proyectos creativos, beneficiosos y compasivos?

Orientación práctica

«Ojalá pudiera mostrarte, cuando te sientes solo o a oscuras, la deslumbrante luz que hay en tu Ser.»

HAFIZ

Los modos se manifiestan de distinta forma en unas personas y otras y en unos momentos y otros. No existe un método que sea la fórmula infalible para trabajar con los modos en todas y cada una de las situaciones posibles, pero sí hay una serie de prácticas y perspectivas básicas con las que podemos familiarizarnos a fin de aplicarlas según sea necesario. Ahora me hago a un lado para que puedan probarlas con libertad, e incluso jugar con ellas para hacerlas suyas.

Espacio exterior, espacio interior

Tsoknyi Rinpoche estaba «jugando a meditar» con una niña de siete años que había demostrado cierto interés. Le preguntó a la niña qué hacía cuando meditaba.

–Cierro los ojos y me quedo muy quieta.

–Mira afuera, al espacio –le sugirió–, ese es el espacio exterior... Ahora mira adentro, al espacio interior.

La niña repitió para sí «espacio exterior, espacio interior..., espacio exterior, espacio interior», y se concentró atentamente.

El padre de Tsoknyi, Tulku Urgyen Rinpoche, cuenta que cuando de niño vivía en el Tíbet solía ir a un lugar tranquilo al pie de una montaña y hacer como que meditaba. Más tarde vivió varios años de retiro y con el tiempo llegó a ser un gran profesor de meditación. Para Tulku Urgyen mirar el espacio interior significaba «mirar la mente que percibe». Una vez dijo, respecto a esto, que la gente cree que el objeto de la meditación es lo importante, pero en realidad lo importante es mirar allí donde los objetos se reflejan en la percepción.

Mire una flor. Luego mire la mente que percibe la flor.

Por lo común, nuestra mente genera de forma automática un torrente de pensamientos. Sea cual sea el pensamiento inicial, le seguirá una cadena de asociaciones con otros pensamientos, sucesos olvidados desde hacía mucho, cautivadoras fantasías, reacciones. Podemos mirar esos pensamientos. O podemos mirar a lo que piensa.

En cualquier momento podemos aprovechar los pensamientos como oportunidades para practicar, dejando que haya espacio alrededor de un pensamiento..., suspendiendo las críticas de la mente aborrecedora y las preferencias de la mente ávida, en una consciencia abierta.

En el arte del arreglo floral japonés, el espacio que rodea las flores es uno de los elementos que forman parte de la disposición general. El espacio abierto nos permite ver la elegante curvatura de una rama, los delicados brotes verdes que enmarcan los pétalos en flor.

Que haya espacio en la mente deja sitio para que podamos ver las cosas con más claridad. Entonces, a medida que los pensamientos y sentimientos se expresan, florecen en ese espacio abierto, y podemos advertir cosas que antes nos habían pasado desapercibidas gracias a que la mente perceptora está ahora envuelta en una delicada espaciosidad.

Activadores sutiles de los modos

En la vigilancia meteorológica, una nube en forma de embudo indica un patrón atmosférico que advierte de que puede estar formándose un tornado. Esta es una elocuente metáfora visual de lo que sucede en nuestra mente cuando una tormenta interior va cobrando impulso.

Al ir aguzándose con la práctica el radar de la atención, una nube interior en forma de embudo nos avisa de que tenemos tiempo de optar por una distensión. Podemos cerrar las ventanas y posponer la acción hasta que la tormenta pase; podríamos apelar al refugio de una práctica tranquilizadora o compasiva o cuestionar nuestras convicciones tormentosas. La clave reside en aplicar la atención plena como radar de alerta temprana que nos permita detectar los modos negativos cuando empiezan a asomar por el horizonte lejano.

Puede usted hacer prácticas de integrar la consciencia a los detonantes sutiles de los modos prestando minuciosa atención a cualquier intención que aflore durante una sesión de meditación; la capacidad general de captar las sutilezas se fortalece de esta manera. En el trabajo para cambiar los modos significaría captar un pensamiento desencadenante o advertir un sentimiento que va cobrando fuerza y que podrían activar el modo entero.

Observe, mientras la consciencia está atenta a cuanto ocurre, cómo va cambiando cada momento de experiencia mientras está sentado meditando. En algún momento aparecerá cierta sensación de malestar. Obsérvela con mucha atención.

Quizá tenga ganas, por ejemplo, de cambiar de postura y adoptar una más cómoda, pero en vez de hacerlo, decida quedarse en la postura original. Deje que la consciencia permanezca con las sensaciones de incomodidad y la intención de cambiar de postura. Si es posible, limítese a ser consciente de ellas, por muy urgente que se vuelva el impulso de moverse. Su objetivo es ser en todo momento consciente de la necesidad imperiosa de moverse y de la incomodidad, pero sin dejar que la hagan actuar.

Este es un microcosmos de la activación de un modo. Si es usted capaz de afrontar con presencia plenamente atenta cualquier desencadenante, impidiendo a la vez las reacciones habituales del modo, debilitará la cadena de causa y efecto de ese modo.

Del aturdimiento al despertar

Es importante no apresurarnos de una reacción a otra, dejando un reguero de suposiciones distorsionadas de las que se derivan más reacciones todavía. ¿Adónde ha ido la consciencia atenta cuando eso ocurre?

Digamos que mientras realizamos un acto simple como poner a hervir agua para un té, empezamos a pensar en otras cosas que tenemos que hacer. Es más difícil mantener una actitud consciente cuando hay muchas cosas que hacer y en las que pensar, sobre todo si es necesario hacerlas de inmediato.

Pero en un estado de atención plena podemos darnos cuenta de que la mente se acelera y empieza a perder claridad. La supervisora no se deja engañar por el relato que el modo esgrime como tapadera. Sabe diferenciar entre la lente, las suposiciones y las reacciones de un modo y lo que es verdad, y da más poder a la consciencia atenta que a los hábitos de un modo.

Cuando aplicamos la determinación consciente de cambiar de hábitos a la reacción de un modo, podemos reformular la situación y hacerla más beneficiosa. En primer lugar, dese cuenta de que han comenzado las reacciones de un modo que le resultan ya familiares. Si las intercepta antes de que los hábitos de ese modo cobren impulso, le será más fácil reconectarse con la supervisora plenamente atenta.

Un recordatorio suyo nos permite calmarnos y despejar la mente a fin de poder evaluar las cosas con más claridad, e intensifica la percepción consciente de lo que pensamos, decimos y hacemos. Todo esto nos da la posibilidad de oponernos a los pensamientos, sentimientos y reacciones típicos del modo en sí.

Si los efectos de un modo perduran, podemos reconectarnos con la consciencia, pararnos y reflexionar sobre cómo dirigir nuestra atención y nuestro esfuerzo. Podemos, por ejemplo, decidir hacer breves descansos en la práctica para volver a terreno neutral.

Luego podemos preguntarnos: «¿Hay algo que pueda aprenderse de esto para reducir el impulso de los hábitos de este modo?».

Podemos pararnos y reflexionar sobre cómo hacer de esta experiencia una oportunidad de aprender a reconocer cómo funciona la mente cuando un modo se impone.

El sentido común nos guía por la vida día tras día. Gracias a él tomamos decisiones razonables y hacemos elecciones inteligentes basadas en los datos recogidos. Pero el cambio consciente de hábitos tiene una cualidad de lo que podría llamarse «sentido no común», una disposición a traspasar el marco del pensamiento habitual y a aventurarnos en territorios desconocidos de la mente y el corazón..., espacios que no nos son familiares.

Esto significa tener una disposición para transformar un hábito de aturdimiento en uno de despertar.

Mantenerse despierto

Si conseguimos mantener la atención plena cuando los modos negativos se activan, esta fuerza nos ofrece nuevas opciones. Tenemos más rapidez de decisión para hacer que la supervisora atenta intervenga y compruebe lo que está pasando, para sintonizarnos y ver lo que se necesita y para mantener una presencia plenamente atenta.

Cuando surgen sentimientos intensos, podemos sintonizar con cómo los experimentamos. Las emociones turbulentas son señal de que un modo se ha activado. Pero si el ruido y la agitación superan a la consciencia, regrese al fluir natural de la respiración durante un rato para anclar la atención. Luego expanda la consciencia y esté presente de nuevo con los sentimientos. Mientras describen sus ciclos, mantenga una consciencia plenamente atenta hasta que desaparezcan con naturalidad. Preste atención para ver si queda algún eco sutil, que puede adoptar la forma de gusto, aversión o desinterés persistentes.

Esta puede ser otra oportunidad para el cambio consciente de hábitos: tomar cualquier experiencia y hacer de ella un momento de sintonización y discernimiento atentos en el que detectar si siente gusto, aversión o indiferencia.

Entonces puede responder con una consciencia continuada, en vez de dejar que estas reacciones sutiles den lugar a preferencias o críticas, y en vez dejar que le impulsen a actuar y con ello darles poder.

El hábito de la atención plena puede extenderse cada vez más al día entero si hacemos un esfuerzo. La capacidad de estar plenamente atentos cobra más fuerza cuanto más la practicamos, hasta que idealmente se convierte de por sí en un hábito.

Explorar la insatisfacción

Durante la meditación, puede usted crear una oportunidad de fortalecer la atención plena de un modo dándose instrucciones de no moverse, pase lo que pase. Invariablemente, al cabo de un rato notará algún dolor en la rodilla o en la espalda.

La incomodidad de no moverse abre otra posibilidad: puede investigar la sensación sutil de la «incomodidad de la existencia», todos esos sutiles hábitos cotidianos de alejarnos de las incomodidades y ajustarlo todo para minimizar la insatisfacción.

Mientras esté plenamente atento a estas corrientes mentales, puede sintonizar con la mente insatisfecha. Ese aspecto de la mente suele erigirse en centro y tomar el mando cada vez que algo no nos resulta agradable.

Si lo que de verdad necesita es ajustar la postura para estar más cómodo, no lo dude, hágalo. Pero si le gustaría jugar a explorar la mente insatisfecha, no se mueva. Esto envía el mensaje de que la mente insatisfecha no siempre se sale con la suya. Va a elegir la consciencia plenamente atenta en vez de acceder a representar una vez más este hábito dominante.

A la mente insatisfecha no le gusta lo que acaba usted de hacer, pero respetará su decisión si se muestra firme. Este sutil cambio de hábitos transfiere el poder del liderazgo defectuoso del modo de ser insatisfecho a la supervisora ejecutiva de la atención plena.

Tolerar incomodidades e insatisfacciones significa no intentar arreglar o controlar las cosas, sino simplemente estar presentes con los sentimientos tal como son, con una atención estable que pueda investigar los sentimientos sin reaccionar.

Si mantiene la atención, podrá ver lo que se necesita a un nivel más sutil..., a veces el cognitivo, a veces el emocional. O es posible que sea necesario desprenderse de una suposición o expectativa, o llorar la pérdida de un ser querido.

Sea paciente mientras atraviesa momentos desagradables. Esté atento en especial a la aversión que surja en su mente. Indague en la naturaleza de los sentimientos de desagrado y los pensamientos de aversión.

Uno de los objetivos de esta práctica es cambiar el hábito de eludir las experiencias desagradables, estando plenamente atentos a los momentos en que la mente empieza a escapar y permaneciendo, por el contrario, con la sensación de molestia. Cada vez que da más poder a la consciencia que a un modo negativo es un pequeño paso hacia la transformación.

Aclarar los motivos de la ira

Lo primero que debemos preguntarnos sobre los sentimientos de enfado es: ¿Son apropiados? Si usted o una persona cercana reciben un trato injusto, es natural indignarse.

Con demasiada frecuencia, mucha de la ira que sentimos es una proyección y una exageración; nuestras creencias fundamentales amplifican un suceso y le añaden un significado simbólico que exacerba la indignación.

Aplicar una consciencia discernidora –si es posible en el momento, o, si no, más tarde, una vez que nos hemos calmado– nos ayuda a determinar si la explosión de cólera es una reacción exagerada.

La ira que no tiene razón de ser solo consigue dañar nuestras relaciones y a nosotros. Debemos poner la ira en su lugar reconociendo qué interpretación hacemos de los sucesos y descubriendo si interviene en ella cualquier distorsión.

Recuerde en esos momentos la red de creencias de un modo y los significados simbólicos que esa lente puede estar proyectando sobre lo que en realidad ocurre. Empatice con su reacción y sus raíces mientras indaga en sus sentimientos. Empatizar con los significados simbólicos de la historia de un modo no significa tolerarlos, sino comprenderlos.

Pregunta: ¿Qué me estoy contando para justificar esta ira? Si la ira es sobre todo una proyección y una exageración de lo que en realidad está pasando, ¿cómo puedo reconocer cómo estoy distorsionando la situación?

Esté presente con una ecuanimidad no reactiva, si puede, mientras está furioso. Sin dejarse atrapar y distraer por la razón de su ira –o por la persona con la que está furioso– procure estar conscientemente presente con los sentimientos.

Intente mantener una observación atenta de la experiencia, sintonizar con la mente agitada y con los sentimientos o sensaciones de intranquilidad –tal vez sienta una opresión en el pecho o tensión en la mandíbula– sin reaccionar y avivar aún más la ira.

Cuando aparezcan en la mente pensamientos coléricos, déjelos pasar. Mire a ver si puede plantarles cara e identificar posibles distorsiones o proyecciones. Cuestione lo que esos pensamientos dan por sentado.

Quizá por debajo de la ira haya una necesidad o un propósito razonables. ¿Hay otra manera de hacerlos valer que no sea con una explosión de ira?

¿Cómo puede hacer que estos sentimientos sean una oportunidad de práctica, y dejar que se abra paso un poco de claridad?

Deje que cualquier mensaje o visión penetrante se hagan más nítidos. Tal vez descubra alguna forma de actuar con firmeza para remediar la situación con más habilidad y responder con consciencia, en vez de limitarse a reaccionar airado.

La consciencia crea la posibilidad de que se nos revele una visión penetrante al expresarse el alma de una emoción si desarrollamos una relación ecuánime y afectuosa con nuestros sentimientos.

Parte III:

Atender a los susurros del mundo

16. Soy dos, eres dos

«Soy dos, eres dos», se lamenta en una canción Jackson Browne. «Dos que han traicionado el amor y dos que le han sido siempre fieles.»[1]

Todos entramos y salimos de nuestros modos mejores y no tan buenos de cuando en cuando, sobre todo en nuestras relaciones más íntimas –con las parejas, los hijos, los hermanos y los amigos íntimos–. Los modos pasajeros hacen que alguien sea una «persona distinta» mientras duran, un cambio que reconocemos en aquellos a quienes conocemos mejor. Los detonantes de esos modos acechan las relaciones más íntimas, haciendo del amor un campo de batalla emocional.

Cuando más enamorados nos sentimos de nuestras parejas y mayor conexión tenemos es cuando ambos estamos en modos positivos. Pero nuestras parejas pueden resultarnos desconcertantes, frustrantes o sencillamente nada atractivas si cambian de repente a un modo negativo (y, por supuesto, nosotros debemos parecerles lo mismo a ellas).

El que disfrutemos o no estando con nuestras parejas depende en buena medida de los modos en que suelan estar, así como de los modos que se activen en nosotros cuando estamos con ellas.

El investigador matrimonial John Gottman ha descubierto que los matrimonios felices tienen al menos cinco experiencias positivas mientras están los dos juntos por cada experiencia de discordia. Las parejas que de forma continuada viven una proporción de momentos positivos inferior a esta tienen más probabilidades de separarse en un futuro más o menos próximo a no ser que busquen algún tipo de ayuda.[2]

Esta proporción de momentos positivos y negativos puede darnos una idea de la frecuencia con que uno u otro miembro de la pareja entra en un modo perjudicial y la frecuencia con que entra en uno positivo. Da a entender también que una pareja en la que hay una activación mutua de modos positivos tiene más probabilidades de durar.

Teniendo en cuenta que nuestros modos son hábitos aprendidos, las relaciones nos ofrecen una oportunidad sin igual. Tuve un cliente que nunca había oído hablar del lado vulnerable del modo ansioso, pero cuando supo de él se dio cuenta de que era eso lo que dominaba el comportamiento de su esposa en muchas ocasiones. Se querían de verdad, y solían ser cariñosos el uno con el otro, pero de pronto a veces todo era muy diferente.

Tenía que ausentarse de la ciudad con frecuencia por motivos de trabajo, y siempre le dejaba perplejo que al volver de un viaje de negocios su esposa estuviera emocionalmente distante con él durante días. Tardaba mucho en volver a ser la mujer cálida y afectuosa que era habitualmente.

Al comprender cómo operan los modos, mi cliente fue capaz de ver que sus viajes eran para su esposa detonantes de un modo. Reaccionaba a lo que percibía como un abandono entrando en una modalidad defensiva del modo ansioso, en la que los sentimientos de decepción por la ausencia de su marido la hacían mostrarse desconcertantemente fría a su regreso.

Una vez que mi cliente entendió esto, ya no volvió a tomarse aquella frialdad como algo personal. Vio que su esposa «era dos»: una esposa distante, cuando estaba en su modo herido, y otra amorosa y conectada, cuando estaba en modo seguro.

Así que teniendo esto presente, la siguiente vez que volvió de un largo viaje de trabajo se propuso ser paciente. Esperó hasta que el afecto y la ternura volvieron a ella –cuando la cálida presencia de su marido acabó por derretirle el corazón helado–, dejándola relajarse y reconectarse. Que él estuviera a su lado, se dio cuenta mi cliente, era cuanto su esposa necesitaba para volver al modo seguro.

En un nivel emocional profundo, nuestra pareja representa un importante afianzador de nuestra base segura: la persona que hay en nuestra vida con la que podemos sentirnos de verdad protegidos y a salvo. En una relación ideal, cada miembro de la pareja ofrece esa sólida base segura al otro; cada parte da y recibe apoyo y protección emocionales. Las dos disfrutan entonces del afecto y la conexión, pero pueden a la vez ser independientes sin que se pierda el sentimiento de intimidad.

Pero como la vida nos trae inesperadamente hechos que desencadenan modos negativos, ese ideal puede ser difícil de mantener. En los momentos en que usted o su pareja no puedan ser esa base segura el uno para el otro, quizá le dé un poco de claridad recordar que tanto ella como usted son dos..., y que si quiere puede contribuir decisivamente a activar la mitad mejor de su pareja (o la suya propia).

Las críticas que hacemos en cualquiera de nuestras relaciones («es tan inflexible», «está siempre a la defensiva») en realidad hacen referencia solo a una mitad de esa persona, al modo que esa persona habita de cuando en cuando, y no a quien es todo el tiempo. Podemos convencernos demasiado aprisa de que las interacciones negativas que tenemos con alguien definen la totalidad de esa persona o toda nuestra relación con ella.

Si damos un paso atrás y dejamos que haya un poco más de espacio, tal vez veamos que las circunstancias del momento han desencadenado un modo, y que es el modo lo que nos causa problemas, no la persona. Sabiendo esto, uno de los miembros de la pareja podría hacer un alto en medio de una discusión acalorada y sugerir con desenfado: «Vamos a atacar el modo, no a atacarnos uno a otro».

Aunque es más fácil ver los cambios de modo en la persona que tenemos enfrente, no olvide que también usted es *dos*. «Lo que ocurría cuando estaba con mi exmarido, y con todos los hombres que ha habido en mi vida, es que a quien estuviera a mi lado en un determinado momento le atribuía el mérito o la culpa de lo que me estuviera pasando –admite Elizabeth Gilbert, autora de *Come, reza, ama*–.[3] Si estaba alegre, ese hombre era sensacional. Si estaba triste, era un imbécil.»

Ahora que tiene un matrimonio feliz, Elizabeth Gilbert añade: «No le volvería a hacer eso a nadie, y mucho menos a la que persona a la que más amo y que más me importa».

Cuando los modos se enamoran

A veces, algo nos atrae porque lo vemos a través de la lente de un modo. La despreocupación y la calma del modo de evasión, por ejemplo, pueden parecerle un alivio muy seductor a alguien que se pase la vida rumiando con ansiedad cualquier incidente. Por tanto, el miembro de la pareja que es propenso a la ansiedad se beneficia de aprender a serenarse, a reaccionar menos y estar más satisfecho..., todos ellos atributos positivos del modo de evasión.

Y a la inversa, la apasionada sensibilidad de esa persona de sentimientos exaltados puede resultarle sorprendentemente espontánea a alguien cuyo modo más destacado la empuja hacia la inhibición extrema propia de la evasión. Una persona así se beneficia de empezar a sentirse cómoda en un modo más adaptativo, en el que tiene la oportunidad de aprender a conectarse, a estar más sintonizada a nivel emocional y a no dejarse intimidar por las emociones fuertes..., todos ellos aspectos positivos del modo ansioso.

La ventaja de que surja una química especial entre dos personas propensas al modo de evasión y al modo ansioso, respectivamente, es el potencial de aprendizaje reparador que cada una puede propiciar para la otra. La desventaja es que cada una de ellas desencadenará los peores modos de la otra, ¡los cual las enloquecerá un poco a las dos!

Los términos medios parecen favorecer el aprendizaje reparador en vez del desastre: los estudios que se han hecho de la evolución de algunas parejas a lo largo de varias décadas de convivencia han descubierto que los miembros de los matrimonios duraderos tienden con los años a parecerse uno a otro en muchos sentidos.[4] Con suerte, al menos parte de ese parecido se debería a que ambos hubieran adquirido algunos de los puntos fuertes del modo que cada uno de ellos ofrece al otro.

No estamos condenados, por supuesto, a vivir sometidos a aquellos modos problemáticos que inconscientemente favorecemos. Los aspectos positivos de nuestras relaciones pueden ser de por sí resortes que provoquen un cambio al modo seguro.

Una amiga muy nerviosa que está casada con un tipo dulce y tranquilo se quejaba una vez:

–Mis hermanas y yo nos hemos criado en una familia que tiene una tendencia considerable al melodrama neurótico, pero hay algo que puedo tomar para combatirlo.

–¿Qué tomas? –le pregunté.

–A mi marido.

Modos de pareja

Los modos se vuelven particularmente complicados en la relación con nuestra pareja, en parte porque esa conexión establecida en la edad adulta tiende a hacerse eco de la dinámica emocional –y de los modos dominantes– de la relación que tuvimos con nuestros padres en la infancia.[5] Si tuvimos un padre o una madre al que, por ejemplo, nos vimos obligados a adaptarnos refugiándonos en el modo ansioso o el modo de evasión, es probable que volvamos a ese modo con nuestra pareja sentimental, sobre todo cuando sentimos que la relación en sí peligra por alguna razón.

Suele crearse una parcela escabrosa en la relación por efecto del «eres dos» cuando un compañero o compañera sentimental (o amigo íntimo o jefe) es una persona voluble, que cambia de forma repentina e impredecible de un modo afable a uno destructivo. Los compañeros o compañeras de esta clase de personas erráticas, cambiantes, no pueden estar seguras de cuál de los dos modos se van a encontrar, ni tan siquiera en las interacciones aparentemente más inocentes; están siempre en guardia y en estado de ligera aprensión.

Cuando se les tomó la tensión arterial a cien hombres y mujeres mientras disfrutaban de una interacción afectuosa con su familia o sus amigos, se vio que la tensión bajaba. Cuando la interacción era problemática, la tensión subía (como quizá fuera de esperar). Pero si la persona con la que estaban era impredecible –a veces agradable, a veces explosiva–, la tensión arterial subía como en ningún otro caso.[6] Cuando tememos que la persona con la que estamos pueda caer en un modo destructivo en el momento menos pensado, el precio emocional que pagamos en esa relación es muy alto.

Cuando una persona impredecible tiene poder sobre nosotros, un jefe por ejemplo, la cautela constante puede crear niveles de estrés biológico en los que el cerebro segrega continuamente hormonas que nos preparan para afrontar el peligro, lo cual puede afectar también a nuestra salud cuando se convierte en una constante en nuestra vida.[7]

Alicia se quejaba de tener dificultades crónicas con sus amigas más íntimas. Una vez más se vio atrapada rumiando la preocupación por una amiga de toda la vida que había repetido el mismo patrón de comportamiento durante años. En un momento, la amiga era solícita y cariñosa, y luego de repente cambiaba a un modo totalmente distinto, en el que se mostraba indiferente y despreciativa, lo cual desestabilizaba la base segura de Alicia.

Alicia había empezado a comprender que este tipo de comportamiento por parte de algunas amigas contribuía a mantener activos sus propios patrones disfuncionales. Se dio cuenta de que la esperanza de cambiar y el apego a su conexión con ellas a cualquier precio estaban pidiendo a gritos un examen muy atento. «¿Conectada con qué?», se preguntó. La respuesta: con el continuo patrón de interacción doloroso que nos tiene enganchados con la promesa de cambiar, quizá, a algo diferente.

El término clave aquí es «quizá»; porque en el no saber y el seductor misterio que se oculta tras cómo acabará la historia, normalmente nos quedamos pendientes de un hilo con nuestras esperanzas y temores. Pero en vez de seguir siendo títeres en el escenario de este modo, podemos tomar el mando hasta cierto punto cambiando el patrón. Si se siente abrumada por un rasgo de alguien con quien tiene una relación íntima, la intimidad de su conexión con ella, y el hecho de compartir con ella un modo seguro, pueden invalidar en buena medida lo mucho que a usted le molesta ese rasgo irritante y tal vez la lleven a quitarle importancia. Pero si su conexión con esa persona se debilita, la provocación puede volverse predominante.

En la vida sentimental, la atracción inicial nos hace, inevitablemente, idealizar a la persona hacia la que nos sentimos atraídos y minimizar sus aspectos negativos. Es de esperar que luego siga habiendo amor, pero aquella primera fase mágica de la relación irremediablemente se desvanece cuando empezamos a asimilar la realidad completa de los modos de nuestra pareja. Por eso es tan difícil, como supo sintetizar el genio anónimo que dijo: «El matrimonio es un libro de caballerías en el que el héroe muere en el primer capítulo».

Entonces es cuando interviene el cambio de hábitos. ¿Puede empezar a ser consciente de cómo provoca su pareja en usted las distintas reacciones negativas? ¿Pueden acordar comprobar juntos sus modos de vez en cuando, monitorizarlos? ¿Pueden encontrar maneras de alterar la habitual danza de modos y crear un patrón más positivo?

A veces, cuando nos obstinamos en ver a nuestra pareja a través de la lente de un modo negativo, puede beneficiarnos el cordial recordatorio de que «soy dos». Una amiga me cuenta que cuando su actual marido y ella se conocieron y empezaron una relación a distancia se escribían cartas de amor apasionadas. «A veces cuando lo detesto, saco aquellas cartas para recordar por qué le quiero.»

Lo que hacía era cambiar intencionadamente la forma en que reaccionaba a los detonantes de sus modos. Mientras sigamos quedándonos atrapados en modos disfuncionales, necesitaremos responsabilizarnos por la manera en que esos modos se manifiestan en nuestras relaciones y trabajar con ella. Forma parte del territorio del amor.

Juntos en un modo mejor

En las sesiones de susurrar a los caballos se aprende que cuando nos acercamos a un caballo debemos pararnos y mirar hacia otro lado unos momentos, en vez de dirigirnos derechos a él. Luego podemos seguir acercándonos para unirnos a él. Los caballos se relacionan entre ellos aproximándose y retirándose, respetando su necesidad respectiva de «burbuja», de espacio para estar solos.

Es un patrón de avance y retirada el que establece la conexión en toda clase de relaciones. Cuando el niño pequeño adquiere confianza en sí mismo se aventura hacia el mundo que existe más allá de su madre, y luego vuelve a la seguridad del abrazo materno antes de volver a alejarse. Una pareja que coquetea se mira a los ojos, y luego aparta la mirada antes de que sus ojos vuelvan a encontrarse.

«Cuanto más podéis estar separados, más podéis estar juntos», dice un terapeuta familiar.[8] Toda pareja negocia un equilibrio entre conexión y autonomía, sabiendo cuándo aproximarse y cuando dejar espacio al otro, cuándo estar juntos y cuándo separados.

Mientras sigamos conectados, el avance no resulta abrumador, ni el retiro es abandono, sino respeto a las necesidades emocionales. Esas necesidades varían de una persona a otra, y en sí mismas cambian constantemente, así que para encontrar el equilibrio hacen falta sintonización y espaciosidad, no una fórmula tajante a la que atenerse. El reto es mantenerse conectado en el núcleo de una base segura en medio de las circunstancias cambiantes y la fluctuación de los modos.

Las parejas necesitan encontrar el equilibrio preciso para su relación.

Isabel me contó que Julian, su marido, parecía estar encantado de pasar horas solo, pegado a la pantalla del ordenador, «siempre encerrado en su caparazón», como lo expresaba ella. Julian era propenso a lo que Jeffrey Young denomina el modo «protector desapegado», un extremo de la postura de evasión. A Isabel, esa desconexión continua la hacía sentirse sola e ignorada, lo cual le resultaba doblemente doloroso porque evocaba en ella la experiencia de tener que adaptarse de niña a un padre adicto al trabajo y a una madre egocéntrica que la ignoraban la mayor parte del tiempo.

Con frecuencia llegaba un punto en que Isabel no podía soportar ya más la distancia emocional de Julian y se lanzaba al ataque. Contaba para ello con la estrategia favorita del modo ansioso y subía el volumen de sus quejas, convencida de que era la única forma de que le prestara un poco de atención. Pero muchas veces se excedía. Se enfurecía tanto que acababa gritando..., atacándolo a él, no ya criticando su comportamiento. Aquello inevitablemente lo sumía en un temor silencioso. Se quedaba completamente callado, desesperado por correr en busca de la salida más próxima.

Le aconsejé a Isabel que le contara lo que necesitaba de él de una manera que a él le permitiera dárselo, y que se centrara en lo que su marido hacía en vez de atacar su persona. Tenía que ser firme y clara a la hora de expresar sus sentimientos, en vez de perder la cabeza y amenazarlo.

«Cuando te veo sentado delante del ordenador –le dijo– al principio pienso, "Ah, es un buen momento para conectarme a Internet yo también". Pero luego, cuando llevas ya horas con el portátil, empiezo a tener la sensación de que prefieres estar con el ordenador que conmigo. ¿Podemos idear una manera de que los dos tengamos lo que necesitamos..., tiempo para estar de verdad juntos y también el tiempo necesario para trabajar cada uno con nuestro ordenador? De lo contrario –añadió con ironía–, me parece que la paz mundial corre serio peligro en esta casa.»

Al reemplazar Isabel el consabido patrón de enfrentamiento-evasión por este otro más constructivo e ingenioso, por primera vez Julian no sintió la necesidad de escapar. La habilidad con que Isabel había planteado el problema le admiró y despertó su curiosidad. Cerró el portátil y la escuchó con toda atención, interesado y receptivo, en vez de sentirse atacado.

A medida que Isabel fue explicándole el funcionamiento de los modos, Julian reconoció que encajaba con el modo de evasión casi al detalle. Su esposa le dijo: «Ya me he dado cuenta, y es una ayuda no tomarme como algo personal lo que parece un rechazo tras otro. Sé que necesitas mucho espacio y a mí también me gusta estar sola, sobre todo cuando no siento que me apartas de ti».

Continuó explicándole la preocupación ansiosa que el tema de la conexión provoca habitualmente en ella. «¡Me disgusto hasta si es el gato el que parece que me ignora!»

Al oír esto, Julian se rió por la capacidad de Isabel para encontrar humor en todo, y su risa era señal de que la ansiedad subyacente a su modo de evasión también se había relajado.

Siguieron hablando, y los dos se dieron cuenta de que sus modos ansioso y de evasión respectivos se habían evaporado; estaban disfrutando de estar juntos y de su apasionante conversación. Entendieron que esos modos eran obstáculos para su conexión, cariñosa y lúdica.

Julian e Isabel tenían curiosidad por ver funcionar los principios del cambio de modos. Como experimento, Julian decidió poner en marcha el cronómetro del ordenador para que le recordara que era hora de hacer un descanso y pasar un rato con su esposa. Le gustó el desafío de integrar este y otros recordatorios en su actividad cotidiana para cambiar los hábitos de su modo...; eran una especie de aplicación informática mental. Además, su esposa era mucho más tierna y grata de abrazar que el portátil.

Cuando Isabel no estaba sumida en su modo ansioso y dependiente, podía ser emocionalmente perspicaz y elocuente dentro de un ámbito que a Julian le resultaba un poco desconcertante. Como mucha gente que es propensa al modo de evasión, Julian se maravillaba de la habilidad que tenía su esposa en momentos como aquellos para investigar las emociones de una manera equilibrada, en vez de optar como hacía él por salir corriendo intimidado por su intensidad. La verdad es que disfrutaba escuchándola e incluso sentía un gran alivio por que pudieran estar juntos de una forma tan relajada.

También Isabel hizo un cambio intencional de modo: buscó formas de ser amable con él. Sabía que Julian era casi un adicto a la información y que le encantaba leer artículos interesantes de los que la gente publica en Facebook y sitios similares, y la conmovió verlo utilizar el cronómetro para acordarse de parar y reunirse con ella. Así que hizo de aquel cambio una dinámica nueva que fuera gratificante para los dos: cuando se reunían, salían a dar un paseo por el parque, y ella le pedía entonces que le hablara de lo que había estado leyendo.

Estaban aprendiendo a apreciar las cualidades del modo positivo del otro y a cambiar los hábitos negativos de sus modos respectivos. En vez de la antigua danza de modos –en la que su dependencia ansiosa provocaba que él se evadiera–, estaban creando un hábito nuevo de compromiso muy enriquecedor.

Un esfuerzo auténticamente compasivo como este puede ayudar a restablecer la confianza y la buena voluntad en cualquier relación. Cuando la situación exige que nos desprendamos de la dinámica que un modo disfuncional impone a la relación, podemos ayudarnos uno a otro. Podemos evitar desencadenar esos modos en la otra persona, o, como dice Thich Nhat Hanh: «debes amar de tal forma que la persona a la que amas se sienta libre».[9]

Conviene recordar en cualquier relación que todos percibimos e interpretamos las cosas de forma muy distinta. Recordar esto puede atenuar el riesgo de conflicto en nuestras relaciones.

Acoplamiento de pulsos

La película documental *La historia del camello que llora*,* rodada en Mongolia, cuenta la historia de una cría de camello a la que su madre repudia nada más nacer tras un alumbramiento muy difícil. La madre no la deja mamar, y la alimentan con un cuerno a modo de biberón los pastores nómadas que cuidan del rebaño, pero el camello recién nacido no establece una conexión segura con su madre. Se le ve siempre mordisqueando los pastos solo, no con ella.

Preocupados por la cría, los nómadas van en busca de un músico, una especie de sanador, para pedirle ayuda. El chamán músico acude, cuelga su instrumento de cuerda de una joroba de la madre camello para sintonizarlo con sus sonidos naturales y luego toma el instrumento y lo tañe, devolviéndole a la madre esos sonidos en el mismo tono y frecuencia. Al sentirse oída la madre camello, la resonancia que experimenta despierta en ella los lazos maternales, y de su ojo rueda una lágrima. Acto seguido, empieza a amamantar a su cría.

Podemos utilizar una analogía de la resonancia para reconectarnos. Cuando hay resonancia, un objeto vibra en la misma frecuencia que otro. Este aunamiento o sincronización de frecuen-

---

* Título original: *Ingen Numsil - Die Geschichte vom weinenden*. Escrita y dirigida por la cineasta mongola Byambasuren Davaa, nieta de nómadas y afincada en Alemania, y Luigi Falorni en 2003. (*N. de la T.*)

cias se observó hace ya mucho tiempo en los péndulos de los relojes suizos que estaban guardados juntos en una misma sala. Cuando dos péndulos oscilan uno al lado de otro a distinto ritmo, el péndulo más rápido ralentizará el suyo para sincronizarse con el que describe arcos más lentos y abiertos. Pronto estarán armonizados, se moverán a ritmo idéntico –el más lento–, en un estado que los físicos denominan «acoplamiento de pulsos» (*mode locking*).

El método de trabajo corporal llamado terapia craneosacral aplica este principio. Si el terapeuta craneosacral consigue mantener un ritmo más abierto y más lento en su modo de ser, esto ayuda a que el cliente se sincronice con él, a que ralentice su pulso a uno más receptivo y conducente a la curación. Lo mismo ocurre en las relaciones. Cuando una persona es capaz de mantener una presencia estable y abierta, la estabilidad de ese modo se puede transmitir a la otra persona.

Los modos, como los estados de ánimo, pueden ser contagiosos. Alguien que esté conectado a su modo seguro puede ser una influencia calmante para nosotros con su mera presencia, lo mismo que la caricia del padre o de la madre calma al niño disgustado, o que la presencia de una persona querida junto a la cama de un hospital le resulta tranquilizadora al paciente.

Si tenemos estabilidad en nuestro modo positivo, podemos emitir buenos sentimientos a los demás, no simplemente absorber sus malos humores. Esto nos ofrece un abanico más amplio de posibilidades sobre cómo absorber sus estados de ánimo, los sentimientos que estos evocan en nosotros y cómo respondemos, lo cual a su vez nos protege de estar a merced de cualquier sentimiento que pueda aflorar cuando nos encontramos con lo que podría haber sido el detonante de un modo. Podemos mantener la calma y, con el acoplamiento de pulsos, ayudar a un amigo que está fuera de sí a calmarse, en vez de acabar enredados en su angustia. Para quienes ejercemos una profesión de asistencia al ser humano, esta capacidad interior nos permite entender a nuestros clientes y empatizar con ellos sin dejarnos abrumar por su malestar. Podemos mantener la estabilidad que nos da nuestro modo seguro y, desde él, hacer aquello que contribuya a calmar al cliente y a indagar en el origen de sus problemas.

El acoplamiento de pulsos se presenta con frecuencia en nuestras conexiones cotidianas. Dos mujeres que vivían a muchos kilómetros de distancia solían visitarse una a la otra cuando ya llevaban demasiado tiempo sin verse. Eran amigas de toda la vida, casi como hermanas, y en general se habían llevado bien. Pero –como las hermanas– tenían sus discrepancias, sobre todo en cuanto a pequeños detalles a la hora de organizar los pormenores de sus visitas.

En esta ocasión, una de las dos amigas acababa de volver de un largo retiro de meditación que la había dejado como nueva, y se sentía rebosante. Cuando empezaron a hacer los planes que habitualmente acababan siendo tan complicados, aquellas cuestiones que por lo general habrían dado lugar a una discusión entre ellas le parecieron insignificantes a la mujer que había vuelto del retiro hacía unos días. Estaba tan contenta de ver a su amiga que cuando llegó el momento de concretar los detalles, se limitó a decir en tono despreocupado: «Lo que más te apetezca; me parece bien. Lo importante es estar juntas».

Durante el tiempo que pasaron juntas prevaleció este modo, y cambió su forma de relacionarse una con otra. La verdad sea dicha, tuvieron sus pequeños desacuerdos. Pero lo que normalmente habría desencadenado una batalla a pequeña escala parecía una nimiedad comparado con la alegría que sentían por el simple hecho de estar juntas.

Gracias a la sincronización, al vibrar nosotros en la misma frecuencia que el modo seguro podemos invitar a una persona querida a vibrar con ella también.

No somos nuestros modos

A veces, hacer cambios en nuestros modos es como deshacernos de los zapatos que ya no nos valen. Es algo que sucede con naturalidad en el curso de la vida cuando en determinado momento sentimos que cierto hábito emocional ya no tiene nada que ver con nosotros. Hemos cambiado interiormente y ahora vemos las cosas –y a nosotros mismos– de otra manera. Ahora bien, desde fuera, las personas que hay en nuestra vida quizá den por sentado que seguimos siendo como éramos y nos traten como a la persona que fuimos.

Una madre había criado a dos hijas, que hacía unos años se habían ido a estudiar fuera y le habían dejado tiempo libre en abundancia. Hasta entonces había vivido dedicada por entero a la educación de sus hijas, a veces con la actitud del modo complaciente de estilo presa. Pero ahora, al fin, tenía tiempo para ella y podía leer, meditar y dedicarse a sus proyectos.

Cuando sus hijas volvían de la universidad, traían consigo sus expectativas de antaño. Aunque se habían hecho mayores, la trataban de la misma forma que siempre, esperando que lo dejara todo para atender a sus necesidades. Es frecuente oír decir a los jóvenes que acaban de independizarse que ya no encajan en el mundo reducido de sus familias. Pero en este caso era una madre la que dijo: «A veces me pregunto si se dan cuenta de que he cambiado. Ya no siento que soy la que era antes. Cuesta un poco conocerse mutuamente de una forma nueva cuando los hábitos de relación establecidos en el pasado son tan fuertes».

Una parte peliaguda de este trabajo son los beneficios secundarios que podemos obtener de los modos negativos, una dinámica sutil que los mantiene vivos a pesar de sus inconvenientes. Si, por ejemplo, somos cuidadores atentos y sacrificamos nuestras necesidades por hacer felices a otros, cuando empezamos a incluirnos entre aquellos cuyas necesidades requieren atención, quizá haya personas en nuestra vida a las que no les guste el cambio.

O si somos perfeccionistas, a quienes el exceso de esmero puesto en el trabajo nos ha valido un reconocimiento en el mundo laboral, pero a expensas de otras necesidades, como la salud o las relaciones, quizá encontremos cierta resistencia interior a reequilibrar nuestro tiempo y nuestra energía. Quizá nos resulte difícil aceptarnos simplemente como somos (y aceptar a los demás como son) en vez de ser tan críticos. Puede parecer que eso hará peligrar la identidad que nos hemos creado en torno al reconocimiento o a la perfección.

Todo el mundo tiene modos positivos y negativos, y cuando una persona está en sus modos negativos lo más probable es que actúe de formas que nos incomoden o nos duelan. Si nos encontráramos con la misma persona cuando está (o estamos) en un modo positivo, tal vez nos cayera bien. Por tanto, si va aumentando en nosotros el enfado por cómo nos está tratando esa persona, en vez de reaccionar automáticamente («¡qué desconsiderado!») podemos pararnos un momento y recordar que no es la persona, sino sus actos, lo que nos resulta tan irritante.

Todos somos una mezcla. El Dalai Lama nos da un consejo: «Si una persona te parece negativa al cien por cien, cuando la estudies con más atención verás que no es verdad. Nadie es al cien por cien atractivo ni repulsivo, agradable ni desagradable. Es una proyección mental... tuya. Con una observación investigativa puedes reducir el apego o la aversión hacia la persona».

Este tipo de reevaluación nos permite vivir con más sensatez nuestras relaciones. La consciencia puede darnos el espacio interior necesario para reemplazar una percepción negativa automática de alguien por una perspectiva más caritativa y constructiva.

Dos viejos amigos se enredaron en una disputa. Uno dijo:

–¡Lo que digo no es contra *ti*!

–¡Lo que yo digo tampoco es contra *ti*! –contestó el otro.

Se partieron de risa.

La cuestión es que ni usted es sus modos ni yo soy los míos. Entender de verdad esto puede ayudarnos a reconocer la diferencia entre el modelo mental que tenemos de una persona –que da por hecho que él o ella encarnan una serie de modos que conocemos bien– y la persona real. Las suposiciones que hacemos sobre los modos de alguien determinan sutilmente lo que esperamos de ella y cómo la tratamos, lo cual –¡ironías de la vida!– puede hacer que esa persona adopte un modo indeseable de forma habitual.

En cualquiera de nuestras relaciones en las que un modo negativo haga crónicamente de desencadenante de otro, ese patrón destructivo empieza a relajarse cuando la otra persona o nosotros comenzamos a hacer algún cambio que tienda a favorecer conexiones más positivas.

Tomemos como ejemplo la relación de padres e hijos. Gran parte de lo que pensamos de nosotros mismos puede provenir de lo que nuestros padres piensan de sí mismos, lo cual a su vez puede provenir de los suyos. Cada generación sin darse cuenta programa a la generación siguiente.

Darnos cuenta de que las personas no son sus modos les da el potencial de encarnar una serie de modos distintos y mejores. Cuando cambian nuestras expectativas de los demás, nos permitimos estar con ellos de una manera nueva que, a su vez, permite que se abra un ámbito distinto en nuestras relaciones.

Mi amigo KD tuvo una experiencia reveladora mientras cuidaba a su madre que se estaba muriendo de cáncer de pulmón.[10] Durante aquellas últimas semanas de vida, KD se instaló en la habitación de invitados de la casa de su madre y la cuidó día y noche.

«Me di cuenta de que había esperado toda mi vida a tener la ocasión de hacer algo por ella –me dijo–. Mi madre siempre me había hecho mantenerme a distancia pero ahora, a causa de la enfermedad, estaba demasiado débil para apartarme de su lado. Ella estaba enferma y yo estaba allí, y se permitió disfrutar de estar juntos.

»Se estableció algo entrañable entre nosotros al final. Me dijo que era el mejor enfermero que había tenido nunca. Cuando la trasladaron al hospital, me sentaba a su lado hasta la madrugada, unido a ella en un flujo de cariño dulce y profundo.

»¡Pero seguía siendo mi madre, la misma de siempre! Una vez me pidió un poco de agua y, al inclinarme sobre ella, golpeé la bandeja que tenía sobre las piernas. Me gritó con fiereza y yo me retraje como si me hubieran dado un golpe en el estómago. Al volver a levantarme tuve una revelación súbita que me dejó pensativo: de niño, incluso en un tiempo al que no me alcanza la memoria, debió de haberme hecho aquello exactamente de la misma manera.

»El hecho de no poder recordarlo me causó una especie de conmoción. Me di cuenta de que no lograba recordarlo porque la forma que había adoptado como persona era una reacción a su manera de tratarme. ¡La forma emocional estaba consolidada a tal profundidad que no era capaz de verse *a sí misma*! Aun así, debía de seguir operando bajo la superficie. Me quedé de piedra.

»Durante sus últimos días, sentí que nos encontrábamos de verdad y que los dos nos queríamos y nos perdonábamos totalmente uno a otro. Cuando al final falleció, tuve otra revelación extraordinaria. Vi que mi madre había sido como un gigantesco electroimán que me había obligado a adoptar una forma emocional precisa lo mismo que las limaduras de hierro adoptan la forma del campo magnético que rodea al imán.

»A su muerte, el imán se desenchufó y mis limaduras de hierro se relajaron adoptando una forma que me era más natural. La fuerza que había tirado de mí y me había moldeado desde que era un bebé había desaparecido; me pareció como si me hubieran dado unas ropas más cómodas, ropas que se adaptaban a mí tal como soy. Era libre de ser quien era y de respirar de forma nueva y distinta. Nos habíamos liberado mutuamente con amor y ya no estábamos encadenados uno a otro por nuestra programación emocional.»

17. Unidos de corazón

Bob me preguntó si quería enseñarle a Sandhi a recogerme de lo alto de la valla del picadero donde estaba sentada para cabalgar un poco. Así que la ensillé, le pedí que se estuviera «Quieta» y la dejé allí en el lado del ruedo opuesto a la valla a la que volví a subirme.

Normalmente me habría seguido o se habría ido a dar unas vueltas sola, pero se había iniciado ya una conversación entre nosotras y se quedó esperando a lo que vendría a continuación.

La miré de frente y la llamé para que se acercara. En cuanto empezó a avanzar hacia mí, me volví ligeramente para indicarle que, en efecto, había entendido lo que le pedía, comunicándome con ella en un lenguaje que entiende.

Cuando se hubo colocado en posición, justo debajo de mí, se quedó muy quieta. Me deslicé con suavidad sobre la silla que me ofrecía y le acaricié la crin, haciéndole entender lo buena chica que era.

«No hay otro sitio en el mundo entero donde quiera estar en este momento», dijo Bob. Eso no era cualquier cosa, ¡considerando que era su hora de la comida!

También yo sentía que había un lazo invisible entre nosotras, un sentimiento de conexión: cabalgar sobre su lomo unida a ella de corazón. Pasé a formar parte de su manada, un ser con el que se siente segura y relajada.

La expresión que se emplea en la tradición de susurrar a los caballos para referirse a esta cualidad tan especial de la conexión humano-caballo es, como ya comenté anteriormente, «unirse». La conexión sintonizada e inmediata es la esencia de unirse, lo cual es también una parte fundamental del susurrar a la mente, pues puede aplicarse justo igual a nuestras relaciones. Cuando nos paramos y prestamos toda nuestra atención a la otra persona, nos unimos, conectados y sintonizados el uno con el otro. Cuando dos personas vibran en la misma longitud de onda, dicen los neurocientíficos, de alguna manera sus cerebros se coordinan en un solo sistema muy complejo.

Cuando lo hacemos plenamente, experimentamos lo que yo llamo la física de la conexión. Con esa clase de entendimiento, podemos permanecer unidos en cualquier relación incluso mientras estamos ocupados con otros quehaceres o lejos uno de otro.

Al igual que el primer paso de susurrar a la mente es una especie de unión –sintonizarnos cada uno con nuestra mente–, en este caso aplicamos la misma atención plena a la otra persona. Daniel Siegel, psiquiatra de la Universidad de California en Los Ángeles, describe cómo los mismos circuitos cerebrales que utilizamos para empatizar con otro son los que se aplican para sintonizar con nosotros mismos cuando estamos plenamente atentos.[1]

Esta es la relación yo-tú, en la que nos orientamos plenamente el uno hacia el otro, nos vemos uno a otro de verdad y nos unimos en el afecto por el otro.[2] Unirse así es lo que la película *Avatar* plasmó de forma tan vívida cuando los na'vi conectaban los zarcillos del extremo de su cola con los de las gigantescas aves y los caballos que montaban..., o entre sí.

La relación yo-tú adopta multitud de formas. «Me encanta cuando mi marido me dice que me quiere –me cuenta una amiga–. Pero cuando *de verdad* siento lo importante que soy para él es cuando estamos en un restaurante y pide por mí, y sabe que los huevos rancheros me gustan fritos vuelta y vuelta pero con la yema líquida, sin nata agria y con salsa a un lado.»

Mi abuela, hasta donde me alcanza la memoria, fue siempre una entusiasta de la comida sana y el ejercicio físico. Cuando iba a verla de niña me daba unas pastillas grandes y dulces de vitamina C hechas de acerola en vez de caramelos, que iban seguidas de largos paseos por la playa.

Hace unos años recibí una llamada para avisarme de que mi abuela estaba internada en la unidad de cuidados intensivos tras haber sufrido una embolia cerebral. Anonadada, salí de inmediato hacia el hospital. Al acercarme a ella, me impactó lo frágil que parecía..., como si su vida estuviera llegando a su fin.

Supongo que porque siempre se había interesado por los remedios naturales y la salud, empecé a hablarle de nuevas técnicas que se utilizaban para ayudar a quienes habían sufrido una embolia a recuperar buena parte de sus funciones gracias a los avances de los métodos de rehabilitación. En mi rechazo de la dura realidad de que mi abuela parecía estar yéndose, buscaba algo que ayudara a impedirlo y la ayudara a saltar de vuelta a la vida. Había sido siempre una mujer tan fuerte, aun en sus últimos años.

Absorta en mis explicaciones, hasta al cabo de un rato no me fijé en que me contemplaba con una mirada casi ida. Cuando me di cuenta de que no respondía nada a lo que le decía, se me hundió el corazón. Y luego caímos en un elocuente silencio en el que solo el cariño que nos teníamos daba la sensación de ser real.

Conectándome a ella con el lenguaje del corazón, le dije con ternura: «Espero que estés en paz mientras vives esto». De repente, la que había sido una mirada casi ida se desvaneció y vi cómo sus ojos se concentraban, intensos y atentos. Me apretó la mano, como uniéndose al lazo de amor que nos unía.

A la mañana siguiente se había ido.

Los susurros del corazón

Hay momentos en la vida en que sencillamente no hay palabras para expresar lo que sentimos, territorios desconocidos del corazón donde el silencio es más real que ninguna palabra..., y momentos en que el principio del amor escucha y se sintoniza para oír la esencia de las cosas, de nosotros mismos y de los demás. Es en este amor sabio donde los intuitivos susurros del corazón encuentran su expresión natural.

Este modo de conexión puede surgir a veces espontáneamente. Está a nuestro alcance cuando conseguimos mirar por encima de nuestras reacciones –y las de la otra persona– para compartir el modo en el que podemos unirnos.

Es una actitud cooperativa que contrasta drásticamente con la manera en que se ha domado a los caballos desde hace siglos: haciendo uso de la fuerza bruta para hacer que el caballo acabe por rendirse. Sin embargo, en el susurrar a los caballos se establece entre nosotros y ellos una colaboración basada en la unión.

Hay una gran semejanza entre cómo sintonizo con mi yegua y cómo sintonizo con mi mente. Por ejemplo, cuando le pido a Sandhi que avance hacia algún lugar concreto, primero hago memoria de las instrucciones y me centro en los principios que le comunican a ella esa intención. Luego me desprendo de cualquier inquietud por el efecto que haya podido tener mi antigua forma de relacionarme con ella y me sintonizo con su mente y con su espíritu̲ ̲conectándonos de corazón mientras nos comunicamos en el lenguaje que ella entiende.

Cuando hace a la perfección lo que le pido, como dice Bob: «Esa es su forma de decir, "¡Hablas idioma de caballo!"».

Al verla seguir las instrucciones que le he dado, muestro en «idioma de caballo» mi reconocimiento de que nos entendemos volviéndome hacia un lado o acariciándole la crin. Nos comunicamos sin las restricciones y presunciones derivadas de la tendencia dominadora e incluso depredadora de tantos seres humanos, y que suelen dejar perplejos a los caballos.

Para ello hace falta ceder, en cierto sentido, dejar aflorar una receptividad que nos ablande la mente y el corazón.

Un día le pregunté a Bob:

–¿Qué es para la gente en su vida «unirse», cómo lo viven?

–Podemos empezar por mirarnos a nosotros mismos. Si entablamos una relación con actitud depredadora, no conectamos con la otra persona. Si se trata únicamente de que quieres o necesitas algo del otro, eso no es unirse. Si quieres demasiado, y exiges y controlas y manipulas..., eso es ser depredador, no tener una relación. Eso desconecta. Es necesario empatizar y saber quién es el otro, y darle, para poder recibir algo. La cuestión es dar, no recibir.

Mi buena amiga Elizabeth y yo estábamos hablando con una instructora de gran sabiduría, Khandro Tseringma, sobre cómo pueden aprender los niños a ser más conscientes cuando se ven envueltos en un conflicto. «Si se pelean con sus amigos, deberían reflexionar sobre si el error es suyo o de su amigo –dijo–. Si el error es suyo, deben disculparse.»

Si una niña tiene tendencia a ser mandona, añadió, podría aprender a aplicarlo de modo positivo..., cambiar su actitud y ser, en vez de eso, más franca y clara. Los hijos de una amiga iban a un colegio en el que formaba parte del programa escolar el aprendizaje

342 Atender a los susurros del mundo

social y emocional, y le pregunté en qué les había influido a sus hijos. «Les ha dado la confianza para ser ellos mismos», dijo.

Estar unidos de corazón nos ayuda a traspasar el afán de control del modo de estilo depredador y ver a otro ser sin el filtro de las interpretaciones. Sintonizarnos con el verdadero ser que somos y que son los demás –más allá de las presunciones, interpretaciones, personalidades, actitudes defensivas y reacciones– nos permite conectar más con lo que es genuino.

En ese espacio, quizá comprendamos que las percepciones que la gente tiene de un mismo hecho pueden variar muchísimo..., que todos interpretamos las cosas de manera distinta. Cuando trabajamos con nuestra mente y meditamos nuestras reacciones antes de actuar en vez de responder con automatismo, cambia nuestra relación con estas cuestiones.

Podemos permanecer conectados con alguien a pesar de discrepar de su punto de vista. Podemos volvernos hacia los ángeles buenos de nuestra naturaleza, abrirnos a sentimientos más amables y receptivos que nos ayuden a aceptar la esencia de la otra persona, incluso cuando vemos las cosas de forma distinta. Hay más probabilidades de que esa persona experimente esta consideración incondicional hacia ella como un mensaje emocional positivo, como una invitación a unirse.

La vía de doble sentido

Domar a un caballo utilizando correas para doblegarlo y la fuerza bruta se parece un poco al modo de estilo depredador que exhibimos los humanos cuando una persona intenta dominar a otra. Esta clase de comportamiento refleja lo que Joanna Macy, experta en budismo y en la teoría de sistemas, denomina «causalidad lineal»:

consideramos que A es causa de B, B causa de C, y así sucesi-
vamente.[3] En una relación, esto puede desembocar en el modo de
estilo depredador «yo-ello», una vía de sentido único.

Por el contrario, en una vía de doble sentido tenemos respeto
mutuo y un poco de humildad. En vez de intentar forzar al otro a
que cambie y sea de determinada manera, puedo invitarlo a reflexionar conmigo haciéndole una pregunta. En vez de imponerle la
dirección que yo elijo, exploramos juntos.

En una vía de doble sentido (en la que hay una «causalidad recíproca»), la idea de base es que yo no tengo todas las respuestas,
pero podemos investigar la incertidumbre juntos dialogando. Igual
que en el susurrar a los caballos, podemos orientar al otro, pero no
forzarle. Admitimos que la perspectiva del otro podría tener sentido y que podemos aprender de ella. Nos damos la oportunidad
de formar una sociedad cooperativa.

La resistencia y ambivalencia que nos muestra un caballo es señal de que la comunicación se ha roto, y tenemos que cambiar de
táctica. Lo mismo ocurre con las personas. El comportamiento
depredador solo puede funcionar cuando la otra persona cae en el
modo pasivo de estilo presa.

Reflexione un momento sobre cualquier relación de su vida en
la que se sienta caer en el modo de estilo depredador: agresivo, controlador y dominante. Luego imagínese soltándose de esa compulsión de control. Mire a ver qué sensación le produce. Esté atento a
cualquier intento de aferrarse a «tener razón» o a ejercer cualquier
clase de control. Pregúntese cómo sería estar con esa persona si se
abriera usted a la posibilidad de tomar decisiones juntos y empati-
zara con ella preguntándole: «¿Te parece bien lo que propongo?».

También puede reflexionar sobre relaciones en las que se sienta
controlado. En el modo complaciente de estilo presa, la persona
controlada experimenta resignación, pasividad, temor o, a veces,

una furia rebelde, reflejos todos ellos de la presa. Tanto el modo controlador de estilo depredador como el modo complaciente de estilo presa pueden avivarse por efecto del miedo. En el caso del depredador, el miedo es a perder el control; en el caso de la presa, puede ser a perder la conexión.

Por supuesto que conlleva trabajo desentrañar estas respuestas habituales, pero la consciencia y el esfuerzo pueden ayudar a que aflore el modo seguro. Desde él, puede empatizar con la forma de ver y sentir las cosas que tiene el otro; puede ser consciente de ello sin reaccionar ni juzgarlo. Quizá pueda percibir los modos que operan en ese momento en la otra persona.

Conéctese con su intención sincera. Comuníquese con claridad, quitando de en medio cualquier emoción o reacción añadidas. «Deja que las palabras te pasen por el corazón», como dice un proverbio indio.

Desde esa base segura, puede responder de otra manera: invite a la otra persona a unirse a usted, y colaboren en la toma de decisiones.

Es como sacarle el freno de la boca al caballo. La otra persona es libre, entonces, de tomar sus propias decisiones. Se desata el espíritu creativo. Idealmente, unirse es desde el principio una vía de doble sentido.

Conexiones virtuales

Una película de animación muestra lo que parece una reunión de terapia de Doce Pasos. Todos miran al hombre que está en pie a punto de testificar. «Hola... Me llamo Mike y han pasado cinco meses desde la última vez que interrumpí una conversación para comprobar la Blackberry.»

¿Cuántas veces vemos a dos personas caminando por la calle o sentadas en una cafetería y que una de ellas, o las dos, esté hablando por el móvil o tecleando un mensaje? La verdad sea dicha, yo misma lo he hecho innumerables veces.

Pero si en ese momento sintonizamos con la persona que nos acompaña, es muy probable que percibamos la desconexión del «yo-ello», a pesar de todas las hábiles formas que tenemos de tranquilizar al otro diciéndole: «No suelo hacer esto, pero es que llevo días intentando localizar a esta persona».

Y quizá no suponga un problema. Pero la realidad sigue siendo que, mientras estamos conectados a las redes sociales intercambiando mensajes con nuestros amigos de Facebook, quizá estemos ignorando a la persona que tenemos enfrente. La cuestión es si en ese momento se están activando modos angustiosos de los que no éramos conscientes. O si estamos intentando escapar de la persona con la que estamos, al tiempo que intentamos conectarnos con alguien lejano.

Un momento social como este nos da una oportunidad de reflexionar sobre lo que puede estar pasando con los modos. Podría preguntarse a sí mismo si, por ejemplo, se siente más cómodo con aquellas personas que están a una ligera distancia de usted..., lo cual sería indicio de una preferencia por el modo de evasión, o quizá de cierta tensión en su relación con la persona a la que acaba de dar la espalda.

Podemos considerar nuestras relaciones en términos de acercamiento y evasión, avance y retirada, contacto o concesión de espacio. Si la conexión que hay entre nosotros es fuerte, podemos permanecer conectados incluso a miles de kilómetros de distancia –o mientras hacemos un alto para comprobar el buzón de correo electrónico–. Pero si la conexión está ausente, ni pasar horas y horas juntos cambiará nada.

Los caballos rara vez se sitúan de frente uno a otro; para un caballo, esa es una postura invasiva, depredadora. A mí personalmente me gusta el contacto visual (cuando es genuino), pero también me gusta tener espacio. Es diferente espacio de distancia. ¿Llega un punto en la conexión afectiva que estemos viviendo en que el otro pasa a ser un «ex» a pesar de que aparentemente sigamos teniendo una relación? Tal vez el problema esté en la palabra «relación». ¿En qué momento este término, que genéricamente transmite una sensación fluida, empieza a evocar algo estático?

Por otra parte están nuestras conexiones virtuales –Facebook, el correo electrónico y demás–, su naturaleza. Yo disfruto intercambiando correos y comunicándome a través de las redes sociales con mis amigos, no ya por el placer de mantener el contacto desde la distancia, sino también porque me da la oportunidad de pararme a reflexionar con más detenimiento, y tiempo de hacer los cambios pertinentes para comunicarme cuidando más cómo me expreso.

Es una alegría mantener esta interacción continua con amigos de todo el mundo, de distintas edades y culturas, y es como si nos hiciéramos un servicio unos a otros cuando publicamos un artículo interesante o una cita enjundiosa y nos hacemos partícipes de una información útil y expresiones creativas.

Aun así, me preocupa un poco que los hábitos de Internet que hemos adquirido puedan acabar haciéndonos diestros en distraernos, en navegar por la red pasando de una cosa a la siguiente sin tiempo de asimilar ni reflexionar. Esto puede interferir con el desarrollo de un saber y una madurez que necesitan de una consciencia más espaciosa.

Podemos esmerarnos y estar más atentos a lo que decimos estando en línea; de hecho, es algo necesario, puesto que las palabras que enviamos no llevan impresos nuestro tono de voz, el lenguaje corporal ni las expresiones faciales para añadir el matiz emocional. Ser conscientes de nuestros modos puede sernos de gran ayuda para esto. Si hacemos una pausa atenta de vez en cuando mientras escribimos un mensaje y comprobamos si estamos escribiéndolo desde un modo negativo, podemos reducir las probabilidades de enviar una «llamarada», un mensaje que sea fruto de percepciones distorsionadas o fuertes emociones negativas..., un mensaje que después lamentaremos haber enviado.

Si dedicamos algo de tiempo a comprobar nuestra «modo-ivación» y luego sintonizamos con cómo recibirá la otra persona lo que escribimos, lo que comuniquemos llevará implícitos los matices que tenemos la intención de transmitir. Internet es una herramienta formidable, todo depende de cómo la usemos: como fuerza que nos desconecta, o que nos impulsa hacia una red de conectividad.

Métodos de unión

En cierto sentido, me explicaba Bob, la forma en que interactuamos es un lenguaje en sí misma. Mantengo una conversación con Sandhi solo por la posición de mi cuerpo con respecto al suyo. Es un lenguaje espacial en el que nuestro cuerpo es nuestra voz.

–Si no tengo este tipo de conexión con ella –Bob añade–, no podemos trabajar bien juntos. No voy a tener una buena relación con ella a menos que entienda lo que para ella es importante. Es un animal con instinto de presa. Si la miro de frente, con los ojos, los hombros y el corazón dirigidos hacia ella, ella lo interpreta como un lenguaje depredador. Si hago uso de la fuerza o el control, o intento conseguir incansablemente lo que quiero, también le parecerá depredador... y la desconcertará. No quiero hacer que reaccione en ella su instinto de conservación de estilo presa, una reacción que puede ir desde una leve ansiedad hasta el pánico absoluto.

–Esta relación se basa en la confianza –comento.

–Exactamente. Ella sabe que no le voy a hacer daño. Y porque confía en mí, yo tengo una gran responsabilidad. Sandhi ha renunciado a algunos de sus mecanismos de supervivencia.

»Se trata de ir consolidando la relación –sigue diciendo Bob–. Tengo que comunicarme en un lenguaje que ella entienda, con respeto. Es casi una conexión espiritual. Cuanto más aprendemos sobre sus formas de comportarse como animales de tipo presa, mejor podemos empatizar con ellos y entenderlos, y establecer esa confianza. Entonces aprendemos un lenguaje compartido, nuestro, que ella entiende y en el que me comunica sus ideas y yo le comunico las mías.

»Me avergonzaría intentar dominarla. ¿Sabes por qué? –me preguntó Bob.

–¿Porque no estarías empatizando?

–Sí. Y porque los caballos están deseosos de aprender y colaborar.

Mientras Bob y yo manteníamos esta conversación Sandhi, que parecía estar aburriéndose, se había ido a pastar no muy lejos.

–Por eso si quisiera pedirle con su mismo espíritu de presa que dejara de comer hierba ahora mismo, me colocaría detrás de ella –explicó Bob mientras caminaba hasta ponerse detrás de Sandhi.

Al percibirlo, Sandhi dejó de pastar y se dio la vuelta para mirar a Bob y relacionarse con él. Él le acarició la crin en reconocimiento por su respuesta, y luego dijo en tono festivo:

–Le he acariciado la crin ¡y ahora la invito a comer!

Y se fue con Sandhi pegada a su espalda en total conexión.

–Utilizo el lenguaje de la manada –me dijo–. Por naturaleza, un caballo quiere formar parte de la sociedad. Los animales con instinto de presa son animales gregarios. Ella sabe que la entiendo y justo ahora prefiere estar conmigo más que comiendo hierba.

Luego Bob condujo a Sandhi de vuelta al prado donde había estado antes, y se inclinó hacia delante y empezó a dar manotazos en la hierba alta.

—Ahora le hago creer que estoy comiendo hierba... Le muestro que soy como ella.

Sandhi lo miró encantada y empezó a pastar también.

—Está diciendo —añadió Bob—: «Qué tipo tan guay eres... ¡Eres vegetariano!».

De la misma forma que Bob tiene en cuenta ciertos principios de la equitación para unirse con Sandhi, hay métodos que nosotros podemos usar para unirnos unos con otros. Por ejemplo, examinar antes nuestra mente y nuestras reacciones en vez de reaccionar con automatismo a lo que hace o dice otra persona cambia nuestra relación y nos permite estar más conectados.

Entre los diversos principios que favorecen la unión está el reconocer nuestros pensamientos reactivos y qué ha desatado un modo negativo; admitir interiormente nuestras vulnerabilidades y las distorsiones de percepción y de pensamiento indicativas de ese modo, y luego recordar que podemos elegir, y ver si somos capaces de encontrar una manera más equilibrada de contemplar las cosas. Quizá entonces decidamos simplemente no tener en cuenta lo que ha pasado y olvidarlo por completo.

Reconozca cuándo su comportamiento proviene de una postura sutilmente controladora y vuélvase hacia una vía de unión por medio de una comunicación empática; deténgase a plantearse cómo puede estar viendo la situación la otra persona, y luego actúe de una forma que tenga consideración por la perspectiva de la otra persona también.

Perry Wood, un profesor de equitación británico, cuenta la anécdota de una vez que dos mujeres llevaron a su problemático caballo castrado a un seminario de equitación de dos días. El problema era que se tardaban horas en conseguir que el caballo se metiera en el remolque..., de hecho, tres horas simplemente para poder ponerse en camino hacia el seminario.[4]

Y cuando el seminario terminó, horas después de que todos los demás participantes se hubieran marchado, por supuesto, el caballo todavía no había subido al remolque, a pesar de todos los esfuerzos imaginables que habían hecho las dos mujeres. El caballo empezaba a entrar y, a mitad de camino, daba marcha atrás, salía y empezaba a dar saltos por el patio de carga. Cuando Wood apareció en escena, el caballo tenía los ojos desorbitados y sudaba, lo mismo que las mujeres.

Decidió hacerse cargo del asunto con su gran repertorio de métodos, sentido de la oportunidad y determinación. Elevando la energía para equipararla a la del caballo, intentó todo lo que sabía, pero no tuvo suerte. El caballo empezaba a entrar, llegaba a mitad de camino y luego, con una explosión equina, salía otra vez como un rayo.

La escena se repitió una y otra vez hasta que Wood se paró a preguntarse qué era lo que se le escapaba. Se preguntó qué era lo que tenía que cambiar en su forma de hacer. Entonces se dio cuenta de que probablemente estaba repitiendo alguna versión de lo que todo el mundo hacía: utilizar técnicas diversas con el caballo sin tener en cuenta si, de entrada, el caballo tenía la menor confianza en él.

–Lo que faltaba –dijo Wood– eran afecto, relación, aceptación, confianza y respeto.

Así que la siguiente vez que el caballo entró hasta la mitad del remolque, Wood no intentó que entrara hasta el fondo. En lugar de eso, se quedó de pie al lado del caballo y le abrió su corazón, enviándole amor. En ese momento se unieron.

–El tiempo se detuvo –recuerda Wood–. Sentí un nudo en la garganta.

Y la mirada del caballo se suavizó al tiempo que tomaba aliento con fuerza y lanzaba un largo resoplido; los lomos le palpitaban con alivio. La tensión y el miedo se le desprendieron del cuerpo. Luego, sin necesidad de volver a apremiarlo, el caballo entró tranquilamente en el remolque.

Wood, con lágrimas en los ojos, acarició al caballo. Y los que lo estaban viendo lloraban también.

18. Una base segura compartida

Un muchacho de once o doce años que venía de una familia problemática formó un club en el colegio. Organizó grupos de niños para que lucharan entre sí. Lo llamó Club de Lucha, y atrajo con ello la atención de los demás muchachos.

Cuando el director del colegio se enteró, expulsaron al chico. Se fue a vivir entonces con un familiar que era activista social y que lo trató con amabilidad. Llevó al chico con él a ayudar a servir la comida en un comedor social y a una marcha de protesta contra una fábrica que estaba arrojando desechos tóxicos en un barrio pobre.

Al cabo del tiempo, el muchacho volvió al colegio y formó otro club. Pero esta vez se llamaba Club de la Paz. Organizó grupos de chicos para hacer buenas obras en la comunidad. Volvió a atraer la atención de sus compañeros, pero esta vez con unas actividades positivas y con sentido.

¿A qué se debió el cambio? Cuando el chico fue a vivir con un pariente amable que le dio su apoyo, aquella persona consiguió ayudarlo a conectar con un modo seguro. Con frecuencia, cuando la gente tiene una conducta antisocial violenta es porque quien manda en ella son sus modos negativos. Si son capaces de conectar con un modo seguro y seguir desarrollándolo, puede haber un cambio de perspectiva que les permita actuar de manera más positiva.

Desde la perspectiva de la unión, ya sea entre dos individuos o de forma colectiva, podemos compartir nuestro modo seguro. Muchos de los problemas que tiene la sociedad son la cara pública de las realidades privadas, de las que los modos negativos son con frecuencia el motor oculto. Pero si somos capaces de unirnos con alguien en un modo seguro, nuestras perspectivas cambian y esos comportamientos problemáticos acaban a menudo pareciéndonos simple y llanamente lo que son: inútiles.

Incluso cuando más separados parece que estemos, podemos seguir confiando en una interconectividad subyacente. Esto no significa que no discrepemos en algunos asuntos, pero eso tiene que ver con los asuntos, no afecta a nuestra conexión esencial.

Las desconexiones suelen ser efecto de los modos en que estamos y de la forma de ver y reaccionar cuando estamos bajo su influencia. Por tanto, si no hay armonía entre nosotros, el problema pueden ser los modos que nos gobiernan, no la otra persona. Pero si somos capaces de unirnos en un modo seguro, tenemos muchas más probabilidades de resolver los problemas que surjan entre nosotros, ya sea en la pareja o en la familia, entre amigos o socios de una empresa o en nuestras comunidades.

Desde el modo seguro, somos más capaces de dar al otro el espacio que necesita para hacerse oír. La empatía nos permite ponernos en la piel del otro y entender sus sentimientos y su punto de vista.

Hay tres tipos de empatía. La primera es puramente intelectual: percibimos cómo piensa la otra persona sobre una cuestión dada y podemos adoptar su perspectiva. Si la empatía cognitiva se combina con la insensibilidad, el otro es esencialmente un objeto que está a nuestra disposición; pero cuando comprendemos la perspectiva del otro, de corazón, empezamos a unirnos.

Los neurocientíficos han descubierto un tipo de célula cerebral, las neuronas espejo, que quizá expliquen parte de la magia de la conexión «yo-tú». Si usted y yo estuviéramos hablando, mis neuronas espejo, actuando como radar, percibirían lo que siente, sus movimientos e incluso sus intenciones, y, haciendo de espejo, activarían en mi cerebro los mismos circuitos que están activos en el suyo. Esto crea en mí una sensación interior de lo que está ocurriendo dentro de usted.

Ese «de corazón» va acompañado de empatía emocional, la segunda variante. Este tipo de conexión significa que los circuitos sociales de nuestro cerebro están plenamente sintonizados con los de la otra persona, de manera que, por efecto de la resonancia recíproca, percibimos de inmediato cómo se siente. Este vínculo emocional nos mantiene sintonizados el uno con el otro, creando la química interpersonal que es la esencia de la unión.

El tercer tipo, el interés empático por el otro, nace de los dos primeros: entendemos cómo ve las cosas la otra persona, percibimos cómo se siente al respecto... y si sentimos que sufre o que tiene una necesidad, hacemos espontáneamente lo que haga falta para ayudarla. Esto añade el afecto a la mezcla anterior, haciendo que seamos una base segura para otros.

Los tres tipos de empatía estaban activos mientras hablaba con Rosalie, clienta mía desde hace mucho tiempo, que toda su vida ha tenido tendencia a ser despiadadamente crítica consigo misma..., un modo perfeccionista y enjuiciador que dirige en alguna ocasión hacia los demás, aunque por lo general hacia sí misma.

Con el corazón abierto la escuchaba enunciar su larga lista de defectos, que intentaba hacerme ver en ella con un empeño casi convincente. Mientras hablaba, yo tenía una mezcla de sentimientos: quería hacer un esfuerzo por empatizar con su perspectiva de la letanía de defectos y, al mismo tiempo, sentía cómo el corazón se me iba llenando cada vez más de afecto y compasión hacia ella.

Mientras las lágrimas le rodaban por las mejillas, y después de haberla escuchado en silencio durante un rato, le dije:

—De verdad que intento entender y compartir el punto de vista que tienes de ti, pero es que sencillamente no te veo de la forma negativa que te ves tú.

Volvieron a brotarle las lágrimas cuando continué diciendo:

—Te conozco desde hace mucho y conozco bastante bien las distorsiones de tus modos, pero no creo que lo que dices sea acertado. ¿Quién te ha puesto ese listón imposible de alcanzar? No se me ocurre a nadie que vea tus defectos de la manera que tú los describes. Y no mencionas ni una sola cualidad positiva de las muchas que tienes, maravillosas: generosidad, interés, inteligencia y un espíritu alegre.

Quizá porque Rosalie sabe el afecto que le tengo y siente un lazo de confianza conmigo, en ese momento empezó a creerme más a mí que a la voz que había estado diciendo todas aquellas cosas sobre ella. Se dio cuenta de que era verdad, no había mencionado nada positivo, y de que su pensamiento entero había sido esclavo de su percepción negativa de sí misma. Vi cómo su estado de ánimo cambiaba, casi como si se descorriera un pesado velo.

Fue una ayuda empatizar con ella y escucharla, expresar una empatía cognitiva y también emocional, e intentar entender su perspectiva de cómo veía a través del velo de sus proyecciones negativas sus cualidades naturales..., todo ello con un tono de afecto y conectividad.

Para unirnos así, es importante empatizar y entender primero, antes de hacer una desviación cognitiva y rebatir racionalmente lo que se ha dicho con los argumentos contrarios. Si no, la persona puede tener la sensación de que desdeñamos o juzgamos sus emo-

ciencia. Sobre todo cuando intentamos mirar de frente nuestros propios patrones de comportamiento emocional o los de otra persona, crear una sensación de base segura compartida nos ofrece un espacio seguro dentro del cual podemos, por ejemplo, replicar a las opiniones negativas que alguien tiene de sí mismo con el afecto de un corazón sincero. Estar conectados en ese sentimiento de unión disuelve las barreras exteriores y nos abre a una percepción más objetiva y acertada de las cosas.

Un camino suave

«Me gusta ser franca en mis relaciones –me contó una joven en confianza–, ¡pero eso parece ahuyentar a los hombres!»

El chico con el que salía ahora, añadió, parecía tener auténtico interés en indagar en sí mismo. «Tenemos conversaciones bastante sinceras. Sabe escuchar, reflexiona sobre las cosas y trabaja con ellas. Pero después de una charla seria que tuvimos hace poco, en la que dije cosas que tal vez sonaran demasiado fuertes, lo vi encogerse con una mueca de dolor. Me dijo: "Ha sido doloroso oír lo que has dicho. ¿Puedes encontrar una manera más suave de expresar tu sinceridad?"».

Dijo Mahatma Gandhi que: «con suavidad podemos cambiar el mundo». Lo mismo es cierto en nuestro caso. Podemos aprender mucho de la cooperación de fuerzas que vemos en las especies con instinto de presa (y del modo humano de estilo presa). En cierta manera, esta representa el extremo positivo del espectro de la colaboración: no una sumisión complaciente, sino el espíritu cooperativo, en respuesta a las necesidades colectivas del grupo. Cuando existe implícita en nosotros una comprensión de la interdependencia, no nos aislamos de la «manada».

No necesitamos utilizar la fuerza del depredador para conseguir que un caballo coopere; el caballo está ya dispuesto a hacer lo que le indiquemos si no intentamos obligarlo. El caballo quiere encontrar su sitio en la manada, pero necesita que se respete su dignidad.

La diferencia entre susurrar a los caballos y domarlos por la fuerza reside en esta pregunta: «¿Quieres venir a unirte conmigo?». El caballo elige.

En el susurrar a los caballos, la sintonización es el paso primero y esencial. En el picadero donde adiestro a los caballos, dice Bob, cada caballo es único. «Lo escucho atentamente y el caballo me habla en su idioma. Yo respondo a las señales que el caballo me da.»

Al igual que la violencia genera violencia, en la suavidad de la unión, ofrecernos a ser un compañero para el caballo le permite al caballo ofrecerse a su vez a ser un compañero para nosotros. El auténtico cambio no se puede imponer. «En mi ruedo, el caballo se *desencanta* de trotar y busca una forma segura de unirse a una manada nueva», dice Bob sobre la motivación del caballo. Y es que Bob es un agradable compañero de manada.

Lo mismo ocurre cuando se asesora a un cliente: el entrevistador crea un ambiente seguro para que el cliente pueda relajarse en el modo seguro y unirse. El método clínico denominado «entrevista motivadora» tiene paralelismo con esa suavidad.[1] Da prioridad a escuchar con el fin de averiguar lo que es importante para la persona y, basándose en esos valores, generar la energía necesaria para efectuar un cambio. Esto significa percibir la manera de ver y entender las cosas que tiene esa persona, sus necesidades, sentimientos, reglas y condiciones, y comunicarse en esos mismos términos.

De esto se deducen algunos principios básicos para asesorar

a cualquiera, ya sea un cliente que asiste a la consulta o un adolescente que pide consejo. En vez de imponerle una decisión, deje que el otro elija. Mantenga viva la conversación y dele tiempo de elegir con libertad. Básese en responder, no en exigir. Abra las puertas a la oportunidad, en vez de dictar cómo deben ser las cosas.

Cuando alguien ofrece con suavidad un centro sosegado y estable, el otro puede relajarse y bajar la guardia. Como en el susurrar a los caballos y la orientación psicológica, cuando tiene espacio para moverse y opciones que considera seguras, la persona, como el caballo, puede tomar una decisión positiva inteligente.[2]

Unirse crea un medio óptimo para el cambio y el aprendizaje: nos hace sentir que se nos valora y se nos conoce, que se nos acepta como somos, y nos hace sentir seguros a la hora de desvelar sentimientos íntimos o probar nuevas formas de ser. La raíz del término *trust*, que en inglés significa confianza, es la palabra alemana *trost*, solaz..., como el del confortante vínculo de un modo seguro compartido. El tiempo que dedicamos al trabajo preparatorio para desarrollar la confianza siempre es tiempo bien empleado porque la confianza acelera el aprendizaje y fortalece las conexiones.

«Cuando el caballo elige venir hacia mí en vez de marcharse, le doy la bienvenida todo lo calurosamente que puedo en el lenguaje del caballo –dice Monty Roberts, el susurrador de caballos al que según se dice le debemos la expresión «unirse»–. Confirmo su elección para que podamos trabajar juntos con armonía, sabiendo que no queremos hacernos daño el uno el otro.»

Un terapeuta de gran talento y sensibilidad describió cómo se produce la interconectividad de esta unión en las artes curativas: «Cuando empiezo a trabajar con el cuerpo de alguien, al principio sobrevienen una quietud y claridad, como una brisa suave sobre un lago tranquilo, que me permiten ver lo que pasa en ese cuerpo. Me sintonizo con una fuerza que fluye a través de todas las cosas para permitir que se obre la curación».[3]

La jirafa y el chacal

Las jirafas tienen el corazón muy grande, dice el método de la comunicación no violenta.[4] A una persona «jirafa» no le importa quién tiene razón y quién no, sino lo que es importante para la persona..., sus sentimientos y necesidades. Una jirafa solo escucha e intenta comprender.

Sophie Langri enseña esta comunicación no violenta a los niños de las escuelas de Montreal. Tiene un forma muy natural de hacerlo. Los niños, dice Sophie, son jirafas por naturaleza. Saben lo que necesitan, sobre todo en los primeros años de vida. Cuando les pregunta a los más pequeños en la guardería:

–¿Creéis que todos los seres humanos necesitan un iPod?

–¡No! –contestan todos al unísono.

–¿Y creéis que todos los seres humanos necesitan amor?

–¡Sí!

–¿Que todos necesitan respeto?

–¡Sí!

Luego, al ir haciéndose mayores, Sophie ve que esta capacidad se va atenuando. Ella les anima a que se conecten con lo que sienten y expresen lo que necesitan en vez de desconectarse. «Si a un niño un poco mayor le dices: "Hoy no se te ve muy alegre. ¿Te pasa algo?", el niño o la niña piensa: "Ah, se me permite decir lo que necesito", ¡y siente un alivio tan grande!»

Una niña de primer curso de primaria tenía una madre que estaba en la recta final del embarazo y muy preocupada por algunas complicaciones que habían surgido. Al cabo de un tiempo la madre le contó a Sophie:

–Tenía un problema. Era una situación muy difícil. Me pasaba el día llorando. Les pedí ayuda a mis amigas y a mi marido. Nadie me podía ayudar.

Luego un día su hija le dijo:

–Mamá, estás muy triste. ¿Qué te pasa?

–Estoy triste –contestó la madre.

–¿Qué es lo que sientes?

–Me siento asustada y triste.

–Creo que estás preocupada –dijo la niña, y añadió–: ¿Qué necesitas?

La madre empezó a llorar. La hija dijo:

–No llores todavía, mamá. Falta un paso. ¿Qué le vas a pedir ahora a la doctora?

«Conoce el protocolo –le contó la madre a Sophie–. De entre toda la gente que conozco, mis amigas, mi marido..., fue mi hija de primer curso de primaria la que supo ayudarme. Aunque mi hija no aprendiera en el colegio nada más que estas técnicas de comunicación, me daría por satisfecha.»

Me he dado cuenta de que estos principios de la comunicación encajan bien con la manera en que el susurrar se aplica a las personas..., sobre todo cuando se las contempla a través de la lente de un modo. Con frecuencia, los conflictos son resultado de las percepciones distorsionadas y la reactividad de un modo negativo. Apelar al modo seguro aumenta las posibilidades de encontrar una solución al desacuerdo.

Cuando estamos desazonados o inquietos, el primer paso es calmar la mente. Trascender nuestra mente y nuestras reacciones puede cambiar la forma de relacionarnos con el problema en cuestión y cómo nos comunicamos. Por ejemplo, podemos ser firmes sin enfadarnos.

Como dice un profesor tibetano: «Sin calma, no hay bondad. Sin bondad, no hay claridad». Una mente serena se presta a la bondad y a la claridad.[5]

Esto significa que si nosotros no encontramos nuestra base segura, lo que hagamos no va a ser tan efectivo; lo más probable es que mantengamos las cosas como están. El primer paso es conectarnos con nosotros mismos y averiguar qué necesitamos.

Se puede tardar mucho en determinar lo que de verdad sentimos y queremos, sobre todo en el caso de aquellos que hemos estado paralizados en modos en los que hemos perdido el contacto con nuestro auténtico ser. Trabajar con los modos puede sacar de su parálisis al niño o la niña interior, que ha cedido una parte tan importante de su poder personal; es difícil sanar a un «yo» oculto. Pero una vez que establecemos contacto con esas emociones, necesitamos desarrollar la creatividad y aprender el arte de expresarlas con destreza y naturalidad.

Establecer una conexión de empatía con alguien que provoca nuestros modos negativos o con quien discrepamos es una prioridad. Debemos recordar que no intentamos cambiar a la otra persona, sino crear una conexión que satisfaga tanto sus necesidades como las nuestras.[6]

Compare a la jirafa, compasiva y generosa, con la forma de relacionarse del «chacal», que sale de nuestras reacciones automáticas habituales, como cuando nos domina un modo negativo. Al chacal no le importa cómo nos haga sentirnos lo que dice; desde su perspectiva depredadora, lo único que quiere es ganar la discusión.

La táctica del chacal, con la que intentamos conseguir que los demás hagan lo que queremos –independientemente de lo que *ellos* quieran–, destruye la confianza, lo cual se diría que es una postura depredadora si se mira a través del cristal del susurrar a la mente. Si el supuesto intercambio verbal se convierte en un monólogo, es señal de una conexión «yo-ello». En un diálogo, escuchamos para oír lo que la otra persona necesita.

Cuando discrepamos, solemos pensar que el otro está equivocado, así que no establecemos una conexión. De lo que se trata es de transformar al chacal en jirafa: recordar que todo ser humano necesita sentir que se le entiende y se le valora, y cambiar nuestra forma de hablar en consonancia con esto.

Para que se satisfagan las necesidades de ambas partes, tenemos que empezar por conectarnos de forma que podamos vernos uno a otro con más claridad. No podemos dar por sentado que la otra persona tiene la misma perspectiva que nosotros. Y procure recordar que siempre hay alguna intención positiva detrás de la postura que defiende la otra persona..., al menos desde su perspectiva.

Estos son algunos principios básicos para resolver los desacuerdos:

- Pregúntese si tiene una necesidad imperiosa de tener razón, de demostrarle su punto de vista a la otra persona cueste lo que cueste. En muchas situaciones, no hay una parte que tenga toda la razón y otra que esté totalmente equivocada, sino que en ambas partes hay algo de verdad, dependiendo del punto de vista de cada cual.
- Sirve de ayuda escuchar con objetividad, como si estuviera al margen del conflicto, si le es posible. Dele tiempo a la empatía. Asegúrese de que ha escuchado a la otra persona lo suficiente como para entender por completo su postura antes de responder usted desde la suya.

- Conecte lo que siente con lo que necesita y hable de corazón, sin planear demasiado lo que dice. Podemos comunicarnos con *satyagraha* («la fuerza de la verdad»), la combinación de honestidad y firmeza que empleaba Gandhi, permaneciendo conectados a lo que es verdad para nosotros mientras enviamos un mensaje claro; por ejemplo, manteniéndonos firmes sin enfadarnos.
- Sea preciso. Lo que decimos y hacemos puede tener significados imprevistos. Tener en cuenta las posibles formas en que los demás pueden tomarse lo que decimos nos ayuda a utilizar más el discernimiento a la hora de elegir las palabras.
- Sea paciente. Dele a la otra persona tiempo para encontrar su modo seguro, si es posible, o al menos para debilitar la presión de un modo negativo. Recuerde, su objetivo no es solo resolver el conflicto, sino conservar la relación.

A veces, cuando Sandhi y yo estamos trabajando con Bob y la invito a que haga algo, no responde. Admito que a veces pienso simplemente que no está de humor, o que es un poco terca, o que prefiere estar pastando. Pero Bob me indica que probablemente no estoy formulando la petición con suficiente claridad, de forma que Sandhi la entienda. Así que pruebo otra vez, esforzándome por ser más clara y precisa, con un objetivo claro. Y cuando lo hago, generalmente responde.

A veces enviamos mensajes emocionales o intenciones telegráficas de los que no somos conscientes, creando con ello una desconexión no intencionada que pasa inadvertida. Además de ser precisos con las palabras que elegimos, es importante que estemos sintonizados con el mensaje emocional que transmitimos con esas palabras.

Combinar el afecto con dar voz a nuestras verdades más profundas puede dar relieve a cualquier relación. Si el resultado fortalece la conexión, ambas partes salen ganando.

Por debajo de las diferencias

En el punto álgido de la Guerra Fría, el Dalai Lama dijo que si el líder de los Estados Unidos y el de la Unión Soviética –enemigos acérrimos en aquel tiempo– «de repente se encontraran en medio de una isla desierta, seguro que se responderían uno a otro espontáneamente como dos seres humanos».

La desarmonía nos roba una energía de la que se podría haber hecho buen uso. Encontrar armonía en las relaciones de amistad y en las comunidades puede ser cuestión de confiar en el potencial oculto de establecer una unión en el modo seguro.

Parece ser que es un instinto universal, primigenio, especialmente en tiempos de crisis. Compartir calamidades y tragedias puede despojarnos de los modos negativos al volcarnos instintivamente a intentar ayudarnos unos a otros, lo cual revela lo conectados que estamos en realidad; pero no debería hacer falta un terremoto o un desastre nuclear para que la gente se una de esta manera.

Por debajo de todas nuestras diferencias seguimos teniendo la posibilidad de conectarnos unos con otros. Para que haya paz en nuestras relaciones, en nuestras comunidades y nuestro mundo, tenemos que empezar por nosotros, volviéndonos hacia nuestro modo seguro. Si actuamos a favor de una reforma social desde un modo negativo, es menos probable que el resultado sea la armonía.

Estar mentalmente enraizados en la paz, de forma que podamos transmitírsela a los demás, «es la base de la acción social», dice el 17.º Karmapa. «Primero tenemos que domar nuestra mente si queremos beneficiar a otros.»

Cualquier tipo de grupo puede enredarse y quedarse estancado en reuniones improductivas. Y una de las razones es que la gente expresa sus emociones, pero no dice (o quizá ni siquiera sabe) qué quiere del grupo. Decir con claridad lo que queremos acelera la resolución.

Quizá necesitemos expresar el dolor que nos produce lo que hace otra persona y que no satisface nuestras necesidades. Y esto es importante tanto si esa otra persona es nuestro marido, nuestros hijos, o si trabajamos por el cambio social.

Es relevante aquí un principio del susurrar a los caballos: no descalifiques al otro dando por hecho que está «equivocado». Como nos dicen los psicólogos sociales, si consideramos que un grupo es «malo», nos resultará difícil conectar con él para iniciar un diálogo. Tal vez podamos considerar que lo que no aceptamos de él se debe a un modo, no a las personas. Aun así, con esto no quiero condonar el comportamiento dañino.

Es más probable sentir que la otra persona es el «enemigo» o que está «equivocada» cuando estamos enfadados con ella. La cólera de la mente conduce a una acción violenta y a un mundo violento... y a una pérdida de claridad y paz mentales, y no hablemos ya de la sensatez necesaria para tomar decisiones inteligentes. Al igual que la persona que siente compasión es la primera beneficiaria, la que siente ira es la primera víctima. «El resentimiento –dice el escritor Frank McCourt –es como tomar veneno y esperar que muera el otro.»

Pese a todo, la ira motivada por la preocupación puede ser beneficiosa. Podemos tratar de ver la ira como una señal, como advertencia de que es necesario prestar atención, e intentar permanecer conectados. Y a veces el mero hecho de que se nos oiga puede ser un enérgico mensaje en sí mismo.

Para ver la ira con claridad, conviene separar el detonante de la ira de cómo interpretamos lo que alguien ha hecho. Si alguien no ha respondido a la petición que le hicimos hace semanas, por ejemplo, eso es lo que esa persona ha *hecho*. Si pensamos: «Es una desconsiderada», esa es nuestra forma de interpretarlo. El detonante es la forma en que percibimos un acto, no el acto en sí.

Sentimos lo que sentimos por lo que nos contamos sobre la otra persona; nuestros algoritmos mentales crean una lente de percepción. Así que a veces podemos llegar a la raíz de la ira que hay en alguien pidiéndole que nos cuente lo que piensa sobre lo que pasó. Juzgar a alguien causa ira, y tomar consciencia de esos juicios puede darnos algunas pistas sobre cómo empezar a resolver las desavenencias.

Marshall Rosenberg, que desarrolló el método de la comunicación no violenta, nos da las siguientes indicaciones: vive de corazón; evita que los juicios se mezclen con lo que observas; averigua qué necesitas y qué sientes; pide lo que quieres con claridad; apoya las conexiones enriquecedoras.[7] Y, yo añadiría, todo esto emana con más naturalidad del modo seguro.

Sayadaw U Pandita, mi profesor birmano de meditación en la tradición de la visión penetrante, profesor también de Aung San Suu Kyi, insiste en la importancia de lo que denomina «inteligencia espiritual» a nivel individual y colectivo. Esto significa ser fiel a los principios de no hacer daño, lo cual protege a la sociedad de las fuerzas de la codicia, el odio y el engaño.

Una revolución del corazón

Aunque la falta de comunicación aviva las llamas del descontento, y aunque los problemas pueden empeorar debido a las percepciones distorsionadas de un modo, hay realidades sociales, económicas y políticas cuya solución reside en el nivel colectivo.

Para un caballo, la manada es su base segura. Para nosotros, la manada humana tiene la misma función: ofrecernos un lugar seguro en el que sentir los lazos de la confianza que permiten que el modo seguro prospere. Unirnos en un modo seguro crea un sentimiento compartido confortante y tranquilizador en el que incluso las inspiraciones creativas pueden florecer.

¿Qué es necesario que cambie en nuestras vidas y en nuestras comunidades para que estas cualidades sean más asequibles?

«Todos necesitamos que se nos escuche y entienda, y tener un sentimiento de pertenencia.» Son palabras de Wilbert Rideau, quien a los diecinueve años fue condenado por un delito grave y finalmente puesto en libertad condicional tras pasar cuarenta y dos años en una cárcel de Lousiana, cuando en un juicio posterior se le declaró culpable de un delito menor por el que ya había cumplido condena.

Durante los años de encarcelamiento, aprendió a leer y, a continuación, ayudó a otros presidiarios a encontrar la forma de expresarse con el periódico que fundó en la cárcel. Actualmente lidera una campaña en favor de la mejora de las condiciones de los presos.

Rideau habló del profundo remordimiento que sentía por lo que había hecho y del tormento que había vivido: «Salí de mi cápsula de egocentrismo y me conecté con una humanidad común que con el tiempo me dio paz».

Rideau le habló al Dalai Lama en una conferencia sobre la fuerza de la no violencia que se celebró en el centro de Newark, Nueva Jersey, una ciudad tristemente plagada de violencia.[8] Cada uno de los ponentes había tenido que soportar en su vida algún tipo de situación extrema, entre las que estaban la violencia física, emo-

cional o sexual, una seria adicción al alcohol o a las drogas, o el
haber sobrevivido en zonas de combate.

Pero cada uno de ellos era en la actualidad un activista por la
paz de una u otra manera, a niveles que iban desde la familia y
la comunidad hasta la participación activa en grupos y el activismo
ecologista. El lema global: la paz interior fomenta la paz exterior.
Muchos contaban la historia de su redención y recuperación siguiendo un determinado camino curativo..., caminos que les habían conducido a todos ellos a una entregada labor para ayudar a
otros a curarse del dolor de situaciones similares.

Algunos estudios parecen indicar que quienes han soportado
situaciones de dureza extrema en una época temprana de sus vidas
tienen más dificultad para sentir compasión por los demás. Quizá
esto sea así en el caso de aquellos que no han hecho suficiente trabajo interior para sanarse de sus experiencias dolorosas; pero yo
creo que puede decirse precisamente lo contrario cuando sí lo han
hecho. El dolor que hemos sufrido puede darnos más empatía con
el dolor de otros y una necesidad más imperiosa de ayudar a alguien que sufre.

Este fue claramente el caso en el simposio de Newark, donde
era evidente que durante su viaje de curación cada persona había
creado un refugio interior seguro y había encontrado maneras in-
novadoras de dar refugio a quienes tenían una vida tormentosa.
Estaban conectados con unos sólidos cimientos internos sobre los
que habían reconstruido su vida y, gracias a ellos, podían dedicarse a ayudar a otros a volver a sentar unos cimientos seguros.

Habían comprendido, ellos también, que podían elegir. Una opción era dejarse dominar por los hábitos destructivos, que tal vez
en un tiempo les habían ayudado a sobrevivir en medio de la dificultad extrema: dureza de carácter, maltrato a su persona, un ol-
vido derivado de la ebriedad, impotencia, insensibilidad o apatía.

La otra opción era utilizar esa fuerza emocional, alentada por la voluntad de ser libres, para restablecer su vida.

De niña en el Sudeste asiático, Somaly Mam fue vendida a una red de prostitución, pero después consiguió escapar. Es una mujer extraordinaria que ahora ofrece un lugar seguro a aquellas niñas que han corrido la misma suerte que ella: el confinamiento en un burdel. Trata de restablecer en ellas el sentimiento de seguridad, de darles una recrianza, de hacer por ellas todo lo que puede. A las niñas, esto les ha cambiado la vida, las ha ayudado a encontrar en sí mismas una base segura.

«A veces bastan cinco minutos para salvarlas, pero se tarda cinco años en curarlas –dijo Somaly Mam de las niñas con las que trabaja–. El amor es lo primero. Es necesario hacer uso de todo para curarlas: terapia, meditación. Intentamos formar una familia armoniosa y darles afecto y esperanza creando una comunidad basada en la confianza y en la que se sientan a salvo. La paz empieza en la mente.»

Este mismo tema de restablecer la capacidad de conexión con un modo seguro lo expuso David Kerr, que en 1968 fundó, en Newark, Integrity House, que es en la actualidad una red de centros de tratamiento de adicciones y desintoxicación. Desde la perspectiva de los modos, la adicción al alcohol y a las drogas puede considerarse un extremo del apego y un intento desesperado y errado de crear en uno mismo un sentimiento de seguridad.

En Integrity House, dice Kerr, «tenemos que ser implacables. Cualquier intento de manipulación, lo cortamos por lo sano. La adicción no deja que haya paz en las familias. No le decimos a nadie en qué tiene que creer, pero sí les pedimos que se conecten con un poder superior a ellos»..., o sea, un modo interior seguro.

«En última instancia, la paz tiene que desarrollarse en nuestro interior, dice también Shirin Ebadi, abogada iraní que recibió el

Premio Nobel de la Paz por su valerosa defensa de las mujeres y las niñas y por abogar por una interpretación del Islam que sea compatible con la democracia y los derechos humanos. «La paz empieza por cada uno de nosotros, luego se extiende a nuestras familias, y de estas a nuestras comunidades, y luego a nuestras comunidades globales.»

Apunta el Dalai Lama que: «la paz es más que una ausencia de conflicto. La verdadera paz se basa en la no violencia. La contención deliberada y la fuerza de voluntad nos permiten afrontar la adversidad desde la no violencia. En última instancia, la paz ha de morar en el corazón de cada ser humano. Debemos transformarnos y transformar el mundo».

Me ha impactado que todos estos activistas que trabajan a nivel comunitario dediquen sus vidas a crear una base segura para quienes no la tienen. Y es que estar en esa base segura compartida significa sentir que se nos escucha y se nos tiene en cuenta, que se nos respeta y que estamos a salvo, que se nos cuida y aprecia, y todo esto nos da un sentimiento de confianza y pertenencia.

Un adolescente afroamericano al que conocía de oídas iba paseando con un amigo cuando alguien apuñaló al amigo. Llamó al 112 para pedir una ambulancia y esperó sin poder hacer nada mientras su amigo se desangraba, como era típico en aquel gueto urbano al que los vehículos de emergencia tardaban normalmente demasiado en acudir. Durante un tiempo, consideró seriamente encontrar la forma de vengarse. Pero se dio cuenta de que eso no iba a hacer ningún bien a nadie. Así que decidió hacerse conductor de ambulancias, un conductor que se asegurara de llegar a tiempo.

Como comentó, citando a su padre, Martin Luther King III, hijo del gran activista gandhiano que lideró el movimiento por los derechos civiles en los Estados Unidos: «En el centro de la no violencia se encuentra el principio del amor».

El papel decisivo de la intención

Una mujer llegó a la sala de urgencias de un hospital municipal por un súbito entumecimiento y fuertes mareos, síntomas potenciales de una embolia. Tras una espera interminable, sin que nadie le prestara la menor atención, pidió a una enfermera que la examinara para ver si corría algún riesgo por esperar tanto.

La enfermera le respondió con sequedad y en tono de enfado: «¡Espere su turno!», y le dio la espalda.

La mujer se sentó acurrucada en un rincón llorando en silencio.

Otra enfermera que vio lo que había ocurrido, al parecer se preocupó por cómo se había tratado a la mujer. Se acercó a ella y le puso la mano en el hombro con ternura. «¿Por qué no viene conmigo? Voy a encargarme de que la examinen para asegurarnos de que no corre peligro inmediato.»

La enfermera de espíritu mezquino la había tratado como a un número, no como a una persona. «Me perturbó más su negatividad que el miedo que tenía por mi salud», dijo la mujer después. Pero la amabilidad de la otra enfermera le había permitido entrar en el modo seguro cuando con más urgencia lo necesitaba.

Los modos positivos y negativos están por todas partes en la vida, matizando el efecto que tenemos unos sobre otros, de manera leve o importante, durante nuestros encuentros cotidianos. Se propagan como un virus social. La buena voluntad y el afecto humano se difunden cuando alguien nos pregunta con sinceridad: «¿Te puedo ayudar?». Pero cuando oímos decir con brusquedad: «¡Siguiente!», y alguien que supuestamente está ahí para ayudarnos nos trata con desdén o condescendencia, se propaga la negatividad.

Hay empresas y organizaciones que han empezado a tomarse esto en serio y a dar al personal una formación en lo que equivaldría a un cambio de hábitos emocionales: cómo responder con amabilidad, incluso cuando un cliente es exigente, irritante o impaciente. Uno de los métodos anima a pensar en algo agradable antes de responder, en lugar de dejar que la respuesta sea una reacción provocada por las exigencias del cliente. Al igual que los virus sociales, los modos pueden propagarse en ambos sentidos. El modo destructivo no tiene por qué ser el vencedor.

Nuestras intenciones pueden ayudarnos a ser afectuosos emisores de modos positivos. La práctica de la meditación no consiste solo en sentarse con los ojos cerrados, debe impregnar nuestra vida, todo lo que hacemos. Nuestra mente, nuestras habilidades, capacidades e inteligencia nos dan mucho poder, pero depende de nosotros utilizarlo de forma positiva o negativa.[9]

Podemos ser más amables, delicados, conscientes, capaces y generosos, y estimular así un cambio positivo en nosotros para beneficio de los demás. O podemos encaminarnos en una dirección negativa y dañar a los demás y a nosotros mismos. Tenemos la posibilidad de elegir en cada momento si queremos dar más sentido a nuestra vida o no. Todo depende de nuestras intenciones.

Chökyi Nyima Rinpoche aconseja: «Formula una aspiración cada día: Voy a esforzarme por dar pleno sentido a cada momento de mi vida utilizándolo para mejorar, para cambiar las cosas a mejor».

Las aspiraciones intencionales como esta actúan a modo de principio rector de lo que elegimos. La aspiración compasiva de ayudar a aliviar el sufrimiento de todos los seres nos ayuda a decidir qué vale la pena hacer y qué no.

Tenga presentes estos tres pasos: Propóngase seriamente cultivar esa cualidad altruista. Esté plenamente atento. Y cuando esté a punto de emprender una acción, párese y perciba su intención.

19. Las artes y su poder transformador

Una de las películas que más me han gustado en mi vida es *Latcho Drom*, un viaje apasionante por la música y la danza gitanas que nos lleva desde sus orígenes en el desierto indio de Rajasthan a su dispersión por lugares como Turquía, Rumanía y España (donde de esa música y danza floreció el flamenco). Los gitanos han expresado desde siempre sus tribulaciones y alegrías a través de las artes escénicas.

En una escena de la película rodada en algún lugar de Europa del Este, un niño y su madre de expresión desolada esperan de pie la llegada de un tren en una estación inhóspita. En el andén de enfrente, un grupo de músicos gitanos esperan al mismo tren. El niño los ve, cruza las vías, le da una moneda a uno de los músicos y le pide que toque una canción para su madre. Parece conmoverles la dulzura y preocupación del muchacho, y le devuelven la moneda.

De inmediato se ponen a cantar acompañados de una música alegre, y empiezan a bailar. Hasta el niño salta con torpeza al son de la música pegadiza con una sonrisa de oreja a oreja. Y cuando la cámara se desplaza hacia un lado y muestra la imagen de la madre triste, la vemos empezar a reír a carcajadas al ver las deliciosas gracias y payasadas de su hijo. La exuberancia de un espíritu creativo compartido parece haber obrado en ella una transformación.

Para los gitanos, a los que se ha considerado intrusos en los diversos países que habitan, el mundo en el que viven está inevitablemente dividido en «nosotros y ellos». Aun así, los músicos y bailarines que vemos en *Latcho Drom* parecen encontrar la manera de unirse entre sí y con su público por medio de la expresión creativa, que los conecta con una alegría que no está definida por el dolor de las respectivas tribulaciones. Encuentran un pulso común. Su arte nos permite entrever tanto la discriminación que sufren como su espíritu de separación, e incluso así conectan con los otros a pesar de sus diferencias.

Siguiendo la ruta gitana en Granada, un amigo estaba cruzando la Plaza Nueva una noche ya de madrugada cuando se encontró a un músico gitano componiendo allí mismo una canción muy triste para su sobrina, que aquel día había sufrido un accidente de coche. Estaba esperando noticias de si sobreviviría. Toda la angustia de su corazón la volcó en aquella canción. Había dos guitarristas sentados con él, sintonizándose a través de la empatía musical con aquella melodía desgarrada, compartiendo su dolor.

Un jubiloso espíritu creativo

Hace tiempo estudié *kathak*, una danza tradicional india que tiene similitudes con el flamenco en los pasos, los movimientos de las manos y el ritmo. Los historiadores de la danza dicen que ambos tienen la mismas raíces, en la India antigua. Bailo *kathak* de estilo libre y en la isla del Caribe donde estuve fui de improviso bailarina espontánea de un guitarrista de flamenco que tocaba en un café. El cautivador y conmovedor espíritu de la música me hizo levantarme y empezar a bailar.

El sentimiento es contagioso. Hay gente de todas las edades

niños, adultos y gente mayor— que a veces se levanta espontáneamente y baila conmigo o me acompaña siguiendo el ritmo con
algún tipo de percusión. Esto me recuerda a la exuberancia festiva
de *Latcho Drom*, y cómo estas artes tienen la capacidad de inspirar al gitano que todos llevamos dentro..., a unirnos por medio de
la música y la danza. Durante el carnaval, en la isla, una vez recorrí las calles bailando entre una multitud disfrazada que brinca-
ba y danzaba jubilosa al compás de las bandas de música. Todos
estábamos conectados con nuestro gitano interior. Me hace preguntarme qué haría falta para inspirar un contagio a gran escala
de este jubiloso espíritu creativo.

Estaba sentada al teléfono, esperando a que la operadora diera
paso a mi llamada para una teleconferencia de negocios, escuchando la «música de ascensor» que salía del auricular, y que tenía un
ritmo muy alegre. Sin dudarlo salté y empecé a hacer unos movimientos de salsa por el despacho. Cuando dieron paso a mi llamada y nos presentamos uno a uno, yo estaba risueña y de un humor
excelente, que volqué de lleno en la conversación.

Durante mi niñez y adolescencia en Manhattan estuve siempre
rodeada de una familia de artistas profesionales del espectáculo y
profesores. La ciudad era como un patio de juegos que invitaba a
la creatividad, con los museos de arte como la actividad extraes-
colar habitual. Siempre he pensado que la creatividad de cualquier
tipo –la reflexión, la prosa lírica, la danza, la música, las artes visuales...– nos ayuda a conectar con una libertad interior en la que
podemos descubrir soluciones a los problemas de la vida fuera del
marco de la lógica habitual.

Las artes expresivas expanden los límites de la idea que tenemos de nosotros. Cuando bailamos, alcanzamos y traspasamos con
elegante fluidez las fronteras físicas ordinarias. La música que interpretamos emite sonidos y ritmos que superan con mucho nues-

tros registros de voz habituales. Los artistas visuales comunican realidades imaginadas; escribir despierta inspiraciones creativas que trascienden la experiencia del escritor.

John Bowlby observó que los niños solo juegan cuando están en modo seguro; cualquier expresión lúdica es señal de que compartimos ese modo. Los antropólogos evolutivos dicen que hay al menos dos formas en que la gente comparte una subida de la sustancia química cerebral inductora de placer denominada endorfina: reírse juntos y tocar música juntos.[1]

Los programas escolares de educación artística ofrecen a los más jóvenes la oportunidad de expresar la creatividad propia del modo seguro. Cuando los colegios de Nueva York recortaron el presupuesto para los programas de arte después del 11-S, mi hermano –activista musical que vivía en las proximidades de la «zona cero»– inició un proyecto para llevar instrumentos musicales a las escuelas municipales cercanas a su estudio de música, el Off Wall Street Jam. Donó instrumentos y organizó conciertos para contribuir a dichos programas. «Suprimen las clases justo cuando las artes son más necesarias», decía.*

¿Pueden emplearse las artes para difundir un sentimiento positivo y educar las emociones? Los medios estéticos tienen una inmediatez que alcanza a las emociones sin pasar por la censura de la mente. Las artes y un buen sentido del humor han sido fuerzas conectoras a lo largo de la historia de la evolución social, promotores de los vínculos sociales. Una y otra vez he visto cómo las

---

* William Bennett, empresario y guitarrista de rock, fundó un estudio de música para acoger y dar salida dentro del mundo de la música a los músicos frustrados que trabajaban de día en Wall Street y soñaban con tocar rock and roll en vivo. El estudio llegó a contar con 400 miembros activos. Murió en 2003, a los 49 años, a consecuencia de las lesiones provocadas por un accidente de coche. (*N. de la T.*)

artes tienen la capacidad de conectarnos con una dimensión de nuestro ser mucho más vasta, cuyo espíritu podemos compartir luego con quienes nos rodean.

La música no necesita de complejos escenarios ni una gran organización. Un día de primavera en Manhattan, un músico callejero estaba haciendo música con una serie variopinta de objetos que normalmente se tiran a la basura o acaban como mucho en un cubo de reciclaje: boles de aluminio, una botella de leche, un cubo de cereal de tamaño industrial, y toda clase de cachivaches de metal de distintos tamaños. Los golpeaba enérgicamente con una baqueta rota; pero su música era cautivadora. Un gran corro de gente se fue congregando a su alrededor en la esquina de la Quinta Avenida con la calle Cincuenta y Nueve. Transformó aquel trozo de calle en un íntimo local de jazz.

A la puerta de una tienda de alimentos naturales, un día un hombre de mediana edad tamborileaba un ritmo muy pegadizo sobre un gran cubo. Cuando los clientes salían de la tienda, conectaba con ellos, compartiendo su espíritu alegre tanto si le daban algo como si no. En una secuencia rítmica y sin perder en ningún momento el compás saludaba con la cabeza y decía: «Que tenga buen día. Que tenga buen día», y, una tras otra cada, persona que salía se iba sonriendo.

Las artes revelan la naturaleza humana común que palpita tras la máscara de las ideologías divisivas. La música y la danza son perfectos vehículos de transmisión, porque se abren camino entre nuestros pensamientos y llegan a aquellas partes de nosotros que quieren seguir el ritmo, unirse. Las artes son la fuerza que nos conecta por encima de las divisiones.

Esta fuerza conectora nos lleva más allá de nuestros pequeños yoes limitados y nos sumerge en lo que en el mundo del flamenco gitano se llama *tener duende* (que significa a grandes rasgos «te-

ner alma» o «espíritu inspirado»),* en ese momento del «¡olé!»
en que compartimos una intensificación contagiosa del sentimiento genuino y su expresión. O, como se dice al otro lado del Atlántico, «*You rock!*».

Este inspirado espíritu creativo puede ayudarnos a conectar con
la reserva de las capacidades internas a las que con frecuencia no
podemos acceder durante la actividad cotidiana habitual. Todos podemos descubrir nuestra particular conexión con esta cualidad
profundamente emotiva.

Unos cantantes muy conocidos que pasaban por un campamento montado en señal de protesta no violenta preguntaron: «¿Qué
necesitáis? ¿Mantas? ¿Comida?». Un manifestante gritó: «¡Vues-
tra música para que nos inspire!».[2]

Si apeláramos a esta cualidad de inspiración creativa más a menudo, redundaría en beneficio de nuestra vida, de nuestra comunidad y de nuestra familia global. Va a hacer falta esa clase de
espíritu inspirado que nos conecte con los recursos internos que
necesitaremos para asegurar el futuro de nuestro planeta y para las
relaciones globales. Vamos a necesitar verdadera compasión e incontables momentos de comprensión penetrante que nos abran a
nuevas posibilidades y un mayor potencial para responder a los
retos de nuestro tiempo.

Claro que necesitamos todos los recursos existentes –educación, protección del medioambiente, nuevas tecnologías, nuevos
modelos económicos, programas de salud–, pero todos ellos fun-
cionarán mejor si los alienta una inspiración creativa y están motivados por la buena voluntad y el interés sincero por el beneficio
de todos los seres. Una fuerza que nos despeja la mirada y nos da

---

* Tener duende: en castellano en el original. (*N. de la T.*)

la confianza para asumir riesgos innovadores es un puerto interior seguro. Cuando compartimos eso, encontramos la fuerza que necesitamos en las conexiones creativas como si fuéramos una manada, o incluso una tribu en expansión permanente que se reúne por el bien común.

Espíritu de servicio

Seva es un término sánscrito que significa «servicio desinteresado». Ese fue el espíritu que dirigió los esfuerzos de la Organización Mundial de la Salud para terminar con la viruela; erradicar esta enfermedad potencialmente mortal fue un triunfo humano. Varios creadores de la Fundación Seva participaron en la campaña de vacunación global; otros trabajaron como voluntarios prestando asistencia médica a la masa de gente que asistió al festival de Woodstock en 1969 y cocinando para ella.

Mi viejo amigo Ram Dass es uno de los fundadores de Seva; su gurú indio, Neem Karoli Baba, le enseñó a vivir el servicio desinteresado como camino espiritual. La fundación tiene la intención de mantener ese espíritu de servicio, tratando la ceguera que puede prevenirse y evitarse y atendiendo a otras necesidades humanas básicas de las zonas pobres del mundo.

He tenido ocasión de presenciar una cara de este espíritu de servicio desinteresado durante mis numerosos viajes a la India, donde he visto a familias humildes compartir con un visitante lo mejor de cuanto tenían, aun cuando tuvieran muy poco. Es cierto que no podemos ayudar a todo el mundo, pero cada uno podemos ayudar a alguien.

Recuerdo haber visto de niña la preocupación sincera de mi madre por la gente que atravesaba situaciones difíciles. Los atendía y hacía cuanto estaba en su mano por ayudarlos. Dentro de mis posibilidades intento devolver lo que la vida me da con mi trabajo y algunos proyectos de ayuda. La compasión es un reflejo del corazón.

Para celebrar el 30.º aniversario de la Fundación Seva, una lista de activistas musicales de primer orden con espíritu altruista dedicaron su tiempo a tocar en un concierto benéfico celebrado en Oakland, California.[3] Yo me ofrecí a hacer arreglos florales para los deslucidos camerinos y la sala de descanso de detrás del escenario, así como dos composiciones florales gigantescas para el frente del escenario..., unos treinta en total.

He estudiado la técnica de los arreglos florales japoneses, pero no tenía ni idea de cómo trabajar al nivel industrial que exigía la ocasión. La enormidad del proyecto me hizo tener que confiar en que alguna fuerza desconocida me ayudaría.

En una escapada a San Francisco por la mañana temprano a un mercado de flores al por mayor, cuando el florista terminó de hacer la cuenta del enorme cargamento de flores, me preguntó:

—¿Para qué son?

Le hablé de los proyectos de servicio de Seva, y después de oírme contestó:

—¿Por qué no me lo ha dicho antes?

Y volvió a hacer la cuenta larguísima de artículo en artículo para hacerme un diez por ciento de descuento en todo.

De vuelta al hotel de Berkeley en el que me alojaba, tuve el impulso de parar en una pequeña tienda del barrio a comprar dos jarrones grandes que todavía me hacían falta. El florista me pidió que le enseñara las flores para las que necesitaba los jarrones, así que lo invité a que saliera a echar un vistazo al Jeep alquilado, en el que las flores se salían por las ventanillas.

Me miró con cara de incredulidad y me preguntó cómo pensa-

ba guardar y arreglar todas aquellas flores yo sola. Le dije que iba
a meterlas en cubos de agua en la habitación del hotel y hacer los
arreglos a la mañana siguiente. Le hablé de Seva y de sus proyectos de asistencia sanitaria a los pobres y de la entrega de la gente
que colaboraba con la fundación para apoyar esta causa tan importante. Pareció conmoverlo la humanidad de la misión y dijo que
él también quería colaborar.

Hizo que dos chicos que trabajaban con él trasladaran las flores del Jeep a la cámara frigorífica de la tienda para que pasaran
allí la noche. A la mañana siguiente me las llevó al hotel, y luego
él y sus empleados se afanaron en ayudarme en cosas como cortar
los tallos o meter las flores en agua. Y al día siguiente lo recogie-
ron todo cuando terminó el concierto. Cuando, como por arte de
magia, apenas una hora o así antes de que el concierto empezara,
una persona me dio dos entradas –que estaban agotadas desde hacía meses–, se las pasé al florista y a su novia. Ese espíritu de servicio es un disfrute contagioso..., y con sentido.

¿Cómo podemos fomentar este espíritu de servicio? «Aprender es el primer paso para hacer cambios positivos dentro de ti
–dice el Dalai Lama–. Aprender, educarnos, nos ayuda a convencernos de la necesidad de cambiar y aumentar nuestro compromiso. La convicción da lugar a la determinación. Luego, una
fuerte determinación conduce a la acción: al esfuerzo sostenido
por implementar los cambios. Ese factor final que es el esfuerzo
es decisivo.»[4]

En una conferencia de Mind and Life para tratar la crisis eco-
lógica había cierto desconcierto sobre por qué, cuando tanta gente
dice que el tema le importa, son tan pocos los que actúan. Thupten
Jinpa explicó los principios budistas para pasar de una motivación
altruista a la acción comprometida. Preguntó: «¿Por qué hay una
separación entre saber y hacer?». Y su respuesta fue: «Porque el

conocimiento no se ha interiorizado. Solo cuando lo interiorizamos se transforman nuestros valores. Entonces desde ese estado mental nuevo nos comprometemos con la acción y se convierte en un hábito natural».

Esta secuencia, dice Jinpa, puede aplicarse a cualquier cosa, desde tocar un instrumento hasta el activismo social. Y, añado yo, hasta utilizar la atención plena para cambiar nuestros hábitos, ya sean individuales o colectivos. Para empezar a ser conscientes de cuáles son nuestras aspiraciones, el discernimiento desempeña un papel fundamental. La consciencia atenta es un recordatorio de que mantengamos nuestras intenciones activas, pues esto es lo que genera dedicación, compromiso y confianza en nosotros mismos, lo cual a su vez genera entusiasmo, y este energiza la acción.

Dar desinteresadamente cuando se necesita es una de las cualidades más evolucionadas del modo seguro e integrado y representa una característica definitoria del modo de sabia compasión. Recuerdo que en un retiro intensivo de meditación con Sayadaw U Pandita me preguntó qué motivación tenía para practicar. Le dije:

—Siento que no estoy aquí solo para mi sino también para los demás.

Sonrió y dijo:

—Yo siento lo mismo.

Esta compasión desinteresada y el sentimiento natural de interconexión son una fuerza muy potente en favor del bien. Mi profesor Nyoshul Khen Rinpoche dio una vez una charla sobre *bodhicitta*, la mente del despertar compasivo, durante un retiro en Santa Fe, Nuevo México. Llevábamos días practicando intensamente la compasión en las sesiones de meditación. «Pero no es suficiente —dijo—. Tenemos que materializar nuestros deseos compasivos y hacer algo que de verdad ayude a los demás. Todo puede se reduce a la intención.»

Conectarnos a través de las artes

Para ver una encarnación física de lo que es conectarse a través de las artes, podemos tomar por ejemplo la energética danza del maestro indio de sesenta y tantos años Chitresh Das emparejada con la del famoso bailarín de claqué afroamericano Jason Samuels Smith en el espectáculo *India Jazz Suites*.

Chitresh Das explica que los *bols* –sílabas rítmicas correlativas a los compases del instrumento de percusión– son el lenguaje de la danza.[5] Él hace el cómputo de dichas sílabas en voz alta mientras interpreta un complejo baile al son de los dos kilos de campanillas que lleva envueltos alrededor de cada tobillo. Mientras Chitresh baila, Jason recita el cómputo rítmico tradicional *ta ki ta tha ka dimi*.

Un trío de jazz se encarga de marcar el ritmo, improvisando en un ciclo de dieciséis compases, mientras un trío de instrumentos musicales indios desarrolla la frase dentro del mismo ciclo rítmico. Jason entra con una intrincada secuencia de claqué sincronizada con ese mismo complejo compás que todos siguen con precisión con sus respectivos instrumentos: pies, campanillas, zapatos de claqué, batería, tabla, teclado, sarod.

Las complicadas melodías, el ritmo y los movimientos de la danza van creciendo en intensidad, hasta culminar en un emocionante final y aterrizar todos en un potente «*¡Sum!*», el primer compás del ciclo rítmico.

Luego inician una animada sucesión de llamadas y respuestas –*kathak* y claqué en conversación–. Chitresh improvisa con brillantez complejos ritmos de danza y pasos impresionantes mientras Jason lo observa atento, como si su cuerpo entero absorbiera los movimientos.

Sin perder un solo compás, en el momento en que los pasos de Chitresh terminan, Jason explota en una energética respuesta de claqué que reproduce exactamente el mismo ritmo. Cuando termina, junta las palmas de las manos y hace un respetuoso saludo al estilo indio. Luego Jason marca el ritmo y Chitresh responde. Después Chitresh vuelve a empezar. Y así sigue una asombrosa ronda de sincronicidad improvisada.

Todo esta coordinado a la perfección; es tal la rapidez de movimientos que esa sincronía solo puede lograrse con una exquisita sintonización de las neuronas espejo, ese radar que activa al instante en un cerebro lo mismo que ve en otra persona. Estas neuronas reflejan lo que pasa en la persona con la que estamos..., principalmente sus movimientos pero incluso sus intenciones.

En el caso de Chitresh y Jason, esa resonancia ha evolucionado hasta hacerse arte sublime. Y sentada entre el público, notaba que mi cuerpo quería unirse a la acción..., señal indudable de que *mis* neuronas espejo estaban también en movimiento. La emoción que sentíamos todos los que contemplábamos el dinamismo de este dúo reflejaba el gozo que Chitresh y Jason irradiaban con su danza.

Cuando nos sentimos compenetrados con una persona –cuando sentimos esa sincronización en el fondo de nuestra unión con ella– es porque nuestras neuronas espejo están orquestando una danza igual de elegante que las *India Jazz Suites*. El primer ingrediente crucial de los tres que crean esa compenetración ocurre cuando cada una de esas personas presta atención total a la otra; esto sintoniza nuestras neuronas espejo (y otros sistemas de los circuitos sociales del cerebro).

En el segundo ingrediente interviene otro tipo de célula cerebral llamada oscilador. Los osciladores cronometran nuestra respuesta a alguien (o a algo) y nos dan el sentido del ritmo. Cuando dos personas conversan compenetradas, sus cuerpos se mueven creando lo que parece una danza coreografiada, respondiendo el uno al otro instantáneamente. Apostaría a que los osciladores del cerebro de Jason y Chitresh funcionaban a un ritmo frenético.

El tercer ingrediente de la compenetración nace de la sintonización física y emocional: la alegría. Es una sensación maravillosa el estar unidos. Y la alegría es contagiosa. Al final de la tarde, el público de las *India Jazz Suites* estaba también de pie expresando a gritos su aprobación.

A lo largo de la velada, estos dos artistas de tradiciones culturales muy diferentes se conectaron por medio del lenguaje del ritmo, la interacción de sus neuronas espejo que formaron un puente por encima de sus diferencias. Esta unión por medio de las artes nos recuerda lo interconectados que ya estamos.

Las artes tienen una manera de liberar a la gente de los encasillamientos culturales y de ayudarnos a apreciar la diversidad de las diferencias culturales en vez de luchar a causa de ellas. Si los seres humanos se unen para crear e interpretar juntos una música con alma, tal vez se olviden de por qué no se entienden.

«Las artes tienen el poder de comunicar mensajes de libertad y derechos humanos», dice Aung San Suu Kyi, que una vez dijo que era admiradora de Bob Marley, el cantante jamaicano de *reggae*.

La madre de Bob Marley era negra afrojamaicana y su padre, un empresario blanco nacido en Inglaterra. Su padre lo repudió, y durante su niñez Bob tampoco se sintió aceptado por la comunidad negra debido a su herencia mestiza.

Encontró una misión para su música: tender puentes para superar esas divisiones. En cierto momento, las elecciones presiden-

388 Atender a los susurros del mundo

ciales jamaicanas provocaron una cruenta lucha armada entre los dos bandos opuestos que degeneró en una guerra civil. Se invitó a Bob Marley, que vivía en aquel tiempo en Inglaterra, a que volviera a Jamaica a encabezar un concierto por la paz en Kingston, la capital.

En el concierto One Love Peace –al que asistió una multitud sin precedentes, 100.000 personas– hubo un momento electrizante: cuando Bob Marley llamó al escenario a los dos candidatos de los partidos beligerantes, Michael Manley y Edward Seaga. Con una melodía a ritmo de *reggae* sonando de fondo, Marley les pidió que se dieran la mano. Luego se colocó entre ellos y elevó el brazo de uno y otro juntos en el aire, mientras seguía cantando sobre hacer la paz y se oía el clamor de aprobación de la multitud.

«Mira, solo tengo una ambición –dijo después en patois jamaicano–.* Solo hay una cosa que de verdad me gustaría que pasara. Me gustaría ver a la humanidad vivir unida..., negros, blancos, chinos, todo el mundo. Solo eso.»

De cuando en cuando vemos a algunas personas con espíritu afín unirse para tratar problemas sociales o medioambientales, simplemente para conectar a la gente entre sí, compartir los recursos o proponer ideas en una reunión de la tribu. Su objetivo es encontrar maneras de contribuir activamente a aquellas causas que les importan. En una mesa redonda de uno de estos grupos de activistas medioambientales, pregunté:

---

* El patois (también patuá o patwa) es un idioma hablado en el área del Caribe, principalmente en Jamaica, aunque se extendió a algunas partes de los Estados Unidos e Inglaterra en la segunda mitad del siglo xx. Es una lengua criolla que surgió del *pidgin*, o interlengua simplificada, que se creó entre el idioma inglés, fundamentalmente, y las lenguas africanas, y tiene también influencia del francés y el español. (*N. de la T.*)

–¿Qué creéis que motiva de verdad a la gente a querer hacer algo para cambiar el mundo?

La respuesta me llegó de Bill McDonough, coautor del manifiesto ecologista *Cradle to Cradle*:* «La gente quiere hacer algo junta que tenga sentido».

Viktor Frankl, que sobrevivió a un campo de concentración nazi y vivió lo suficiente para fundar una escuela de psicoterapia existencial, describió la capacidad que tiene el ser humano para encontrar sentido a la vida incluso en las condiciones más precarias. Sobre el sufrimiento, escribió que «la oportunidad sin igual que nos ofrece» reside en la forma de sobrellevar la carga. «La vida no deja de tener sentido bajo ninguna circunstancia».[6]

«Para que la vida personal tenga sentido –dice Frankl–, es necesario trascender haciendo algo que la dirija hacia algo, o hacia alguien, más allá de uno mismo, entregándose a una causa o a servir a otra persona.»

Cuando las personas luchan por objetivos mezquinos o están cegadas por las ideologías, dice el Dalai Lama, han perdido de vista la humanidad esencial que nos une a todos como una sola familia humana. Pero esto significa que debemos encontrar una forma nueva de afrontar los problemas globales. Dado que hoy en día estamos más interconectados y somos más interdependientes que nunca, «es necesario que tengamos un sentimiento de hermandad universal, la comprensión de que realmente formamos parte de una gran familia *humana*».

Si el sentido de individualidad que tenemos se expandiera de alguna forma para incluir en él a todos nuestros semejantes, ten-

---

* Versión en castellano: Michael Braungart y William McDonough. *Cradle to Cradle = De la cuna a la cuna: rediseñando la forma en que hacemos las cosas.* Madrid: McGraw Hill Interamericana de España S.L., 2005. (*N. de la T.*)

dríamos un mundo igual de provechoso para todos. Pero mientras la gente siga siendo indiferente a los sentimientos y la felicidad de los demás, lograr un espíritu de auténtica cooperación seguirá siendo difícil. Los conflictos surgen por la negativa a entender que el otro es un ser humano y que tenemos una humanidad común.

El crecimiento de la población mundial y el agotamiento de los recursos hacen que nos encontremos en una situación trágica. Y una de las causas se halla en que la gente sigue centrada en sus intereses egoístas a corto plazo, sin tener en cuenta al resto de la familia humana, la Tierra y la vida en sentido global.[7]

La psicología budista considera que el apego y la agresividad –y la ignorancia subyacente– son la raíz de estas tendencias. Los antídotos son el amor y la compasión, «estructura moral de la paz mundial».[8] Con ellos puede haber una renovación de las cualidades esenciales, como son la ética, la compasión, la decencia y la sabiduría que transforma la ignorancia.

Es de esperar que con la educación adecuada las generaciones futuras crezcan con estos valores. Entretanto, podemos dar ejemplo con nuestras vidas y nuestras prácticas. Dos métodos importantes para lograrlo son, dice el Dalai Lama, el examen interior y aplicar los correctivos necesarios.

No hay un único camino que nos lleve a esto; las distintas personas necesitan de distintos procedimientos. Tengo la esperanza de que susurrar a la mente nos muestre una manera de incorporar estos dos métodos a nuestra vida.

20. Susurrar colectivo

La escena: una fila de coches pegados uno a otro ante un establecimiento de autoservicio. Un todoterreno se acerca al tablero del menú y el conductor baja la ventanilla, pero no consigue acercar la boca al micrófono lo suficiente para hacer su pedido. Frustrado, toca el claxon para que el coche de delante avance un poco. Pero el coche de delante tiene el parachoques pegado al de delante de él y no se puede mover.

Enfadado, el conductor del todoterreno saca la cabeza por la ventanilla y grita un insulto. Al oírlo, el conductor de delante del todoterreno –que resulta ser instructor de artes marciales– se enfada también. Le hierve la sangre, le cruzan la mente, a toda velocidad, fantasías de cómo vengarse de la gente grosera del mundo entero, tiene el cuerpo inundado de testosterona y adrenalina y el mundo se reduce a una pequeña órbita de cólera. Tiene el impulso de saltar del coche, meter el brazo por la ventanilla del todoterreno y mandar a ese conductor grosero directamente al dentista.

Entonces, el profesor de artes marciales echa una mirada al retrovisor y ve la cara del conductor del todoterreno crispada de cólera. Se mira en el espejo, y ve la misma máscara de ira. Lo piensa mejor y le vienen a la mente las instrucciones del *taichi* de mantener el equilibrio en todas las situaciones.

En ese momento, el coche de delante se va, dejándole al instructor el camino abierto para acercarse al mostrador de recogida. Cuando la cajera le da el café que ha pedido, él le dice: «Me gustaría pagar la cuenta del conductor de detrás, el del todoterreno». El tipo del todoterreno había pedido desayuno para cinco. El instructor les paga el desayuno a todos y se siente exultante mientras se aleja.

Luego el conductor del todoterreno quiere devolver el favor y paga la cuenta del coche que hay detrás del suyo. Y durante horas y una larga cadena de pedidos, un conductor tras otro le devuelve el favor al coche que tiene detrás. Ni una sola persona se aprovecha de la situación aceptando el regalo, pero sin hacérselo a su vez a la persona siguiente. Aquel primer acto de generosidad continuó propagándose a lo largo de todo el día.

Piense en qué fue lo que desencadenó esa oleada continua de bondadosa generosidad: un cambio de modo intencionado. En un acto de arte marcial interior, aquel instructor de *taichi* absorbió la ira e intencionalmente la transmutó en amabilidad. El instructor, Arthur Rosenfeld, se refirió después a esa alquimia como un «acto de consciencia». Mantener el equilibrio en la vida es de suma importancia; es el objetivo de la meditación, del trabajo con la respiración y de la práctica de *taichi*. Estas disciplinas mentales pueden ser formas inmediatas de unirnos y conectar con el modo seguro.

En el momento en que empezamos a perder los estribos, nos encontramos ante tres puertas. Número uno: combatir la fuerza con la fuerza y empezar una pelea –el impulso inmediato de Rosenfeld–. Número dos: sucumbir a la ira del otro tipo y pedir perdón. Rosenfeld optó por la número tres: la manera media, que es diferente en cada situación, pero restablece a todos los implicados a un estado mejor. Como dice Rosenfeld: «lo difícil es saber en el momento cuál es esa "manera mejor"».

En un modo tranquilo, relajado, sereno, estamos más preparados para responder a los bocinazos de la vida; nuestros mejores modos son un regalo para todos los que nos rodean. Dado que los modos, como los estados de ánimo, son contagiosos, nuestro estado interior puede cambiar los de aquellos con quienes estamos.

La suma total de esta contribución interpersonal puede determinar el modo global del grupo. Como en el caso del instructor de *taichi*, alguien que es capaz de mantener el equilibrio interior mientras los demás lo pierden puede ser inestimable para restablecer un modo equilibrado en un grupo descentrado.

La parcialidad de percepción que imponen los modos destructivos a nivel individual puede extenderse a un grupo entero. Podemos ver cómo trabajan esas fuerzas invisibles, no solo en nosotros y nuestras relaciones, sino también en nuestras familias y comunidades, en nuestra relación con la Tierra, y, globalmente, en cómo interactúan las naciones. Los principios que tienen un efecto curativo en las relaciones son también efectivos, acompañados de determinación y compromiso, a nivel colectivo.

Un lenguaje universal

Cuando estaba en Kyoto asistiendo a una escuela para aprender la práctica de la ceremonia japonesa del té, un sábado por la mañana fui a explorar un mercado artesanal al aire libre donde los artesanos exponían sus productos. Un anciano había extendido una manta sobre la que había varios cuencos de té.

Me llamó la atención un precioso cuenco de té antiguo. Lo sostuve con delicadeza, apreciando su carácter: *wabi*, como dicen los japoneses, la pátina en la que se vislumbra el transcurrir del tiempo.

Según la tradición, el cuenco que se usa en la ceremonia del té ha de tener historia. Quise preguntarle al hombre sobre el cuenco, pero estaba claro que no él no hablaba inglés y yo, salvo por unas pocas frases de la ceremonia del té, no hablaba japonés. Intenté comunicarle con gestos lo que quería, valiéndome un poco de los conocimientos que tenía de *kathak*, la forma india de relatar historias mediante la danza, haciendo imaginativos movimientos que esperaba que le comunicaran la curiosidad que sentía por la historia del cuenco. Era obvio que el hombre no tenía ni idea de lo que intentaba pedirle, pero parecieron divertirle mis gracias.

Entonces me di cuenta de que esta era la historia. Hablaría de aquel momento cuando le sirviera a alguien el té *macha* japonés. Y al igual que todo cuenco de té tiene una historia, si escuchamos con atención, descubrimos que todo el mundo tiene una singular historia que contar.

La ciudad de Nueva York siempre ha acogido a una gran diversidad de culturas, y crecer en Manhattan hizo que me acostumbrara a encontrarme con gente de todo el mundo. Tenía amigos íntimos que eran griegos, coreanos, chinos, españoles, noruegos, jamaicanos y franceses. Siempre me ha encantado viajar a distintos países cuando he podido y aprender las artes tradicionales de las diversas culturas, por ejemplo la ceremonia del té japonesa, la danza clásica india y danzas folklóricas internacionales, además de las prácticas de meditación y filosofías que he estudiado en Myanmar, Thailandia, el Tíbet y la India.

En la terraza acristalada de casa tengo una cesta con pequeñas muñecas de distintas partes del mundo. Le cuento a la gente con una sonrisa que se llevan bien a pesar de vivir todas en la misma cesta. Visitantes de todas las edades han jugado con ellas, cambiándolas de ropa y poniéndoles los trajes de una parte del mundo a una muñeca de otra parte diferente; la Barbie india le presta el

sari a la niña danesa, la bailarina china se prueba el *chuba* tibetano; la familia ecuatoriana cuida de un bebé esquimal. Es todo un
juego, pero, si lo piensa un poco, tiene un significado más profundo. La amabilidad es un lenguaje universal. Dejar atrás nuestras
convicciones culturales es una fuerza conectora que puede ayudar
a disolver barreras.

Cuando alguien me pregunta de dónde soy, con frecuencia siento que hay en mi ser un poco de todas estas culturas. Esa es en
parte la razón por la que me quedo tan perpleja cuando las nacio-
nalidades están llenas de tanto odio unas hacia otras que sus conflictos las hacen entrar en guerra.

Quizá sea ingenuo suponer que debe haber una manera de superar tales diferencias, pero podemos al menos intentar sanar las
divisiones. Creo que todo conflicto se debe a una falta de empatía
y comunicación. Además, todos percibimos e interpretamos las cosas de forma muy distinta. Quizá podamos considerar la posibilidad de encontrar una compasión inteligente, una forma sensata de
entendimiento mutuo, incluso en medio de las discrepancias.

Hubo un momento conmovedor en el aeropuerto de Londres.
En un mostrador de cambio de divisas había un hombre que acababa de llegar de un país de Europa del Este en el que había habido campos de concentración nazis durante la II Guerra Mundial.
Le dijo al empleado: «Por favor, vaya alguna vez a mi país. Es muy
diferente del que era en aquel tiempo. La generación joven no alberga ninguno de los sentimientos que tenía la gente que vivió en
aquella época».

¿Qué es lo que solidifica el pasado y traslada al presente el resentimiento de un tiempo lejano? Es conveniente recordar que las
cosas cambian. La gente que vive con el peso de las acciones negativas que su país cometió en el pasado puede ser bastante distinta.
Es algo sobre lo que vale la pena reflexionar en cualquier relación.

De «ellos», a «nosotros»

El doctor Ahangamage Tudor Ariyaratne, fundador del Movimiento Sarvodaya, una organización de base para el desarrollo comunitario en Sri Lanka, recibió un mensaje amenazador. Su movimiento estaba empezando a hacerse demasiado popular; representaba ya un peligro para los poderosos partidos políticos de la pequeña élite de la nación.

Avisaron al doctor Ari (nombre por el que popularmente se le conoce) de que había una conspiración para asesinarlo. Se había pagado a un jefe de los bajos fondos, llamado Choppe Aiyah, para que lo matara durante una conferencia que Ari tenía previsto dar en un centro budista.[1] Cuando le pusieron sobre aviso, Ari fue a casa de Choppe –que tenía el mote de «rey de los asesinos»– y se presentó al jefe del crimen.

–Debes de ser Choppe Aiyah –dijo Ari tranquilamente mirando a los ojos al matón sorprendido–, yo soy Ariyaratne, a quien planeas matar. Por favor, no profanes esa sede budista de aprendizaje con la sangre de un mendigo como yo. Mátame aquí ahora mismo.

Conmocionado, Choppe contestó:

–No puedo matarte.

Desde ese día en adelante, he oído decir, Choppe apoyó al Movimiento Sarvodaya y se convirtió en uno de los admiradores de Ari, dirigiéndose a él respetuosamente por el apelativo de «Nuestro Señor».

Aquella valerosa táctica de enfrentamiento no violento cara a cara ilustra la estrategia que el doctor Ari tomó de su modelo, Mahatma Gandhi. El propio nombre del movimiento que el doctor Ari fundó, Sarvodaya, es bien explícito: en sánscrito, la raíz *sarvo* significa «todos» o «abrazarlo todo», y *udaya* significa «despertar». El movimiento despierta a sus miembros a ese abrazo abierto en muchos sentidos.

Incluso durante la feroz guerra civil de Sri Lanka, que enfrentó a budistas cingaleses e hinduistas tamiles, la gente vivió en paz entre sí en los poblados de Sarvodaya, donde cohabitan, no solo hinduistas y budistas, sino también cristianos y musulmanes como amigos y vecinos, trabajando juntos por metas comunes.

«Tenemos que devolverle el poder al pueblo», dice el doctor Ari, expresando el mismo espíritu de movimientos que van desde la Primavera Árabe hasta Occupy Wall Street [Toma Wall Street]. Sarvodaya reúne a todo tipo de gente para procurar asistencia sanitaria, instalar bombas de agua y hacer carreteras y viviendas en pueblos que, de lo contrario, carecerían de estos bienes de primera necesidad. «El poder debería situarse en el ámbito de la aldea –dice–. La gente debería poder administrar sus propios asuntos.»

Desde la perspectiva de los modos, esta labor significa establecer una base segura compartida, tanto a nivel individual como colectivo: un espacio seguro donde quienes en otras circunstancias podrían ser enemigos puedan unirse y ser juntos un «nosotros» fuerte, en vez de un «nosotros y ellos» dividido. «Cuando se disuelve el egoísmo –dice– el "nosotros y ellos" se evapora.»

Cuando conocí al doctor Ari en casa de mi amiga Jacalyn Bennett, alumna suya durante mucho tiempo y simpatizante de Sarvodaya, insistió en la íntima relación que hay entre la transformación individual y colectiva. «Las causas primordiales del sufrimiento son la codicia, la mala voluntad y la ignorancia. La codicia organizada hace aumentar la diferencia de ingresos de los ricos y los pobres, multiplica la contaminación y es la responsable de otra lista interminable de problemas, pero no podemos tratar de resolver un problema aislado. Todo está interrelacionado. Necesitamos utilizar el diálogo en vez de la fuerza, y un desarme interno para crear el externo. La paz es más que una ausencia de lucha.»

Escuchando al doctor Ari, pensé en la cantidad de veces que la mente se consolida en torno al «nosotros» frente a «ellos». También los modos destructivos se pueden compartir.

El Movimiento Sarvodaya combina los principios sociales de Gandhi con la filosofía budista y se centra en el desarrollo y la autosuficiencia rurales; pero el factor más importante es cultivar lo que el doctor Ari llama «una mente independiente».

La meditación es una dimensión del movimiento. Le oí al doctor Ari decirle a un grupo de activistas norteamericanos: «Gandhi intentaba transformarse él mismo, transformar su mente. Si un individuo despierta, la familia, la aldea, la nación y el mundo entero pueden despertar».

«Sanad la sociedad por medio de la acción no violenta y directa –dice Ari–. Transformad la política y la economía. Sanad el medioambiente. Pero para esto, primero necesitamos sanar la mente, transformar nuestra forma de pensar. Cada momento es una oportunidad de ocuparnos de que el pensamiento, la palabra y la acción estén menos teñidos de codicia, de odio, de engaño.»

En la serie de conversaciones que tuve con el doctor Ari me impresionó la magnitud del poder transformador de su trabajo. La esencia de su método es liberar a la mente de los modos de codicia, odio e ignorancia, causas primordiales del sufrimiento (como vimos en el capítulo 3), y alentar a la vez el modo seguro por medio de la meditación, así como fomentar aquello que es causa de felicidad, sabiduría y compasión... y, por supuesto, acción social. Como él dice: «Esta es la forma de sanar el mundo».

Trabajo colectivo con los modos

Hay por todo el mundo activistas cuya esperanzadora labor consiste esencialmente en crear una base segura colectiva. Compartir las zonas seguras de la mente permite efectuar un cambio, del modo conflictivo del «nosotros y ellos», al modo cooperativo del «nosotros».

Esa es la dinámica en la que se basa el trabajo del psicólogo social Ervin Staub. De niño, en Budapest, a Staud lo salvó de los nazis la generosa intervención del embajador de Suecia en Hungría, Raoul Wallengberg. Wallengberg concedió pasaporte sueco a decenas de miles de judíos húngaros y los alojó en edificios declarados territorio sueco. La protección sueca les impidió a los nazis arrestarlos..., y los salvó así de los campos de exterminio.

Staub ha dedicado su carrera profesional de psicólogo social a entender las raíces del mal y cómo superarlo.[2] Las semillas del modo «nosotros y ellos», ha visto Staub, las siembra el orgullo herido de un grupo; detrás de la ira se oculta entonces un sentimiento de vulnerabilidad.

Esto coincide con el análisis que hace Aaron Beck: el sentimiento de agravio provoca dolor y vergüenza, que rápidamente se convierten en cólera y hostilidad, y luego en represalias contra el «enemigo». El modo «nosotros y ellos», dice, refleja el residuo cognitivo de nuestra «forma de pensar primitiva» en un pasado remoto en el que los depredadores, así como los merodeadores humanos, representaban un peligro para nuestra vida. Pero aunque en aquel tiempo fuera útil tener un reflejo instintivo de «amigo o enemigo», «depredador o presa», hoy en día considerar la vida desde el punto de vista de «o lo uno o lo otro» nos mete en líos. Esta parcialidad cognitiva puede hacer que un grupo perciba un malentendido o un desafío leve como una ofensa inadmisible, lo cual genera acto seguido una fricción innecesaria.

Al igual que cuando examinábamos el modo de estilo depredador a nivel individual, también a nivel colectivo tenemos la oportunidad de intervenir para cambiar la percepción que las personas tienen de sí mismas, de su grupo o de sus creencias fundamentales. Tenemos que ser más conscientes de la forma de pensar tan rígida que se apodera de nuestra mente cuando nos sentimos amenazados, y resistirnos a la tendencia de juzgar a la gente y encasillarla en categorías absolutas, sobre todo en la de «el enemigo».

El sentimiento de superioridad propio del estilo depredador significa una falta de empatía hacia aquellos a los que se intenta tener bajo control; personalizar al otro grupo reconociendo en sus componentes la humanidad que tenemos en común con ellos, incluso tener por ellos un interés compasivo, puede taladrar la idea del «ellos» y llegar a la parte despierta de «nosotros».

Esta es la táctica que se emplea actualmente en Ruanda, diez años después de la fiera masacre tribal entre hutus y tutsis, que se cobró un millón de vidas. Ervin Staub trabaja con personas de ambas tribus en una radionovela de gran popularidad, que difunde un mensaje de cooperación intertribal y alienta a la gente a manifestar abiertamente su oposición al discurso nacido del odio.

Cuando conocí a Staub, me explicó que utilizaba la radionovela para crear lo que denominaba «oyentes activos»: testigos del daño que se le hacía a alguien que, en vez de quedarse pasivo (y por tanto parecer que aprobaba la acción), hacía algo por atajar el daño –como Wallenberg–. Ya se trate de la acción intimidadora de un abusón en el patio de recreo o de un acto tendencioso, los oyentes activos tienen el poder potencial de ponerle fin.

Podría ser por ejemplo preguntar a otros oyentes: «¿No crees que está mal lo que está pasando? ¿No deberíamos hacer algo?», y luego pensar en una acción apropiada para la situación. De lo contrario, la norma colectiva de dejar que se siga haciendo daño a la gente se fortalece.

Un oyente activo influye en otros oyentes para que actúen también, aunque no sea más que expresando su preocupación y considerando alternativas, lo cual puede cambiar la ecuación social. Lo que aparentemente le parecía bien a todo el mundo (aunque en privado no fuera así) ya no se deja pasar, ni se justifica. Eso sí, en caso de violencia potencial, los oyentes deben actuar de una forma que no los ponga en peligro, lo cual me hizo preguntarle a Staub:

–¿Y qué pueden hacer para protegerse?

–Buena pregunta –dijo–. Por eso recomiendo utilizar medidas preventivas lo antes posible.

Cuanto más prolongado sea el daño que se ha estado haciendo y más se intensifique, más difícil es hacer que dé marcha atrás, ha comprobado. Por eso ha centrado sus estudios en detectar las señales incipientes, como culpar injustamente a un grupo de cierto problema, y «encontrar maneras efectivas de intervenir en las etapas iniciales».

Esto, diría yo, parece tener total paralelismo con el trabajo que hacemos con los modos: ser conscientes de él en su etapa incipiente y encontrar la manera de intervenir. Es, por tanto, una de las formas en que la perspectiva de los modos podría ayudar a la dimensión social: reconociendo estos patrones de pensamiento en la mente de las personas antes de que se traduzcan en acciones.

Viendo el paralelismo con la actitud narcisista de estilo depredador de los modos, le dije a Staub:

–Me recuerda a cuando la gente que se siente superior, sin la menor empatía culpa a otros de sus problemas; rara vez ven sus propios defectos. No respetan las reglas ni asumen responsabilidad alguna por sus actos..., y es frecuente que haya un sentimiento de falta de valía oculto detrás de eso.

–En los grupos pasa lo mismo –dijo.

La doctora Paula Green fundó un programa de postgrado sobre la transformación de los conflictos basado en los años que pasó trabajando por la paz. El trabajo a favor de la paz se centra en la compasión y ayuda a las partes en conflicto a encontrar un terreno común que les permita ver en la parte contraria a seres humanos iguales que ellos, creando así una base segura que puedan compartir.

Su grupo, el Karuna Center for Peacebuilding, organizó sesiones para la resolución de los conflictos de Ruanda, así como entre las distintas facciones de la guerra civil de los Balcanes que venía gestándose desde hacía mucho. En los círculos de diálogo entre mujeres bosnias y servias, al principio era superior a ellas hasta mirarse a los ojos unas a otras.

U Vivekananda, un monje de la tradición Theravada nacido en Alemania y que actualmente vive en Nepal (en Lumbini, pueblo natal del Buda), ha combinado los principios budistas con la resolución de conflictos para solucionar las disputas que habían creado divisiones en esta comunidad. Asistió a un taller que impartía Paula Green en Nepal, y después dijo haber aplicado con éxito sus métodos para tratar con los propietarios de las fábricas de ladrillos cuyas emisiones estaban erosionando un paraje que había sido declarado Patrimonio de la Humanidad. Encontró en el diálogo un neutralizador de diferencias y un remedio que acabó por beneficiar a todas las partes implicadas.

U Vivekananda me contó que los principios budistas para transformar la mente habían resultado muy útiles en aquel activismo ecologista. Se necesitan esfuerzo, paciencia, visión penetrante, concentración y ecuanimidad, además de otras cualidades, para lo-

grar un cambio a nivel social. Después contemplamos algunas posibilidades novedosas, como, en vez de depender solo de las insti-
tuciones oficiales para conseguir los cambios necesarios, plantearse
comprar ladrillos a las fábricas que hacen ladrillos ecológicos se-
cándolos al sol en lugar de usar hornos contaminantes.

«Si todos hiciéramos algo por ayudar al medioambiente –como
dijo una vez César Chávez–, podríamos dar un verdadero giro a
las cosas.»

En psicoterapia, identificar los patrones mentales acaba con parte del conflicto: nos permite ver que el causante es el patrón en sí,
no la persona. Darnos cuenta de que somos dos los que creamos
un patrón nos ayuda a cada uno a ver la humanidad del otro.

El trabajo interior es semejante al trabajo intergrupal; unirnos
a nivel colectivo puede añadir una dimensión muy útil al trabajo
en favor de la paz. Conversando con trabajadores por la paz como
estos, me he dado cuenta de que la perspectiva de los modos puede ofrecer un marco conceptual clarificador cuyo efecto puede ser
muy positivo para su trabajo.

Desde el modo seguro es cada vez mayor la confianza en nosotros mismos y la conexión que nos permite estar más atentos
a las necesidades de los demás. Tenemos una plataforma interior
desde la que trabajar para realizar cambios que nos beneficien a
todos. Una base segura colectiva puede ser un valioso punto de
apoyo desde el que actuar unidos.

Y hay un paso más: podemos ir directos a las causas primordiales de un conflicto para poder encontrar soluciones apropiadas.
Esto significa reconocer que los adversarios están a menudo atrapados en la misma historia, dentro de una red similar de resentido
antagonismo, manifestando miedos similares y actuando con la
misma «mala voluntad, avaricia y esencial ceguera», como lo expresó un activista budista.[3]

Si no somos conscientes de los modos subyacentes, quizá consigamos resolver el asunto más inmediato, pero es muy probable que los síntomas vuelvan a presentarse una y otra vez.

Deshacer el «nosotros y ellos»

La familia de Randy es natural de Europa del Este, aunque él vive en un barrio hispano de Brooklyn desde hace un tiempo. Este rubio de ojos azules pasó los primeros diez años de su vida en las calles de Buenos Aires, y luego se trasladó a un barrio deprimido de Baltimore. Así que habla español como un nativo e inglés, como un nativo también. La mezcla accidental de herencias –europea, norteamericana marginal e hispana– le permite a Randy desmentir con facilidad los estereotipos.

Le gusta jugar un rato en los partidos de fútbol informales que se juegan en los parques de Brooklyn. Un día estaba jugando con unos muchachos hispanos a los que no conocía, y como le pareció lo natural, cada vez que se dirigía a uno de ellos durante el partido, le hablaba en español. Pero ellos siempre le contestaban en inglés; no les cuadraba que aquel tipo alto y rubio de ojos azules fuera hispano.

En cierto momento, después de que Randy hubiera dicho una vez más algo en español, uno de los muchachos se paró de repente y le dijo en tono de incredulidad:

–¿Hablas español?

Randy contestó, en español:

–Llevo hablándoos en español desde hace media hora.

–Yo pensaba que eras un gringo –le dijo el otro en español, y se deshizo en una ancha sonrisa.

Ese «deshacerse» significó pasar de una actitud sutil de «nosotros y ellos» a un «nosotros» colectivo. Como lo expresó Randy: «La razón por la que me gusta hacer eso es la de echar por tierra sus estereotipos y convicciones. Se dan cuenta, "Parece un gringo pero siente como uno de nosotros"».

«Cuando extendemos nuestro ego al grupo entero –observa Aaron Beck– y empezamos a pensar que nuestro grupo tiene la razón y el otro grupo está equivocado (y que somos mejores que ellos), de inmediato consideramos que somos los buenos o tenemos razón y que ellos son los malos o están equivocados. Pronto empezamos a deshumanizarlos..., dejan de ser personas reales.»

Cuando perdemos la empatía, no consideramos que los «otros» tengan ni sentimientos ni derechos humanos. En este modo colectivo letal, la gente de un grupo deja de absorber información sobre los otros de una forma abierta y, en vez de eso, filtra sus percepciones a través de la distorsión de la lente deformada que el grupo comparte.

Diría que la necesidad de abolir los estereotipos es todavía más imperiosa a la vista de los numerosos conflictos intergrupales que hay en el mundo entero. Y como vemos en el caso de árabes e israelíes, hutus y tutsis, irlandeses católicos e irlandeses protestantes, serbios y croatas, cuando todas estas distinciones entre las personas se amplifican por un modo colectivo de miedo y odio, los resultados son explosivos.

La brecha que se abre entre dos grupos enfrentados..., la desconfianza, la radicalización de las posturas, los obstáculos a la empatía mutua, la consolidación del «nosotros» y «ellos», el resentimiento y la negatividad hacia el otro grupo son todos ellos indicio de la raíz generadora del conflicto. Es como si cada grupo, apuntando hacia el contrario, cayera en una versión a gran escala del extremo punitivo del modo de aversión.

Colaboración

De todos modos, el tipo de comunicación y entendimiento mutuo que puede sanar tan fieras separaciones tiene más probabilidades de hacerse realidad cuando la gente se reúne con la intención de trabajar juntos por un modo seguro compartido. Los principios que rigen los modos individuales y de relación pueden aplicarse también a la esfera colectiva, desde las comunidades hasta las naciones, y sobre todo a las relaciones intergrupales.

En el estudio que Phillip Shaver ha llevado a cabo con el psicólogo israelí Mario Mikulincer, se ha visto que cuando activamos nuestra base segura, cualquier clase de parcialidad se evapora y nos hacemos más tolerantes. Esto hace de una base segura compartida el espacio óptimo para trabajar juntos y superar la división entre «nosotros y ellos».[4]

Así que un primer paso para resolver cualquier conflicto intergrupal podría ser reconocer los modos que nos separan y abrirnos a aquellos que nos conectan. «Estamos dispuestos a extender la mano –como dijo en una ocasión Barack Obama–, si vosotros estáis dispuestos a abrir el puño.»[5]

Aaron Wolf, hidrólogo en la Universidad del Estado de Oregón, ha utilizado sus conocimientos de ecología de los sistemas hidrológicos para unir a gente que, de lo contrario, habría tenido una postura antagonista entre sí. Ha trabajado en el Sudeste Asiático, el Oriente Medio y la antigua Yugoslavia. Debido a que quienes en algún momento han sido o son adversarios tienen a la vez un mismo interés en resolver algunas cuestiones de importancia vital –el aprovechamiento de un acuífero o un río–, están dispuestos a dialogar, dice Wolf.

Pero antes de entrar en los detalles de la gestión hidrológica, pide a todos los presentes que expresen el significado simbólico trascendente que tiene el agua en su cultura y su religión. Les lleva a todos a un plano común de entendimiento para que la obra se inicie, no con sus desacuerdos, sino con un vínculo común. Ese diálogo probablemente active los modos positivos de todos los que están en la sala. Wolf ha comprobado que es más probable que el resto de las negociaciones vayan bien después de eso.

Además, suele enseñarles dos mapas: uno, de los países implicados y sus fronteras políticas; el otro, del mismo territorio definido solo por el agua y la tierra. El segundo mapa les abre los ojos... y los corazones. En vez de centrarse en lo que los divide, se dan cuenta de lo que les une.

«Vivimos pendientes solo de nuestras necesidades y expectativas», y eso crea las fronteras, dice Wolf.[6] Si conseguimos trazar un mapa nuevo de nuestro mundo, podremos incluir en él las necesidades y deseos de la comunidad entera.

Este modo seguro compartido fomenta la colaboración, en lugar del modo habitual de conflicto geopolítico, común en el mundo entero, por el que un gobierno represa la cabecera de un río o la transvasa por medio de canales privando a cuantos viven río abajo del agua que tan desesperadamente necesitan. En algunos casos, esto llega a suponer cortar drásticamente el suministro de esa agua sustentadora de vida..., impactante ejemplo de las formas de control depredadoras que a veces pueden ser tan destructivas.

Una asesora de Kuwait, que aplica a su trabajo algunos de los principios y prácticas que he ideado, vino a uno de mis talleres. Hablamos de las guerras que se libran en esa parte del mundo. «Son los gobiernos los que están en guerra –dijo–, no la gente.»

Cuando tengo la oportunidad de organizar talleres en distintos países siempre es reconfortante encontrarme en esa base segura de autenticidad con personas que superficialmente pueden parecer distintas a mí. La gente de todo el mundo tiene las mismas emociones, conoce la misma preocupación y angustia, y esencialmente quiere cosas parecidas. Siempre es una grata sorpresa ver lo contenta que está la gente de deshacerse de la carga que supone la identidad de su grupo. Cuantas más personas entiendan la perspectiva del otro –incluso aunque no estén de acuerdo–, menos probabilidades hay de que entren en lucha.

Desde lejos es muy fácil caer en la simplicidad de los estereotipos, pero si nuestro entendimiento termina ahí, nos perdemos las verdades más sutiles que podrían revelarnos una sintonización con la política de nuestro propio país y las realidades sociales de nuestro entorno. Perdemos la oportunidad de practicar un entendimiento receptivo, que favorece una verdadera empatía –y hace que el otro se sienta escuchado y comprendido– y la oportunidad de crear y compartir una base segura con la cooperación mutua.

Nosotros

Un petirrojo y su pareja anidaron en el árbol que da sombra a la terraza, que es uno de los sitios de la casa donde más me gusta estar. El nido estaba en lo alto de una rama con forma de horquilla cerca de la puerta corredera por la que salgo a la terraza. El árbol era ideal para un nido recogido y acogedor, con el dosel de hojas protegiéndolo de ser visto desde arriba.

Pronto el nido se llenó de huevos, y la petirrojo hembra se pasaba horas sentada empollándolos. Cuando algún ruido perturbaba su paz, volaba hacia la copa alejándose del nido, tal vez para distraer a los depredadores. Me adapté a compartir el espacio con esta nueva familia, e intentaba usar una puerta que estaba a más distancia, o salir a la terraza más a menudo para que se familiarizaran con el ruido y no asustarlos.

Parecía que la familia de petirrojos se hubiera amoldado también a nosotros; incluso con todos los polluelos recién salidos del cascarón, la hembra revoloteaba de un lado para otro y, a veces, se alejaba en busca de comida que introducir en los picos permanentemente levantados de sus crías.

Un día, una amiga entró en la terraza sin saber nada de los polluelos que había en el nido. La hembra emitió un chillido agudo, un sonido que no le había oído nunca. Cuando se lo comenté a mi amiga, que sabía de animales y de su comportamiento en el entorno natural, dijo: «Ah, es porque no me conoce. Eso explica por qué ha chillado así».

Finalmente, una mañana vi al polluelo más robusto saltando de rama en rama, aparentemente probando la fuerza de las alas. Unos días después me di cuenta de que todos los polluelos habían abandonado el nido. A la mañana siguiente, vi a la madre petirrojo sola posada durante mucho tiempo en la barandilla de la terraza. De vez en cuando miraba hacia arriba, al nido vacío, y luego dirigía la mirada a la distancia. Yo también sentía su ausencia. Aunque ahora podía ir y venir con libertad y pasar más tiempo en la terraza sentada debajo del árbol, echaba de menos su presencia y observar lo que hacían..., e incluso amoldarme a sus necesidades.

Durante la temporada breve y deliciosa en que el nido estuvo lleno, los petirrojos y yo habíamos formado una base segura, un grupo de seres que nos sentíamos tranquilos y seguros juntos y que (al menos por mi parte) disfrutábamos de nuestra mutua compañía. Habíamos aprendido a amoldarnos unos a otros, a aceptar nuestra mutua presencia y a darnos cuenta de qué era necesario en cada circunstancia.

Un sistema social basado en el modo seguro enriquecería nuestras vidas, de forma muy similar a las abejas y las flores en su relación simbiótica: al recoger el néctar de la flor, la abeja la poliniza. Atender a las necesidades de todos –físicas, emocionales y espirituales– es lo que motiva a la gente en dicho sistema.

¿Qué aspecto tiene un «nosotros»? Es como ser una manada o una tribu, un grupo que cuida de todos sus miembros. Nuestras relaciones son entonces de interdependencia, no relaciones competitivas ni de estilo depredador en las que los miembros privilegiados imponen su voluntad.

Mi hijastro Gov y mi nuera Erica, que viven en un pueblo de Nueva Inglaterra, recibieron un día un mensaje escalofriante en el sistema de alerta de emergencias del ayuntamiento, transferido a toda la región por una llamada hecha al 112. Una voz automatizada decía: «Ha desaparecido un niño. Esto no es un simulacro...», y a continuación daba detalles de dónde se había visto al niño por última vez, cómo iba vestido y qué hacer.

Cameron, de siete años, se había alejado del lugar en que su padre estaba haciendo una caseta de juegos en el bosque de detrás de su casa. Pasaron diez minutos antes de que el padre se diera cuenta de que había desaparecido: cuando empezó a hacerse de noche, lo llamó y lo buscó por los bosques de las laderas y las crestas de los cerros, pero el niño no apareció. Era la víspera del día de Acción de Gracias y se esperaban temperaturas de bajo cero.

La llamada del padre al 112 había hecho que acudiera la policía municipal, una patrulla de la policía estatal y el cuerpo de bomberos voluntarios. Pronto prácticamente todos los vecinos de la pequeña localidad se habían movilizado. Se eligió la escuela como cuartel general. Mi nuera se acercó hasta allí alrededor de la media noche a llevar espaguetis y magdalenas para los buscadores. Varios voluntarios se ocuparon de ir repartiendo comida y café durante toda la noche. Cuanta más gente del pueblo se enteraba de lo ocurrido, más comida llegaba. Hasta la cárcel del condado hizo una donación de 200 bocadillos.

Mi hijastro fue a unirse al grupo de rescate. Cientos de voluntarios se habían reunido para registrar palmo a palmo el traicionero terreno del bosque, lleno de salientes escarpados y precipicios. La búsqueda duró toda la noche, con helicópteros, vehículos todoterreno y perros rastreadores.

Justo antes del amanecer de aquella mañana de Acción de Gracias, dos hombres del pueblo que conocían bien los bosques encontraron a Cameron, que había aguantado diecisiete horas a varios grados bajo cero. Pasó el día en el hospital, pero por la noche lo enviaron a casa, sano y salvo.

Un voluntario que había participado en la búsqueda toda la noche dijo que probablemente pasaría el día durmiendo mientras su familia celebraba Acción de Gracias, y añadió: «Mi acción de Gracias ha sido que apareciera ese niño. Esa es para mí una Acción de Gracias más que suficiente».

«Ha sido una labor del pueblo entero –dijo el jefe de policía del pueblo–. Eso es lo maravilloso de una comunidad.»

21. Conectados en la fuente original

Cuando oigo la frase «dar el poder al pueblo», me relajo y coincido de todo corazón. Hasta que reflexiono sobre lo que significa y me pregunto *a qué parte* del pueblo estamos dándole el poder. Ya sea a nivel individual o colectivo, es importante cuál es el aspecto de nuestra naturaleza humana que motiva las elecciones que hacemos: ¿los modos más evolucionados, o los patrones negativos y aturdidos que ocultan nuestro lado bueno?

¿Estamos avanzando en un dirección positiva, dándoles poder a la consciencia y la generosidad de corazón, o en una dirección negativa, distorsionada, insegura y egocéntrica? Depende de nosotros; es nuestra elección en todo momento.

Lo mismo a nivel personal que colectivo, hay preguntas urgentes a las que responder: ¿Qué está desequilibrado? ¿Qué se necesita? ¿Cuáles son algunas causas subyacentes? ¿De qué recursos podemos valernos? ¿Qué nos podría motivar? ¿Cuáles son los obstáculos que nos impiden cambiar? Y ¿cuáles son algunas de las soluciones?

¿Cómo podemos sanar el patrón fundamental de algunos modos que nos desconectan? ¿Cómo hacer que decrezcan los modos obstructores e intensificar los constructivos? ¿Podemos apelar a una supervisora plenamente atenta estando en un modo seguro colectivo?

El reto que se nos presenta, no es encontrar solución a los síntomas locales, sino a los problemas sistémicos. Necesitamos nuevos modelos de cambio más acordes con la comprensión de nuestra interdependencia, ante la que quedarían obsoletos los viejos modelos lineales.

Hay algo que se echa de menos en la política global, y es la sabiduría. Necesitamos líderes más sabios y compasivos. Una de las claves para un mundo más próspero es aumentar la compasión a todos los niveles, desde la familia y la tribu hasta las naciones y el mundo. Eso puede empezar con cada uno de nosotros cultivando nuestras mejores cualidades humanas.[1]

Bob dice: «El caballo deposita en nosotros su confianza por considerarnos su líder benévolo, que velará por su seguridad y bienestar». Lo mismo hacemos las personas: cuando cuidamos de alguien en cualquier sentido, esa persona pone en nosotros su confianza. Y esa confianza, a cambio, hemos de tratarla con cuidado también. Hace falta estar motivado por la generosidad de corazón para atender a los demás como líder benévolo.

Los líderes como Aung San Suu Kyi, el Dalai Lama, Martin Luther King Jr., la Madre Teresa de Calcuta, Desmond Tutu y Gandhi han tenido en común esa benevolencia. Es una de las razones por las que se les tiene en tan alta estima. La gente siente que esta clase de líderes quiere lo mejor para ella; se siente segura. Es un sentimiento basado en un modo seguro, una generosidad desinteresada, amor sabio y una conexión de unión.

Nelson Mandela encarna a un líder así. Pasó cerca de treinta años en una celda de apenas dos brazos de ancha y haciendo trabajos forzados, picando piedra. Y cuando salió fue capaz de perdonar a aquellos que lo habían enviado a la cárcel.

Siendo presidente de Sudáfrica, dijo: «No es el momento de tomar represalias contra nuestros oponentes; lo único que eso hace es reforzar el ciclo de miedo entre nosotros». Las figuras como Mandela tienen mucho que enseñar a otros líderes.

El arzobispo emérito Desmond Tutu y el Dalai Lama son miembros de un grupo selecto denominado The Elders [los Mayores], compuesto por dirigentes que han recibido el Premio Nobel de la Paz y otras personas que dedican sus esfuerzos a intentar que el mundo se gobierne con sabiduría. «Nuestro objetivo es lograr una revolución fundamental de la sociedad por medio de la compasión», dice el Dalai Lama.

«Nadie –dice Nelson Mandela– nace odiando a otra persona por el color de su piel o su cultura o su religión. La gente aprende a odiar. Y si pueden aprender a odiar, pueden aprender a amar, ya que el amor nace con más naturalidad del corazón humano que su opuesto.»

Cuando somos pequeños, nuestra supervivencia en sí depende de la bondad de otras personas, y valoramos espontáneamente el afecto. Pero a veces, al hacernos mayores y sentirnos independientes, podemos llegar a pensar: «Soy superior, tengo dotes de mando, puedo explotar a otros». Y estas conclusiones equivocadas provocan un cambio radical que nos hace perder de vista que siempre estamos conectados con la humanidad. Ese egocentrismo extremo puede ser desastroso.

Es la distinción entre «nosotros» y «ellos» la que sustenta la lógica que permite que haya guerras, que destruyamos a nuestros semejantes por considerarlos enemigos. Pero esa postura no ha estado en contacto con una realidad cada vez más patente, y es que «los otros» están cada vez más conectados con «nosotros» en todo el planeta. La destrucción de un semejante equivale, por tanto, a nuestra destrucción.

Somos cada uno una ola individual que sube y baja en el vasto océano de un mundo interdependiente. Las redes de interdependencia que envuelven nuestras vidas están presentes en realidades que van desde la economía global, hasta la maraña de cadenas de suministro que acoplan piezas y materiales procedentes de cientos de sitios distintos para hacer el teléfono que nos llevamos a la oreja, pasando por el trabajo que hace en las personas en miles de sitios distintos para producir los alimentos que tenemos en la despensa.

Los sistemas globales que sustentan la vida en el planeta se interconectan con los ecosistemas locales, que definen las condiciones de nuestras actividades cotidianas. A nivel subatómico, los físicos hablan de «entrelazamiento cuántico», o «espeluznante acción a distancia», por el que medir el espín de uno de los electrones de un par significa que el otro adopta el espín complementario, aun estando separados por una enorme distancia.

Aunque solemos culpar de nuestras desgracias y problemas a causas bien definidas o rápidamente culpamos de ellos a alguien, una perspectiva más realista nos permite mirar desde distintas direcciones, y no solo desde una. Si tenemos que echarle la «culpa» a algo, es a los patrones de pensamiento y los engaños subyacentes.

Todo lo que experimentamos, como dice el Dalai Lama, es producto de «incontables causas y condiciones distintas, muchas de las cuales escapan a nuestro control, y algunas de las cuales pueden incluso permanecer ocultas por completo».[2]

Son relaciones de dependencia mutua, y no entidades aisladas, las que definen nuestro mundo. Podemos considerar la práctica de la compasión dentro del marco de la interdependencia: a medida que mostramos más afecto hacia los demás, ellos a su vez se abren más a nosotros.

Somos animales sociales. Por muy fuertes y astutos que seamos, no podemos sobrevivir en el aislamiento. Nuestro futuro siempre estará ligado a nuestros vecinos y nuestras comunidades, a nuestra región y al planeta entero. Todos nos necesitamos unos a otros.

¿Cómo hemos llegado a esto?

Había estado leyendo sobre Marshall Rosenberg y cómo trata de introducir la comunicación no violenta en las cárceles para usarla con presos proclives a la violencia, como los miembros de bandas callejeras. Me sentí más alentada a confiar en las posibilidades de que la resolución de conflictos sea una realidad, en que quizá haya caminos constructivos que incluso la gente que ha tenido un comportamiento violento pueda seguir.

Luego estuve leyendo sobre los conflictos violentos de distintas partes del mundo, y vi un vídeo muy gráfico de un policía que sin necesidad le rociaba los ojos con un aerosol de gas pimienta a un estudiante universitario que se manifestaba pacíficamente. Unos momentos antes me había elevado el ánimo la esperanza de estar progresando y encontrando caminos que evitaran tener que recurrir a la violencia, pero después de ver este vídeo se me cayó el alma a los pies.

Justo después me fui a la sesión con Bob y mi yegua Sandhi. Le conté lo que había pasado, y los tres (Sandhi incluida) nos quedamos de pie juntos, como en un acto de solidaridad, reflexionando en silencio sobre el patetismo de la condición humana.

Pensé en lo mucho que estaba aprendiendo de mi yegua sobre la cooperación y sobre las percepciones y hábitos de los animales con instinto de presa, y de Bob sobre la dinámica depredadora, y cavilé sobre la imagen del policía haciendo uso de aquella táctica depredadora con un manifestante pacífico.

La proliferación de los modos aturdidos que conducen a la insensibilidad me había dejado desolada. Tras unos momentos de silencio, Bob dijo en tono tranquilizador: «Tú haces lo que puedes en tu trabajo para que la gente tome consciencia de esos patrones y les sugieres otras alternativas. Y yo hago lo que puedo a mi manera».

No es que tengamos respuestas, pero estamos aprendiendo a preguntar y escuchar.

Al reflexionar sobre los modos que parecen tomar parte en que nos quedemos estancados en el «nosotros y ellos», un aluvión de recuerdos, pensamientos e imágenes cruzó mi mente. Iban pasando con rapidez por el ojo de la mente como una secuencia de planos sobre el tema de los modos en sus dimensiones más livianas y más oscuras..., a veces una secuencia trágica y dolorosa, a veces conmovedora:

- Paula Green en mitad de sus mediaciones con dos grupos –enemigos acérrimos que están empezando a confiar en ella–, cuando alguien hace la triste pregunta: «¿Cómo hemos llegado a esto?».
- Aung San Suu Kyi de vuelta en el centro del poder político y honrada en el mismo país en el que estuvo sometida a arresto domiciliario durante décadas, bajo el régimen represivo de Myanmar..., y que ahora goza de reconocimiento internacional.
- El camino de Tsoknyi Rinpoche cruzándose con el de Mikhail Gorbachov, expresidente de la antigua Unión Soviética. Gorbachov le dice: «Usted crea paz interior mientras yo trabajo para que haya paz exterior».
- Como dijo Martin Luther King Jr.: «La esperanza de un mundo seguro y habitable son los inconformistas disciplinados que dedican su vida a abogar por la justicia, la paz y la hermandad».
- Cuando Adeu Rinpoche nos hablaba de los años que pasó en un campo de concentración en China, le pregunté si sentía animosidad contra los guardias. Me miró sorprendido y dijo: «¡No, ellos solo hacían su trabajo!». Nunca dejó de

sentir compasión por *ellos*, Años más tarde, Adeu Rinpoche ocupó un cargo religioso en el Gobierno chino, y los oficiales chinos acudían a presentarle sus respetos, a recibir su bendición y a pedirle consejo.

Estuve en una ciudad china próxima al Tíbet un invierno para recibir las enseñanzas de Adeu Rinpoche. Cada mañana de camino hacia su alojamiento pasaba al lado del gran parque que había en el centro de la ciudad donde la gente se reunía en grupos, incluso los días gélidos de diciembre, envuelta en ropa de abrigo. Formaban grupos amplios y diversos y hacían *taichi* o ejercicios o danza.

Una mañana me quedé de pie en el parque mirando a un grupo de mujeres que bailaban acompañadas de una emisión radiofónica de música china que se oía por un altavoz. Me mantuve a distancia prudencial, apreciando la creatividad de aquellos movimientos sincronizados en medio del frío glacial. Y de repente me vi imitar sus movimientos al trascender mis neuronas espejo las barreras culturales. Intenté aprender su danza.

Al verme a lo lejos bailando sola, varias mujeres se volvieron a mirarme. Luego sonrieron y me invitaron con gestos a que me acercara y me uniera a ellas. Durante el resto de la sesión de la mañana estuve allí en medio de todas, unida a ellas por la danza. Podemos conectar de persona a persona o de grupo a grupo, incluso aunque los gobiernos no estén de acuerdo.

En Costa Rica se usa una expresión: *pura vida*.* La atmósfera de la *pura vida* como un sentimiento de la fuerza vital que hay en todas las cosas, y podemos abrirnos y alinearnos con él o dejarnos

* En castellano en el original. (*N. de la T.*)

aturdir por ciertas fuerzas internas. Mientras estuve en este país impartiendo un taller, hice un curso de repaso de *chi kung* con Steven Pague, y le pregunté cómo entendía él esta frase.

En ese momento cruzó el cielo una fila de aves migratorias, todas a la misma distancia una de otra y en línea recta, batiendo las alas y avanzando luego sin esfuerzo sintonizadas con la aerodinámica y entre sí. *Pura vida* en vuelo.

Steven contestó que cuando un lugareño lo saluda con un «¿cómo va todo?», tiene la sensación de que no le preguntan cómo está él, sino cómo van todas las *cosas*. Él da una respuesta del mismo estilo, a lo que ellos responden: «¡Pura vida!».

Luego explicó que con el *chi kung* no creamos *chi*, sino que nos quitamos de en medio para que el *chi* pueda fluir e intentamos estar en armonía con su esencia natural. Nos deslizamos con delicadeza y elegancia de un movimiento a otro, recogiendo *chi*, almacenándolo, purificándolo y, al final, dejando que se disuelva en la fuerza vital superior. Se puede irradiar *pura vida* hacia todos los seres en todas partes.

Todos tenemos el potencial para elegir nuestra mejor mitad, para inclinarnos hacia la parte de nuestro «yo» dividido que está programada para el altruismo y para conectar con la humanidad que tenemos en común. Es de esperar que todos abramos los ojos al hecho de que la vida no trata de mí, ni de usted ni de nosotros ni de ellos.

El futuro de la especie es muy posible que dependa de abrir los ojos a esa verdad. Siempre es posible, creo yo, eliminar las causas del sufrimiento, y me parece imperativo que cada uno de nosotros contribuya según sus capacidades.

¿Cuáles son las cualidades humanas a las que hemos dado rienda suelta que fomentan utilizar la tecnología más avanzada para hacer la guerra, que nos hacen ignorar el impacto medioambiental de lo que hacemos, y permitir que se creen tantas divisiones y un sentimiento de separación tan generalizado? ¿Y cuáles las cualidades que ahora son necesarias para evolucionar y crear sociedades más civilizadas e interesadas en el ser humano, que puedan poner esas avanzadas tecnologías al servicio del bien común?

Tenemos que cuestionar los hábitos colectivos complacientes que nos separan, que son un obstáculo para el sentimiento de interconexión, que están basados en las apariencias y en la creencia de que necesitamos defendernos. ¿Cómo podemos empezar a cambiar esos patrones profundamente arraigados que alimentan la idea ilusoria de que estamos separados? ¿Qué pasaría si los noticiarios nos contaran más relatos de gente de otras partes del mundo y relatos más positivos, en vez la habitual negatividad sensacionalista? ¿Y si cada uno nos esforzáramos por salir de ese caldo de cultivo al que nos aboca la sociedad actual y pasáramos más tiempo con gente distinta a nosotros?

Dándose cuenta de que el pensamiento político había fracasado en su intento de crear un mundo de paz y justicia, el difunto Howard Zinn nos instó a que «miráramos más lejos, a más profundidad, para encontrar vías de acción..., más allá de las soluciones ordinarias, apelando a la sabiduría ancestral para afrontar la violencia e inseguridad de nuestros días, y derivando de ella inspiración y esperanza».

El *Bodhicharyāvatāra*, que escribió en el siglo VIII el sabio Shantideva, tiene un pasaje perentorio: «Si estos ancestrales y persistentes patrones agresivos de la mente que provocan mi sufrimiento y el sufrimiento de los demás todavía encuentran un lugar en mi corazón donde alojarse a salvo, ¿cómo podrá haber jamás dicha y paz en este mundo?».[3]

Estos persistentes patrones aprendidos se pueden desaprender. Es necesario que reconozcamos, primero, su influencia invisible y los costos ocultos de perpetuarlos. Los hábitos no se erradican fácilmente, y se han de reconocer también las ganancias secundarias que obtenemos con ellos. ¿A qué precio estamos dispuestos a vivir divididos? ¿A cambio de ganancias materiales?, ¿de poder?, ¿de codicia o de odio?, ¿de dominio?, ¿de orgullo?

Investigar el precio que pagamos en fuerza vital por estos hábitos de la mente y el corazón y continuar indagando hasta lograr un mayor discernimiento –una sabiduría colectiva que comprenda lo destructivos que pueden ser estos hábitos– revela las consecuencias a largo plazo que hacen parecer insignificante cualquier ganancia obtenida sin visión de futuro. Cuando no somos conscientes de la acción de estos hábitos en nuestras vidas y comunidades, más fácil es que nos dejemos engañar por sus promesas vanas.

Estos patrones de aturdimiento subyacentes alimentan modos desencaminados que hacen daño a nuestro planeta y a las especies que lo habitan, además de degradar nuestra buena voluntad colectiva. Necesitamos una base segura compartida con toda la comunidad global para empezar a sanarnos y a sanar el mundo.

Despertar la compasión

Un profesor de una escuela de Nueva Delhi les enseñó a sus alumnos una serie de tarjetas sobre las que reflexionar. En una de ellas se veía a dos hombres, cada uno con una pistola en la mano. El profesor preguntó:

–¿Qué creéis que van a hacer estos hombres?

–Uno es pakistaní y el otro es indio –contestó un alumno– y se van a matar uno a otro. Están pensando: «Si ellos paran, nosotros paramos».

Otro niño se quedó pensativo durante un par de segundos antes de añadir:

–Bueno, si se hacen amigos, puede acabar el tiroteo.

La clave para una transformación así está en re-percibir al otro. En un encuentro de Mind and Life en la India, un científico le dijo al Dalai Lama:

–Me cuesta sentir compasión por la gente que actúa con crueldad.

–Aunque no sientas compasión por su comportamiento, puedes desear que sus mentes se transformen.

El amor incondicional, la compasión, sentir alegría por la alegría de otros y la serenidad interior son una receta para esa transformación. Como dice de estas cualidades un estudioso budista: «Son ellas las que eliminan las tensiones, las pacificadoras de los conflictos sociales, las grandes sanadoras de las heridas sufridas en la lucha por la existencia; las que consiguen abolir las diferencias sociales, las constructoras de comunidades armoniosas, las que despiertan la magnanimidad soñolienta durante tanto tiempo olvidada, revitalizadoras de la alegría y la esperanza».[4]

En el avión de vuelta a casa tras la reunión de Mind and Life en la India, durante el vuelo de Delhi a Londres fui mirando el monitor que va mostrando la trayectoria del avión según se desplaza sobre diversas partes del mundo. Pensé en lo disfuncional que es nuestra familia humana y sentí una compasión maternal por todos los seres.

Al volar sobre Paquistán y Afganistán, inspirada por las palabras del Dalai Lama, me sorprendí recitando espontáneamente una aspiración *bodhicitta*: *Que la mente de la iluminación aflore donde no ha aflorado; y donde ha aflorado, que nunca mengüe, sino que siga creciendo sin fin.*

Me sorprendí reflexionando nuevamente sobre la necesidad global de más sabiduría y compasión al volar sobre Rusia y Europa del Este... *Que la mente de sabiduría compasiva aflore donde no ha aflorado...*

Luego, al hacer escala en Londres... *Y donde ha aflorado, que no mengüe, sino que siga creciendo sin fin.*

Al sobrevolar el océano Atlántico, atravesando una nubes densas mientras rodeábamos la costa Este de los Estados Unidos... *Que la sabiduría y la compasión afloren donde no han aflorado... Donde han aflorado, que no mengüen, sino que sigan creciendo sin fin...*

Disolverse en la inmensidad

El sistema inmunitario opera como una red inteligente, un sistema que aprende. Su capacidad para protegernos depende de su conectividad. «Es como si el sistema inmunitario hubiera aprendido hace millones de años que la distensión y el conocer a los adversarios potenciales eran más sensatos que responder de lleno al primer movimiento –dice el ecologista Paul Hawken–.

»El sistema inmunitario depende de su diversidad para mantener la resiliencia, con la que mantiene la homeostasis, responde a las sorpresas, aprende de los agentes patógenos y se adapta a los cambios repentinos. El propósito por excelencia de un sistema inmunitario global es identificar lo que no apoya la vida y refrenarlo, neutralizarlo o eliminarlo.»[5]

Cuando escribe sobre los millones de personas de todo el mundo que llevan a la práctica ese espíritu de servicio en pequeños grupos de base, Hawken dice: «La unión de fuerzas que trabajan por la justicia social es igual que el sistema inmunitario humano. Lo mismo que los anticuerpos se concentran cuando el cuerpo corre algún riesgo, la gente se une para defender la vida en la Tierra».

Un biólogo dice que la forma en que contemplamos la evolución es muy limitada. Tendemos a centrarnos en los últimos 500 millones de años más o menos, durante los cuales han evolucionado los animales, pero esta visión parece no dar importancia a lo que ha ocurrido desde el principio de la evolución en nuestro planeta, hace aproximadamente 4.000 millones de años. Fue entonces cuando los primitivos organismos independientes se unieron por primera vez en una simbiosis cooperativa y formaron la estructura básica de la primera célula. Este es el prototipo primigenio de la vida en todas sus formas: pasar del «nosotros y ellos» a un «nosotros», en una base segura compartida.

Este sentimiento de «nosotros» encarna la interconexión de todo cuanto existe en el universo: en la física cuántica la dualidad onda-partícula tiene el potencial de estar en todas partes al mismo tiempo. Es una noción paralela a la realidad de unirse en la tradición del susurrar, donde el sentimiento ilusorio de «yo» y «el otro», de nosotros y ellos, se evapora dando lugar a un sentimiento de unicidad.

Mientras nadaba en las cristalinas aguas de color azul verdoso de las Islas del Caribe, reparé en un pequeño pez plateado y amarillo que nadaba conmigo, justo debajo de mi cuerpo. Cuando me quedaba quieta, él se quedaba quieto; cuando giraba, él giraba. Parecía reflejar cada uno de mis movimientos.

Esto duró alrededor de dos horas. Mi marido acabó acercándose para ver qué pasaba, y el pececillo nadó hasta donde él estaba, incluyéndolo en nuestra «manada acuática». A partir de ese momento, el pez venía a mí, luego volvía a él, luego a mí de nuevo.

Por mucho que nos adentráramos en el mar, el pez nos acompañaba, nadando de uno a otro, hasta entre nuestros dedos y alrededor de los brazos y las manos. Imaginé que estaría contento de tener nuevos amigos con los que jugar. Parecía que fuéramos simplemente peces de aspecto distinto, incluso con las máscaras de buceo puestas.

Me enamoré de él por completo. Nunca había vivido lo que era la unión con un pez, como lo había vivido con los caballos. Se me derritió el corazón, y la mente era una inmensidad abierta. A través de aquel pececillo sentí un vínculo con el océano entero, una ausencia de separación, una interconexión con otras formas de vida, con la totalidad del mundo y con una fuente universal.

Cualquier sensación de separación se disolvió en aquella inmensidad, que incluía todo aquello de lo que todos formamos parte. En este sentido de unión universal, de vasta interdependencia, todos estamos conectados en la fuente primigenia, a pesar de nuestras diferencias. Puede parecer que estamos separados en especies o por distancias geográficas u otras diferencias, pero estamos todos unidos. Como dijo un físico: «No solo estamos conectados. Somos inseparables».

Todos somos emanaciones de una misma fuerza vital: nacemos de los mismos elementos, respiramos el mismo aire y volvemos a disolvernos en la misma tierra.

El luminoso resplandor de la luna y las estrellas intermitentes
iluminan la inmensidad del cielo nocturno.
Admirada de la belleza exquisita de la naturaleza,
la consciencia se hace eco de este vasto espacio despejado.
Los pensamientos llegan como nubes flotantes bañadas en luz
*   de luna,*
expresiones de esta mente abierta como el cielo,
reflexionan sobre la vista que habría desde las estrellas
y sobre cómo desde la perspectiva de una estrella
todas nuestras preocupaciones personales,
incluso los conflictos globales,
son insignificantes.

Agradecimientos

Agradezco de corazón toda la ayuda que he recibido para crear este libro.

Quiero dar las gracias primero a mis profesores, que me han hecho partícipe de su tesoro de sabiduría y, con la perspicacia de sus indicaciones, me han ayudado a comprender conceptos importantes, no solo para escribir este libro, sino para la vida. Y por la compasión de sus misiones, en beneficio de muchos seres del mundo entero: Su Santidad el Dalai Lama; mi maestro de los retiros de *vipassana* Sayadaw U Pandita; mis profesores tibetanos Adeu Rinpoche, Nyoshul Khen, Tulku Urgyen y su sabia familia compuesta por Chökyi Nyima, Tsoknyi y Mingyur Rinpoches. Y a la sabia orientación de Tsikey Chokling Rinpoche, Phakchok Rinpoche y Neten Chokling Rinpoche. También a Su Santidad el 17.º Karmapa y a Khandro Tseringma.

A mi instructor en el arte de susurrar a los caballos Bob «RJ» Sadowski y a mi yegua Sandhi (y sus compañeros Lungta Bella, Yeshe y Bodhi) que me enseñan cómo muchos seres humanos podrían aprender de este revolucionario método de susurrar.

A mi perspicaz orientador en la terapia de esquemas, el doctor Jeffrey Young, que continúa siendo un verdadero amigo.

Al doctor Aaron Beck por su innovadora visión e inteligente

liderazgo en la terapia cognitiva, y por su entusiasmo y esfuerzo por integrar la psicología oriental y occidental.

Por su generosa respuesta a mis consultas sobre temas científicos a: Al Shapere, Richie Davidson, Jeanluc Castagner y Lara Costa.

A Mark Hyman y a Jon y Myla Kabat-Zinn por ayudar a tanta gente, y a la comunidad Mind and Life de estudiosos, científicos y amigos por las numerosas reuniones informativas e informes de estudios que me han ayudado a dar forma sustancial a este libro.

A aquellos que han contribuido con sus relatos, ideas o artículos: el doctor Todd Lepine, Diana Broderick, Hanuman Goleman, Steven Schwartz, Robin Merritt, Kathy Rosseau, Jody Nisham, Deb Brower, Maggie Spiegel, Mira Weil, Beth Ellen Rosenbaum, Sophie Langri, Krishna Das, Kirsten Doctor, Aaron Wolf, Diego Hangartner, Magnus Tigerschiold, Cassandra Holden y David Street.

A Pandit Chitresh Das, mi primer profesor de danza *khatak*, que encarna la magia de las artes, y a mi profesora de *kathak* Gretchen Hayden –la elegancia con que se mueve expresa una pureza de corazón que me inspira–. Gracias a Mary Bowen y a Soley. Y a Rose Nisker, mi colaboradora de danza y ayudante informática, que me mostró que un complicado programa informático puede verse simplemente como una coreografía más compleja.

A Erik Pema Kunsang, por las apasionantes conversaciones sobre el *dharma* y por ayudarme a aclarar algunos conceptos para este libro.

A aquellos que han contribuido de innumerables maneras: Diane Merritt, Rowan Foster, Matt Marian, Erica Goleman, Josh Baran, Anne Millikin, Benoit Minguy, Andy Oleuski, Tom Lesser, Rasmani Orth, Buzz y Luz, John Dunne, Jason e Injy Lew y la comunidad Vineyard, Catherine Ingram, Stephan y Annetta Rechtstaffen por invitarnos a formar parte de unas vacaciones de aprendizaje, Trinette Wesly-Wellesley y la comunidad St. Barth, Joel Zoss, Sununda Markus, Carey Lowell, Ram Dass, Jonathan y Diana Rose y Roger Jahnke.

Mi gratitud a aquellos que con sus misiones compasivas han contribuido a hacer de este mundo un lugar mejor y que me han servido de inspiración mientras escribía este libro: el doctor Ariyaratne de Sarvodaya, U Vivekananda, Aung San Suu Kyi, Jackson Browne, Bonnie Raitt, Pete Seeger, Wavy Gravy y sus amigos, Paula Green, Ervin Staub, Paul Hawken, Peter Matthieson, Larry Brilliant, Matthieu Ricard, Bernie Glassman, Eve Marko, mi hermano y *bodhisattva* musical Bill Bennett y muchos otros espíritus afines, demasiados para mencionarlos todos aquí.

A mi editor Gideon Weil y a mi agente literaria Linda Loewenthal, por hacerme partícipe de su visión, por sus orientaciones y sus acertados consejos, así como por la conexión auténtica que siento con los dos. Ha sido una delicia trabajar con Gideon y he tenido ocasión de darme cuenta de las cualidades excepcionales que aporta a su papel de editor. Y gracias al maravilloso equipo de HarperOne.

A mi marido, Daniel Goleman, por compartir conmigo este trabajo interior, nuestro amor, así como nuestros viajes, el aprendizaje y el servicio a los demás, todo lo cual da sentido a la vida.

A mi estupenda y querida familia próxima y lejana, y a los buenos amigos que han sido mi grupo de referencia y fuente de ideas y de cálido apoyo: Jessica Brackman, Elizabeth Cuthrell, Diana Rogers, Joseph Goldstein, Jonathan Cott y Richard Gere (y a su dedicación a ayudar al pueblo tibetano y difundir las enseñanzas budistas, algunas de las cuales se abrieron camino hasta este libro).

A Jacalyn Bennett por su generosa y leal amistad y por ofrecerme el sitio perfecto para retirarme a escribir en el último piso de su casa en una isla del Caribe, en la que se escribieron tantos relatos y se superaron con creatividad tantos retos.

Y a toda la gente de corazón sabio con la que he tenido la fortuna de conectar con este trabajo, que me han inspirado y han contribuido a hacer este libro realidad.

Notas

1: El efecto loto

1. El tren: Alex Witchel cita a David Cromer en «David Cromer Isn't Giving Up». *New York Times Magazine*, 14 de febrero de 2010, pág. 29.
2. «Modo» se refiere en este caso a una organización general de los componentes principales de nuestra mente y nuestro cuerpo: nuestra cognición y cómo procesamos la información; nuestras emociones, impulsos y reacciones; nuestras motivaciones y, hasta cierto punto, nuestros patrones biológicos. Los modos determinan nuestra manera de sentir y de pensar, qué deseamos y a qué prestamos atención, qué percibimos y cómo nos comportamos. Cada uno de estos sistemas –cognición, emoción, motivación, atención y percepción– tiene sus operaciones y funciones diferenciadas, que orquestadas dan forma a un determinado modo de coordinación de toda nuestra estructura mental y física. Un modo actúa como metasistema, dentro del cual todos los diversos subsistemas están sincronizados para alcanzar metas precisas. Véase: Aaron Beck. «Beyond Belief: A Theory of Modes, Personality and Psychopathology» en *Frontiers of Cognitive Therapy*. Paul M. Salkovskis ed. Nueva York: Guilford Press, 1996, págs. 1-25.
3. Un modo organiza y define el tapiz de nuestra experiencia, mientras que un estado de ánimo, por ejemplo, tiñe solo un hilo de ese tapiz. Si un mal humor hace que quizá luego nos sintamos un poco irritables, un mal modo se apodera de nosotros de maneras mucho más incisivas: por ejemplo, no solo nos enfadamos con más facilidad y exageramos cualquier cosa que nos preocupe, sino que aun después de que la irritación haya pasado, tal vez nos sintamos tristes, avergonzados o ansiosos, estados de ánimos pasajeros, todos ellos, que forman parte del mismo modo.
4. Los psicólogos hablan de «estados», episodios emocionales que duran solo unos segundos o minutos, y de «rasgos», posturas persistentes que nos definen durante años, décadas o toda la vida. Un modo dura mucho más que una emoción, pero, a diferencia de un rasgo, puede cambiar. Algunos psicólogos dan a los modos el nombre de «tipos», que es una forma de encasillar a la gente con un calificativo u otro. Pero a mi entender, un modo puede ser, bien un estado temporal, o bien un hábito tan persistente que parezca un rasgo, dependiendo de la frecuencia con que se apodere de nosotros y el tiempo que dure. Aun así, tanto uno como otro son estados mentales y emocionales que *visitamos*; no nos definen. Los modos son de mayor magnitud que una emoción o estado de ánimo aislados; organizan nuestras emociones y estados de ánimo. Pero como están menos establecidos que los rasgos, pueden cambiar. El dolor por la muerte de alguien, por ejemplo, no se apodera de nosotros para siempre, sino que nos deja libres una vez cumplida su función. Hay modos de

todos los tipos. Algunos ocurren con tal regularidad, durante tantos años, que parecen un rasgo dominante de nuestro ser (aunque incluso estos pueden transformarse, con el trabajo apropiado). En el otro extremo de la escala temporal, los micromodos pueden tomar las riendas durante nada más que unos segundos o minutos.

5. Los modos son más vastos que cualquier estado de ánimo aislado; podemos experimentar muchos cambios de estado de ánimo estando dentro del mismo modo –triste, irritable, ansioso o alegre, uno detrás de otro–. Un estado de ánimo determina nuestros sentimientos pasajeros de fondo, mientras que un modo se apodera por completo de nuestro estado general. Engloba no solo las emociones, sino también los pensamientos y objetivos relacionados con ellas, así como las distorsiones de lo que percibimos y recordamos que son características de cada modo.

2: El mundo de los modos y por qué importan

1. La neurociencia: Charles Duhigg. *The Power of Habit*. Nueva York: Random House, 2012.
2. Aaron Beck. «Buddhism and Cognitive Therapy», en *Cognitive Therapy Today*, vol. 10, núm. 1, primavera 2005, págs. 1-4.

3: Causas primordiales

1. Texto del siglo v: Bhadantacariya Buddhaghosa. *Visuddhimagga: The Path of Purification*. Bhikku Nanamoli trad. Berkeley, California: Shambhala Publications, 1976. Una excelente fuente contemporánea es: Jack Kornfield. *The Wise Heart*. Nueva York: Bantam Books, 2008 [Versión en castellano: *La sabiduría del corazón: una guía a las enseñanzas universales budistas*. Barcelona: La liebre de marzo, 2010].
2. El seminario, que formaba parte de un retiro de meditación, lo impartieron Jack Kornfield, profesor de meditación de consciencia plena (*mindfulness*), y un psicólogo que ha utilizado la misma estructura en su enseñanza. Véase: Kornfield. *The Wise Heart* [*La sabiduría del corazón*].
3. Nathan A. Fox y Bethany C. Reeb. «Effects of Early Experience on the Development of Cerebral Asymmetry and Approach Withdrawal», en *Handbook of Approach and Avoidance Motivation*. Andrew J. Elliot, ed. Nueva York: Psychology Press, 2008, págs. 35-49.
   Agentes primitivos del gusto y la aversión: Alexis Faure, Jocelyn Richard y Kent Berridge. «Desire and Dream from the Nucleus Accumbens: Cortical Glutamate and Subcortical GABA Differentially Generate Motivation and Hedonic Impact in the Rat». *PloSOne* vol. 5, núm. 6, 18 de julio de 2010, pág. e11223.
4. Pavlov, en los primeros estudios del condicionamiento, lo explicó en términos de dos respuestas reflejas: la orientación hacia algo, o la reacción defensiva para apartarse de ello. Carl Yung, en una de las primeras teorías de la personalidad, consideró a las personas, o extravertidas, que se abren al mundo social, o introvertidas, que se retraen. Y otra pionera, la psicoanalista Karen Horney, estuvo entre los primeros en situar esta dinámica dentro de la propia mente; vio que algunas personas afrontaban la ansiedad acercándose a ella, y otras alejándose. Las operaciones de la mente: Andrew J. Elliott. «Approach and avoidance motivation», en *Handbook of Approach and Avoidance Motivation*. Andrew J. Elliott, ed. Nueva York: Psychology Press, 2008, págs. 3-14.
5. Michael Meaney, de la Universidad McGill: Darlene Francis *et al.* «Nongenomic transmission across generations of maternal behavior and stress responses in the rat». *Science*, vol. 286, núm. 5442, noviembre, 1999, págs. 1.155-1.158.

4: Conexiones inseguras

1. John Bolwlby. *The Making and Breaking of Affectional Bonds*. Londres: Tavistock, 1979, pág. 129.
2. Shaver y otros que aplican este modelo para el estudio de las relaciones categorizan a las personas como pertenecientes a uno u otro «estilo de apego». Yo prefiero considerar que

el significado de dichos estilos es que una persona determinada es propensa de forma continuada a que se ãctíven en ella un modo u otro, pero sin que esto suponga tener una forma de ser inamovible a la que estamos sujetos de por vida. A mi entender, estas categorías describen estados de ánimo pasajeros, no fijaciones permanentes de nuestra mente (por muy dominantes que parezcan). Para conocer más detalles sobre los modos seguro e inseguro, consúltese el artículo: Mario Mikulincer y Phillip R. Shaver. «Adult Attachment and Affect Regulation», en *Handbook of Attachment*. Jude Cassidy y Phillip R. Shaver, eds. Nueva York: Guilford Press, 2008, págs. 503-531.

3. John Bowlby. *A Secure Base*. Nueva York: Basic Books, 1988.
4. Indicadores del modo seguro: las tres propuestas son adaptaciones de los ejemplos que Mario Mikulincer y Phillip R. Shaver proponen para los estudios sobre el apego en: *Attachment in Adulthood: Structure, Dynamics and Change*. Nueva York: Guilford Press, 2007.
5. Indicadores del modo de evasión: Mikulincer y Shaver. *Attachmente in Adulthood*, 2007.
6. Jeffrey Young denomina a este modo extremo el «protector desapegado». Young y First, 2003: www.schematherapy.como/id72.
7. Aunque reprimir los pensamientos y sentimientos angustiosos procura cierta tranquilidad temporal, la ansiedad todavía puede manifestarse indirectamente, en forma de insomnio, síntomas psicosomáticos y otros problemas de salud. La estrategia de evasión puede venirse abajo y fracasar cuando las amenazas emocionales se perciben de forma acusada y persistente, y también cuando acontecen sucesos abrumadores de tipo traumático. En ese caso, alguien que es propenso al modo de evasión puede verse sumergido obsesivamente en sus emociones de forma similar a como ocurre en el modo ansioso.
8. Indicadores del modo ansioso: Mikulincer y Shaver. *Attachmente in Adulthood*, 2007.
9. Lo que Jeffrey Young denomina «modo del niño vulnerable» parece ser una variante del modo ansioso, que puede tener también un aspecto de ira motivado por la frustración o la rabia que se activan cuando este tipo de persona siente que su necesidad de protección o afecto no se satisface. En el límite, el modo ansioso presenta, entre otros, agobiantes trastornos de ansiedad, como la claustrofobia.
10. Estilo de apego y sus mecanismos cerebrales: Omri Gillath *et al.* «Attachment-Style Differences in the Ability to Suppress Negative Thoughts: Exploring Neural Correlates». *NeuroImage*, vol. 28, núm. 4, 2005, págs. 835-847.
11. Matthew M. Botvinick, Jonathan D. Cohen y Cameron S. Carter. «Conflict Monitoring and Anterior Cingulate Cortex: An Update». *Trends in Cognitive Sciences*, vol. 8, núm. 12, 2004, págs. 539-546.
12. A diferencia de las mujeres del modo ansioso y evasivo, las que estaban en modo seguro pudieron silenciar de inmediato los circuitos responsables de la angustia en las relaciones y dirigir a voluntad su atención a otros pensamientos. El escáner cerebral reveló que este grupo de mujeres más despreocupadas era capaz de activar un cambio neuronal que calma los circuitos de la preocupación.

5: La carrera armamentista evolutiva

1. La elección básica. Para más detalles véase: *Handbook of Approach and Avoidance Motivation*. Andrew J. Elliott, ed. Nueva York: Psychology Press, 2008. Véase también: «Nematode Study Identifies a Gene for Staying or Going». *New Scientist*, vol. 209, núm. 2.804, 19 de marzo de 2011, pág. 12. Este gen controla la secreción de adrenalina, el motor que impulsa a buscar alimento o a huir de un depredador en todo el reino animal. La pregunta «¿Me quedo o me voy?» refleja un dilema ancestral.
2. Ian McCollum. *Ecological Intelligence*. Ciudad del Cabo, Sudáfrica: Africa Geographic, 2005.
3. Yo-ello: Martin Buber. *I and Thou*. Walter Kaufmann, trad. Nueva York: Simon and Schuster, 1990.

6: Trampas, detonantes y creencias fundamentales

1. Jeffrey Young y sus colaboradores han captado la esencia de muchos de estos modos destructivos. El método de Young, la terapia de esquemas, ayuda a dar con el tratamiento más efectivo para cada persona. Los «supermodos» principales de este modelo tienen cada uno varios subtipos, y hay además incontables matizaciones de estos que constituyen modos individualizados, cada uno de ellos basado en los detalles específicos de cómo determina la historia de una persona su forma de expresar los modos en cuestión. Jeffrey Young, Janet Klosko y Marjorie Weishaar. *Schema Therapy: A Practitioner's Guide*. Nueva York: Guilford Press, 2003. Véase también: Jeffrey Young y Michael First. «Schema Mode Listing», 2003: www.schematherapy.com/id72.htm.

2. Aaron Beck dice que lo que la psiquiatría moderna denomina «trastorno» suele hacer referencia a dichos modos extremos. Beck indica que tanto el modo de ansiedad como el de depresión son los extremos de una experiencia normal de estar nervioso o desanimado; el «trastorno» empieza cuando no somos capaces de salir de estos estados de ánimo y se intensifican hasta impedirnos vivir con eficacia. Aaron Beck. «Beyond Belief: A theory of modes, personality and psychopathology», en: Aaron Beck y Paul Salkovskis, eds. *Frontiers of Cognitive Therapy*. Nueva York: Guilford Press, 1996, págs. 1-25.

3. David Whyte. «My poetry», en *Everything Is Waiting for You*. Langley, Washington: Many Rivers Press, 2003, págs. 9-10.

4. Luchar, huir o paralizarse: Jeffrey Young y Janet Klosko. *Reinventing Your Life*. Nueva York: Penguin, 1994.

5. Jeffrey Young llama a este el «modo sobrecompensador».

6. Jeffrey Young había identificado alrededor de una docena de estos esquemas cuando trabajé y estudié con él en el Centro de Terapia Cognitiva de Nueva York. En la actualidad, ha dado nombre a alrededor de veinte modos. Véase: Jeffrey E. Young, Janet S. Klosko y Marjorie E. Waishaar. *Schema Therapy*. Nueva York: Guilford Press, 2003.

7. Gracias a la abuela de Mark Washington.

8. Algoritmo: Aaron Beck. «Beyond Belief: A theory of modes, personality, and psychopathology», en: Aaron Beck y Paul Salkovskis, eds. *Frontiers of Cognitive Therapy*. Nueva York: Guilford Press, 1996. págs. 1-25.

9. Gracias a Krishna Das.

10. He descrito estos esquemas con más detalle en: *Emotional Alchemy*. Nueva York: Harmony Books, 2002; *véase también* Jeffrey Young y Janet Klosko. *Reinventing Your Life*. Nueva York: Penguin, 1994. La lista de esquemas es obra de Jeffrey Young y sus colegas; yo la he adaptado para este libro.

7: La evolución de la emoción

1. Véase, por ejemplo, Frederick G. López. «Adult Attachment Security: The Relational Scaffolding of Positive Psychology», en Shane J. Lopez y Charles R. Snyder, eds. *Oxford Handbook of Positive Psychology*. Nueva York: Oxford University Press, 2009.

2. Jeffrey Young y Michael First. «Schema Mode Listing». 2003: wwwschematherapy.com/id72.htm.

3. Tulku Thondup hace hincapié en esto.

4. Lúdico a la vez que despierto: el 17.º Karmapa.

5. Es una historia que me contó Bob.

8: Cambio de lente

1. Psicoesclerosis: gracias a Ken Dychtwald.

2. El concepto original de los modos que propuso Aaron Beck se centraba en afecciones como la depresión y el trastorno por estrés postraumático (aunque los modos clínicos no estén incluidos entre los que trato aquí). Y como cualquier psicólogo clínico explicaría, cada uno

de esos modos tiene impulsores del cambio específicamente adaptados a las necesidades: formas sistemáticas de reemplazar los hábitos negativos por respuestas más positivas a las mismas señales.
3. Joseph LeDoux. *The Emotional Brain*. Nueva York: Simon and Schuster, 1996.
4. Asimismo, las diversas ciencias tienen cada una su propia lente puesta sobre la elección. La psicología evolutiva considera que la disyuntiva es escoger entre la forma de ser adaptativa y la inadaptada. Los psicólogos del desarrollo hablan del modo seguro e inseguro. Los neurocientíficos, de estados funcionales o disfuncionales del cerebro, mientras que los médicos ven la dualidad entre el ajuste y la patología.

10: La supervisora plenamente atenta
1. William Faw. «Pre-Frontal Executive Committee for Perception, Working Memory and Attention, Long-Term Memory, Motor Control, and Thinking: A Review». *Consciousness and Cognition*, vol. 12, núm. 1, marzo 2003, págs. 83-139.
2. Elkhonon Goldberg. *The Executive Brain*. Nueva York: Oxford University Press, 2001, pág. 24.
3. Una elección más sensata. Véase S.M. McClure *et al.* «Separate Neural Systems Value Intermediate and Delayed Monetary Rewards». *Science*, vol. 306, 2004, págs. 5.796-5.804.
4. Rumiación frente a reflexión: Wendy Treynor, Richard González y Susan Nolen-Hoeksema. «Rumination Reconsidered: A Psychometric Analysis». *Cognitive Therapy and Research*, vol. 27, núm. 3, junio 2003, págs. 247-259.
5. Reflexión frente a rumiación: Monika Ardelt. «How Wise People Cope with Crisis and Obstacles in Life». *ReVision*, vol. 28, núm. 1, 2005, págs. 7-19.
6. Kevin Ochsner, Silvia Bunge, James Gross y John Gabrieli. «Rethinking Feelings». *Journal of Cognitive Neuroscience*, vol. 14, núm. 8, noviembre 2002, págs. 1.215-1.229.
7. Dijo esto mi difunto profesor Adeu Rinpoche.
8. Tsoknyi Rinpoche me dio esta indicación.
9. Un profesor tibetano: Tsoknyi Rinpoche.
10. Freud denominó «ego» a la mente ejecutiva. Aaron Beck llama a la supervisora de la mente el «sistema consciente». Explica Beck que se puede considerar que este sistema alberga nuestra sensación consciente de identidad, elecciones intencionadas, voluntad y valores, e incluso nuestra sensibilidad estética.

11: Trabajar con los modos
1. Aaron Beck y el Dalai Lama dialogaron en la Sexta Conferencia Internacional de Terapia Cognitiva, celebrada en Suecia en junio de 2005.
2. Aaron Beck. «Beyond Belief». *Frontiers of Cognitive Therapy*, 1996, pág. 17.
3. Cita del Dalai Lama.
4. Para más información sobre la terapia de esquemas, véase: Young y Klosko. *Reinventing Your Life*, 1994. En caso de profesionales que estén interesados, véase: Young, Klosko y Weishaar. *Schema Therapy*, 2003. Para localizar a un terapeuta de esquemas en su zona, póngase en contacto con el Cognitive Therapy Centre de Nueva York (www.schematherapy. com/id199.htm). No todos los terapeutas de esquemas integran en la terapia la atención plena a los modos o los métodos de alquimia que están relacionados con ella, luego tal vez tenga usted que introducirlos en la terapia por su cuenta.
5. Recrianza interior: Young, Klosko y Weishaar. *Schema Therapy*, 2003.
6. Discusiones: John Gottman. *Why Marriages Succeed or Fail?* Nueva York: Simon and Schuster, 1995.

12: Alentar nuestra base segura
1. Hermann Hesse. *Siddhartha*. Nueva York: New Directions, 1951, pág. 87 [Versión en castellano: *Siddhartha*. cap. 9].

2. Estaba claro que mi primer novio y yo habíamos tomado caminos de desarrollo diferentes, aunque seguía ocupando un lugar importante en mi corazón. Amar a una persona no significa necesariamente compartir la vida con ella.
3. Sin duda, el efecto sería el mismo con cualquier pareja sentimental o ser querido. J.A. Coan, H.S. Schaefer y R.J. Davidson. «Lending a Hand: Social Regulation of the Neural Response to Threat». *Psychological Science*, vol. 17, núm. 12, 2006, págs. 1.032-1.039.
4. Cuestionario de «a quién y con quién»: C. Hazan y D. Zeifman. «Sex and the Psychological Tether», en K. Bartholomew y D. Perlman, eds. *Advances in Personal Relationships: Attachment Processes in Adulthood*. Londres: Jessica Kingsley, 1994, vol. 5, págs. 151-177.
5. Activadores del modo seguro: Véase, por ejemplo: Mario Mikulincer y Phillip R. Shaver. «Attachment Theory and Intergroup Bias: Evidence that Priming the Secure Base Schema Attenuates Negative Reactions to Out-Groups». *Journal of Personality and Social Psychology*, vol. 81, núm. 1, julio 2001, págs. 97-115.
6. Barbara Fredrickson, Michael Cohn, Kimberly Coffey, Jolynn Pek y Sandra Finkel. «Open Hearts Build Lives: Positive Emotions, Induced Through Lonvingkindness Meditation, Build Consequential Personal Resources». *Journal of Personality and Social Psychology*, vol. 95, núm. 5, noviembre 2008, págs. 1.045-1.062.
7. Marc Berman, Jon Jonides y Stephen Kaplan. «The Cognitive Benefits of Interacting with Nature». *Psychological Science*, v. 19, núm. 12, 2008, págs. 1.207-1.212.
8. Aaron Beck. «Buddhism and Cognitive Therapy». *Cognitive Therapy Today*, vol. 10, núm. 1, primavera 2005, págs. 1-4.
9. Tsoknyi Rinpoche enseña este método para tratar *lung*.
10. El amor incondicional en el laboratorio de Richie: «Latest Findings in Contemplative Neuroscience». Presentación a cargo de Richard Davidson en la XXI Conferencia de Mind and Life [Mente y Vida] celebrada en Madison, Wisconsin, el 11 de mayo de 2010.
11. Conectividad: James J. Gross. «Emotion Regulation», en Michael Lewis, Jeannette Haviland-Jones y Lisa Feldman Barrett, eds. *Handbook of Emotions*, 3ª ed. Nueva York: Guilford Press, 2008, págs. 497-512.
12. S. McGowan. «Mental Representations in Stressful Situations: The Calming and Distressing Effects of Significant Others». *Journal of Experimenal Social Psychology*, v. 38, núm. 2, marzo 2002. A quienes son propensos al modo ansioso les cuesta más activar una base interior segura visualizando a personas de sus vidas que les transmitan un sentimiento de calma que a aquellos que tienen con más frecuencia una postura de auténtica seguridad.
13. Adapté el amor incondicional a la terapia de esquemas cuando escribí *Emotional Alchemy*. Nueva York: Random House, 2003. Aquí lo he adaptado al trabajo para el cambio de modos.

13: Adiestrar la mente

1. Aaron Beck define la depresión y el trastorno de pánico como modos en «Beyond Belief». *Frontiers of Cognitive Therapy*, 1996.
2. U Tejaniya cuenta su depresión, y cómo se recuperó de ella, en una entrevista concedida a James Shaheen: «The Wise Investigador». *Tricycle*, invierno 2007, págs. 44-47.
3. Indicación de Adeu Rinpoche.
4. Hace sitio en la mente: expresión de Erik Pema Kunsang.
5. Conocí a U Tejaniya cuando impartía clases en el Insight Meditation Center, y me interesó que hiciera tanto hincapié en la importante de tomar consciencia de las causas fundamentales del apego, la aversión y el pensamiento engañoso.
6. Este ejercicio de atención plena está basado en las instrucciones dadas por Sayadaw U Tejaniya. Para información sobre otras prácticas, véase: Ashin Tejaniya. «Awareness Alone Is Not Enough», «Don't Look Down on the Defilements» y «Dhamma Everywhere». Todas sus enseñanzas están publicadas para su distribución libre y gratuita y pueden encontrarse en: www.sayadawutejaniya.com.

7. Mingyur Rinpoche ha alcanzado un alto nivel de realización a pesar de tener poco más de treinta años. Con solo trece años, hizo sus primeros tres años de retiro, y a continuación se le nombró maestro de retiro durante los tres años del retiro siguiente. Ha escrito dos libros, ha construido un gran monasterio en Bodh Gaya y ha elaborado un complejo currículo de *dharma* para los aspirantes occidentales. En el momento de escribir estas líneas, acaba de partir para un nuevo retiro de tres años, esta vez como yogui errante. No llevaba consigo más que el pasaporte y una túnica de repuesto.
8. Meditación *shinay* sin objeto: Yongey Mingiur Rinpoche. *The Joy of Living*. Nueva York: Harmony Books, 2007, págs. 138-141.
9. Mingyur Rinpoche. *The Joy of Living*, pág. 141.

14: La sabiduría del corazón
1. Chogyam Trungpa. *Smile at Fear*. Boston: Shambhala, 2009.
2. Mark Epstein está entre los pensadores más destacados.
3. La enseñanza de los seis *paramitas* proviene de Chögkyi Nyima Rinpoche.
4. Para más detalles sobre Adeu Rinpoche, sus enseñanzas y el tiempo que pasó en la cárcel, véase: Adeu Rinpoche. *Freedom in Bondage: The Life and Teachings of Adeu Rinpoche*. Marcia Binder Schmidt, ed.; Erik Pema Kunsang, trad. Kathmandu, Nepal: Rangjung Yeshe Publications, 2011.
5. Señales de progreso: Padmasambhava. *Teachings from Laurel Ridge*. Erik Pema Kunsang, trad. Berkeley, California: Rangjung Yeshe Publications, 2009.
6. El Dalai Lama. *Beyond Religion: Ethics for the Whole World*. Nueva York: Houghton Mifflin, 2011, pág. 73.
7. S.S. Dilgo Khyentse Rinpoche. *Maha Ati*. Mt. Shasta, California: Yeshe Melong Publications, 1994.
8. Gracias a Magnus de Suecia.
9. Oración: Los cuatro *dharmas* de Gampopa, ligeramente parafraseado.

15: La física de la emoción
1. La psicología budista detalla ciertos eslabones de la cadena que conducen de la percepción inicial a la acción. En el séptimo eslabón, por ejemplo, aparecen las sensaciones positivas o negativas que provoca el objeto que percibimos. En el octavo, surge el deseo de poseerlo o aprehenderlo. En el noveno, nace la acción consiguiente.
2. Impulsores primitivos del gusto y la aversión: Alexis Faure, Jocelyn Richard y Kent Berridge. «Desire and Dread from the Nucleus Accumbens: Cortical Glutamate and Subcortical GABA Differentially Generate Motivation and Hedonic Impact in the Rat». *PloSOne*, vol. 5, núm. 6, 18 de junio de 2010, pág. e 11.223.
3. Dzigar Kongtrul Rinpoche, citado en: Pema Chödron. *Practicing Peace in Times of War*. Boston: Shambhala, 2006, pág. 56.
4. El budismo tibetano habla de ocho esperanzas y temores que consolidan nuestro sentimiento de «yo», es decir, que nos encadenan. Los cuatro temores son: del dolor, ya sea físico o mental; de la pérdida; de la culpa, y de tener mala reputación. Las esperanzas son de: placeres, ganancias, alabanza y fama.
5. Esa percepción instantánea y directa de la impermanencia provoca en nosotros un «desprendimiento» o desencanto con *samsara* que se traduce en un progreso espiritual. En pali hay un término específico para referirse a esto: *samvega*, sentirse profundamente conmovido al contemplar las insatisfacciones de la vida y derivar de ello la energía para entregarse a la práctica espiritual.
6. Aunque la filosofía existencialista emplea el término «vacío» para referirse a un desolador sentimiento de sinsentido, en Oriente el término tiene un significado enteramente distinto. El Dalai Lama dice que: «el vacío está muy lleno», lo cual significa que una vez que nos

desprendemos de la percepción errónea de las cosas como entidades separadas, nos damos cuenta de la cadena interminable de causa y efecto que lo interconecta todo.

7. Thich Nhat Hanh. *Fragrant Palm Leaves: Journals 1962-1966*. Nueva York: Riverhead Books, 1966.

16: Soy dos, eres dos

1. La letra de esta canción de Jackson Browne me inspiró y me hizo ver que todos «somos dos». Cuando se lo comenté a Jackson le pareció interesante la adaptación, pero dijo que esta canción tenía para él un significado más personal cuando la escribió. La composición introspectiva de esta clase es similar a los buenos cuentos: cualquiera puede verse reflejado y encontrarle un significado personal.
2. Cinco a uno: John Gottman. *Why Marriages Succeed or Fail*. Nueva York: Simon and Schuster, 1995.
3. La revista *Body+Soul* publicó su entrevista a Elizabeth Gilbert en el número de enero/febrero de 2010, página 24.
4. Ann Gruber-Baldini. «Similarity in Married Couples: A Longitudinal Study of Mental Abilities and Rigidity-Flexibility». *Journal of Personality and Social Psychology*, núm. 1, 1995, págs. 191-203.
5. O, como dice Mary Ainsworth, la naturaleza del apego establecido con nuestro cuidador principal determina las expectativas de los lazos afectivos futuros.
6. Gente impredecible: Julianne Holt-Lunstad *et al.* «Social Relationships and Ambulatory Blood Pressure: Structural and Qualitative Predictors of Cardiovascular Function During Everyday Social Interactions». *Health Psyccchology*, vol. 22, núm. 4, 2003, págs. 251-159.
7. Estrés constante: Carol Ryff y Burton Singer, eds. *Emotion, Social Relationships and Health*. Nueva York: Oxford University Press, 2001.
8. Carl Whitaker.
9. Thich Nhat Hanh. *True Love*. Boston: Shambhala, 2006, pág. 4.
10. A KD se le conoce más por el nombre de Krishna Das, reconocido cantante de himnos devocionales indios.

17: Unidos de corazón

1. Daniel Siegel. *The Mindful Brain*. Nueva York: W.W. Norton, 2007.
2. Yo-tú: Martin Buber. *I and Thou*. Walter Kaufmann, trad. Nueva York: Simon and Shuster, 1990.
3. Joanna Macy lo llama «causalidad lineal». Véase: «Allegiance to Life: An Interview with Joanna Macy». *Trycicle*, verano 2012.
4. Perry Wood. *Secrets of a People Whisperer*. Berkeley. California: Ulysses Press, 2005.

18: Una base segura compartida

1. William Miller. *Motivational Interviewing*. Nueva York: Guilford Press, 2002.
2. Para información sobre la adaptación a los seres humanos del método de susurrar a los caballos, véase: Perry Wood. *Secrets of a People Whisperer*, 2005.
3. Gracias a Jody Nisham.
4. Marshall Rosenberg. *Non-Violent Communications*. Boulder, Colorado: Sounds True, 2012.
5. Chökyi Nyima Rinpoche.
6. Marshall Rosenberg. *The Surprising Purpose of Anger*. Encinitas, California: PuddleDancer Press, 2005, pág. 21.
7. Marshall Rosenberg. *The Surprising Purpose of Anger*, 2005, pág. 7.
8. Wilbert Rideau participó en la Newark Peace Education Summit: The Power of Nonviolence [cumbre sobre el poder de la no violencia] celebrada en Newark, Nueva Jersey, del 13 al 15 de mayo de 2011.
9. Comentario de Chökyi Nyima Rinpoche.

19: Las artes y su poder transformador

1. Endorfinas: Robin Dunbar, «Social Networks» *New Scientist*, vol. 2859, 3 de abril de 2012, págs. 28-29.
2. Los cantantes: David Crosby y Graham Nash, en el campamento Occupy Wall Street.
3. La lista de actividades musicales incluía a: Jackson Browne, Bonnie Raitt, Elvis Costello, Graham Nash y David Crosby entre otros. También a Wavy Bravy.
4. El Dalai Lama. *The Art of Happiness*. Nueva York: Riverheas Books, 1998, pág. 219.
5. Chitresh Dash fue mi primer profesor de danza india; tiene centros de danza en el Área de la Bahía de San Francisco, donde enseña yoga y danza *kathak*, y en Bengala, India.
6. Victor Frankl. *Man's Search for Meaning*. Boston: Beacon Press, 1992.
7. El Dalai Lama. *A Human Approach to World Peace*. Boston: Wisdom Publications, 1984, pág. 8.
8. El Dalai Lama. *A Human Approach to World Peace*, pág. 11

20: Susurrar colectivo

1. El asesinato frustrado de Ariyatne, en: Catherine Ingram. «The Gandhi of Sri Lanka: An Interview with A.T. Ariyatne». *Inquiring Mind*, verano 1985, págs. 8-10.
2. Ervin Staub. *The Roots of Evil: The Origin of Genocide and Other Group Violence*. Nueva York: Cambridge University Press, 1989.
3. Ken Jones y Kenneth Kraft. *The New Social Face of Buddhism: A Call to Action*. Boston: Wisdom Publications, 2003, pág. 146.
4. Mario Mikulincer y Phillip R. Shaver. «Attachment Theory and Intergroup Bias: Evidence that Priming the Secure Base Schema Attenuates Negative Reactions to Out-Groups». *Journal of Personality and Social Psychology*, vol. 81, núm. 1, julio 2001, págs. 97-115.
5. En su discurso de investidura, 20 de enero de 2009.
6. Aaron Wolf en: Daniel Goleman y Center for Ecololiteracy. *Ecoliterate: How Educators are Cultivating Emotional, Social and Ecological Intelligence*. San Francisco: Jossey-Bass, 2012.

21: Conectados en la fuente original

1. El Dalai Lama insiste en esto mismo.
2. El Dalai Lama. *Beyond Religion*. Nueva York: Houghton Mifflin, 2011, pág. 79.
3. Shantideva, citado en: Pema Chödron. «Practicing Peace in Times of War», pág. 14.
4. Nyanaponika Thera, citado en: Padmasiri de Silva. *The Psychology of Emotions in Buddhist Perspective*. Kandy, Sri Lanka: Buddhist Publication Society, 1976, pág. 28.
5. Paul Hawken. *Blessed Unrest*. Nueva York: Viking, 2007, págs. 143-144. Hawken se basaba en los descubrimientos de Francisco Varela.

Recursos

Para consultar el calendario de los talleres de «Susurrar a la mente» y «Alquimia emocional», blogs, reflexiones, información personal, proyectos de ámbito social y ecológico y otros detalles que pueden ser de interés (entre ellos una lista ampliada y actualizada de recursos), diríjase a www. tarabennettgoleman.com.

Instrucciones de una práctica guiada

«Mindful Habit Change: A Companion to Mind Whispering» [Cambio consciente de hábitos: compañero de Susurrar a la mente], véase www. tarabennettgoleman.com.

Libros

Bennett-Goleman, Tara. *Emotional Alchemy: How the Mind Can Heal the Heart*. Nueva York: Random House, 2001 [Versión en castellano: *Alquimia Emocional*. Madrid: Punto de Lectura, 2002.]

HorseMindShip

Bob «RJ» Sadowski, talleres de HorseMindShip:
http://peacehavenfarm.com.

Orientación y formación profesional en terapia de esquemas y terapia cognitiva

Método de terapia de esquemas de Jeffrey Young:
www.schematherapy.com/id201.htm

Método de terapia cognitiva de Aaron Beck:
www.beckinstitute.org

Centros de formación en meditación de atención plena: instrucciones y orientación

Rebap Internacional:
www.rebapinternacional.com

Respira vida Breathworks:
www.respiravida.net

Meditación para la vida:
www.meditacionparalavida.org

Insight Meditation Society. Barre, Massachusetts:
www.dharma.org

Spirit Rock Meditation Center, Marin County, California:
www.spiritrock.org

The Insight Meditation Center of Newburyport:
www.imcnewburyport.com

Panditarama Center, Rangoon. Sayadaw U Pandita:
www.panditarama.net

*Para obtener un listado de los centros de meditación de atención
plena, dirigirse a:*
www.inquiringmind.com

Profesores tibetanos, enseñanzas y guía de práctica

Su Santidad el Dalai Lama:
www.dalailama.com

Gomde International:
www.gomde.org.uk/national-and-international-centres-p-34.html

Chögkyi Nyima Rinpoche:
www.shedrub.org/calender.php?cid=2. También:
www.gomde.org.uk/national-and-international-centres-p-34.html

Tsoknyi Rinpoche:
www.tsoknyirinpoche.org

Mingyur Rinpoche:
http://tergar.org

Índice

editorial **K**airós

Puede recibir información sobre nuestros
libros y colecciones o hacer comentarios
acerca de nuestras temáticas en:

www.editorialkairos.com

Numancia, 117-121 • 08029 Barcelona • España
tel +34 934 949 490 • info@editorialkairos.com